# DIE SCHÖNSTEN WOCHENENDTRIPS

## 52 Topziele in Europa

Text: **Peer Pierrot und Felix Woerther**

POLYGLOTT

# Inhalt

## NORDWEST-EUROPA


1 Dublin 6
2 Edinburgh 10
3 London 14
4 Südengland (östlicher Teil) 18
5 Brüssel 21
6 Antwerpen 24
7 Amsterdam 28


## NORD-EUROPA


8 Oslo 34
9 Kopenhagen 38
10 Stockholm 42
11 Helsinki 46
12 Tallinn 50
13 Riga 54
14 Danzig 58


## MITTEL- UND OSTEUROPA


15 Sylt 64
16 Rügen 68
17 Hamburg 72
18 Köln 76
19 Berlin 80
20 Leipzig 84
21 Dresden 88
22 München 92
23 Bodensee 96
24 Zürich 100
25 Genfer See 104
26 Salzburg 108

27 Wien 112
28 Prag 116
29 Krakau 120
30 Budapest 124
31 Ljubljana 128

## SÜDWESTEUROPA

32 Paris 134
33 Bordeaux 138
34 Straßburg 142
35 Provence 146
36 Porto 150
37 Lissabon 154
38 Andalusien 158
39 Madrid 162
40 Barcelona 166
41 Mallorca 170

## SÜD- UND SÜDOST-EUROPA

42 Südtirol 176
43 Gardasee 180
44 Mailand 184
45 Venedig 188
46 Toskana 192
47 Rom 196
48 Palermo 200
49 Malta 203
50 Dubrovnik 206
51 Athen 210
52 Istanbul 213

Bildnachweis & Impressum 216

15

37

43

# NORDWEST EUROPA

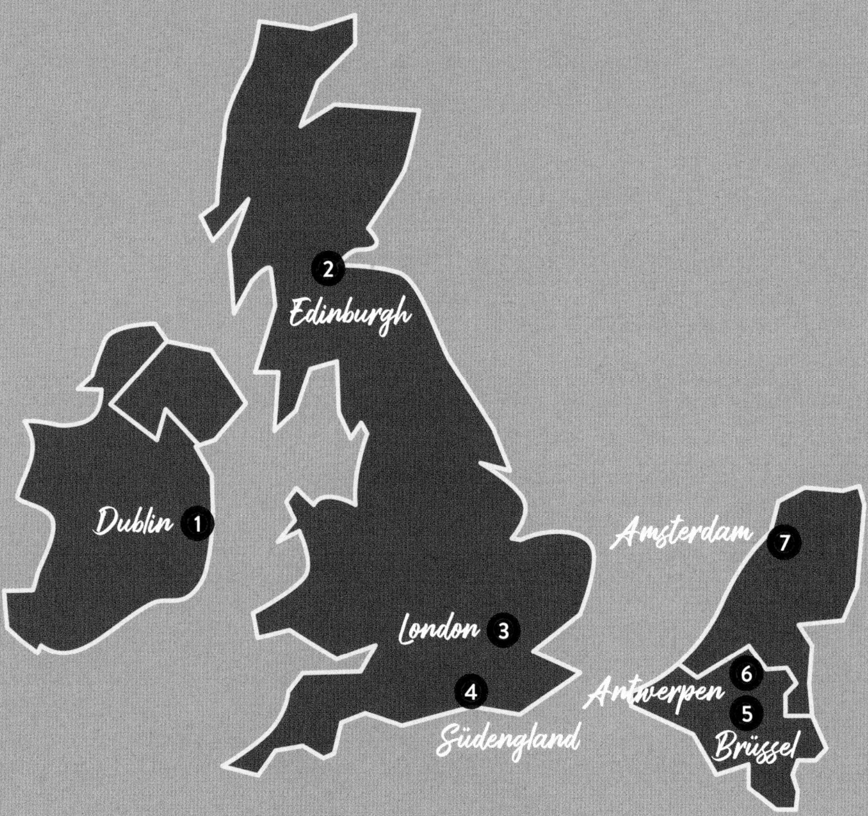


In London stand schon so mancher Tourist vor dem Buckingham Palace, um der Queen zu winken (und fortan dem King), in Brüssel lässt sich das futuristische Atomium bestaunen, und in Dublin findet man sich auf ein Guinness in Temple Bar ein – Nordwesteuropa wartet mit imposanten Großstädten, jahrhundertealten Traditionen und modernster Architektur auf. Dazwischen finden sich kulturelle Höhepunkte wie das Fringe Festival in Edinburgh oder das Rubenshuis in Antwerpen, ganz zu schweigen vom ländlichen Idyll in Südengland und den Wasserstraßen in Amsterdam. Eine facettenreiche Vergangenheit, eine originelle Kulinarik und ein mondäner Lebensstil, dem kaum ein Besucher widerstehen kann.

Morgenstimmung im South Downs National Park, Südengland.

1

# Dublin

DUBLIN, DAS IST EINERSEITS Irland, wie man es sich vorstellt – und andererseits eine moderne Metropole von außergewöhnlichem Charme und spannender Architektur. Eingerahmt von Meer und Bergen, liegt die irische Hauptstadt am Fluss Liffey, der sie untergliedert in einen eher proletarischen Norden und den wohlhabenderen Südteil mit dem Regierungsviertel und der alten Universität. Dort sind auch die wichtigsten Sehenswürdigkeiten zu finden: Dublin Castle, das Trinity College mit seinen unvergleichlichen Bibliotheks-

Hort des Wissens: der Long Room in der Alten Bibliothek des Trinity College.

schätzen, St. Patrick's Cathedral sowie die Nationalmuseen. Am Südufer des Liffey erstrecken sich auch die engen, kopfsteingepflasterten Gassen von Temple Bar, dem legendären Kultur- und Ausgehviertel Dublins. 1742 wurde hier Händels »Messias« uraufgeführt; heute kann man zu trendigen Beats die Nacht durchtanzen oder in uralten Pubs traditionelle irische Musik hören. Leicht kommt man an der Theke mit Einheimischen ins Gespräch. Die »Dubs« – wie sie sich selbst nennen – begegnen Touristen mit großer Herzlichkeit. Es kann gut sein, dass man im Pub über die Verhältnisse zwischen der Dubliner »Northside« und der »Southside« aufgeklärt wird oder lohnende Tipps für Ausflüge ins Umland bekommt. Das eine oder andere Pint und ein Irish Stew gehören selbstverständlich dazu.

St. Patrick's Cathedral, Irlands größte Kirche, ist eine Fundgrube für Mythen und Geschichten.

## Hugh Lane Gallery

1 Als am 7. Mai 1915 ein deutsches U-Boot die RMS Lusitania vor Südirlands Küste versenkte, war der irische Sammler Sir Hugh Lane unter den 1198 Todesopfern. Sein bedeutender Nachlass, 39 zeitgenössische Gemälde (u. a. Manet, Renoir, Degas, Berthe Morisot), bildet den Grundstock der Hugh Lane Gallery, die heute einen der größten Bestände moderner irischer Kunst (darunter auch W. Osborne, R. O'Conor) bietet. Spektakulär: das kreative Chaos von Francis Bacons Original-Atelier.
*Parnell Square North*
*sonntags Gratiskonzerte*
*www.hughlane.ie*

### ANREISE

| | |
|---|---|
| Berlin | 2:15 h |
| Frankfurt | 2:00 h |
| München | 2:25 h |
| Zürich | 2:15 h |
| Wien | 2:50 h |

## Saint Patrick's Cathedral

2 Patrick, Patron der Iren, wirkte im 5. Jh. als christlicher Missionar auf der Grünen Insel. Die nach ihm benannte Kathedrale, Irlands größte Kirche (13. Jh.), wurde an einer Quelle gebaut, die der Nationalheilige zum Taufen genutzt haben soll. Im 18. Jh. war der Satiriker Jonathan Swift (»Gullivers Reisen«) Dekan der Kathedrale, in der er neben seiner Geliebten Stella begraben liegt – zu finden in der »Swift-Ecke«, in der auch seine Totenmaske und Originalmanuskripte aufbewahrt werden.
*www.stpatrickscathedral.ie*

Mehr »Temple Bar« geht nicht: Im Pub The Temple Bar in der Temple Bar Straße im Stadtteil Temple Bar.

## Temple Bar

3 Südlich der Liffey sorgt Dublins Kulturviertel dank vieler Pubs für ein quirliges Nachtleben. Bereits im 17. Jh. erwähnt, zeichnen Temple Bar (in den 1980ern fast abgerissen) enge Gassen, Kopfsteinpflaster und altes Gemäuer aus. In der Fishamble Street kam 1742 Händels »Messias« zur Uraufführung, was dort jeden 13. April mit Chor und »Halleluja« gewürdigt wird – neben der Old Musick Hall, auf der Straße vor Handel's Hotel.
*Südlich der Millenium und der Ha'penny Bridge*

## Trinity College

4 An Irlands ältester Universität (gegründet 1592) schärften Autoren wie Oscar Wilde und Samuel Beckett ihren Intellekt. Die Old Library (1732) bot ihnen reichlich Lesestoff. Im grandiosen Long Room (64 m lang) lagern uralte Manuskripte – am berühmtesten ist das »Book of Kells« (um 800), eine überreich illustrierte lateinische Bibel, die man in der Schatzkammer des Long Room bewundern kann. Eine weitere Kostbarkeit ist die keltische Harfe aus dem 15. Jh. – ebenjene, die man auch im irischen Wappen findet.
*College Green*
*www.bookofkells.ie*

### REISEZEIT

Mai bis September gilt als wettermäßig ideal, aber auch ein Besuch zum Saint Patrick's Day (17. März) ist reizvoll: Während des Festivals zu Ehren des Nationalheiligen gibt es Konzerte, Ausstellungen, Theater, Straßenkünstler, Feuerwerk und natürlich viel, viel zu trinken …

## Newgrange

5 Gut 500 Jahre vor der Cheops-Pyramide entstand um 3150 v. Chr. in den Wiesen am Fluss Boyne die Grabanlage Newgrange. Ebenso wie in den nicht weit entfernten Anlagen Dowth und Knowth handelt es sich dabei um Passage Tombs, Grabkammern mit einem (hier: 22 m) langen Gang unter einem Hügel. Über den genauen Zweck und die Hintergründe der ansehnlich präparierten Nekropole aus der Jungsteinzeit gibt es mehr Spekulationen als gesichertes Wissen, der Besuch lohnt sich jedoch allemal.
*51 km nördlich von Dublin an der M 2*
*Zugang nur per Shuttle*

## ÜBERNACHTUNGEN

### BOTANIC VILLA

Das gemütliche B & B-Hotel liegt unweit des Botanischen Gartens, ist mit dem Bus nur 10 Minuten vom Stadtzentrum entfernt und bietet erschwingliche Preise. Für Gäste, die mit dem Auto anreisen, stehen hauseigene Parkplätze zur Verfügung. Morgens hat man die Wahl zwischen einem typisch irischen Frühstück, »continental breakfast« oder einer vegetarischen Option.

*13 Botanic Road*
*botanic-villa.ireland-hotels.net*
*Tel. +353 1 830 21 80*
*DZ €€*

### BUTLERS TOWN HOUSE

Elegantes Stadthaus aus dem 19. Jh. im vornehmen Ballsbridge: Stilvoll eingerichtete Zimmer bieten modernen Komfort mit viktorianischem Flair. Besonders schön ist der illustre »Drawing Room« mit Bibliothek als Aufenthaltsraum. Vom Hotel sind die meisten Sehenswürdigkeiten Dublins rasch zu erreichen.

*44 Lansdowne Road*
*www.butlers-townhouse.ie*
*Tel. + 353 1 667 40 22*
*DZ €€*

### NUMBER 31

Architekt Sam Stephenson hat dieses georgianische Stadthaus mit ruhigem Garten nach eigenen Vorstellungen umgewandelt und sehr geschmackvoll mit älteren Stücken und Designermöbeln eingerichtet. Gäste loben auch das exzellente Frühstück.

*31 Leeson Close*
*www.number31.ie*
*Tel. +353 1 676 50 11*
*DZ €€*

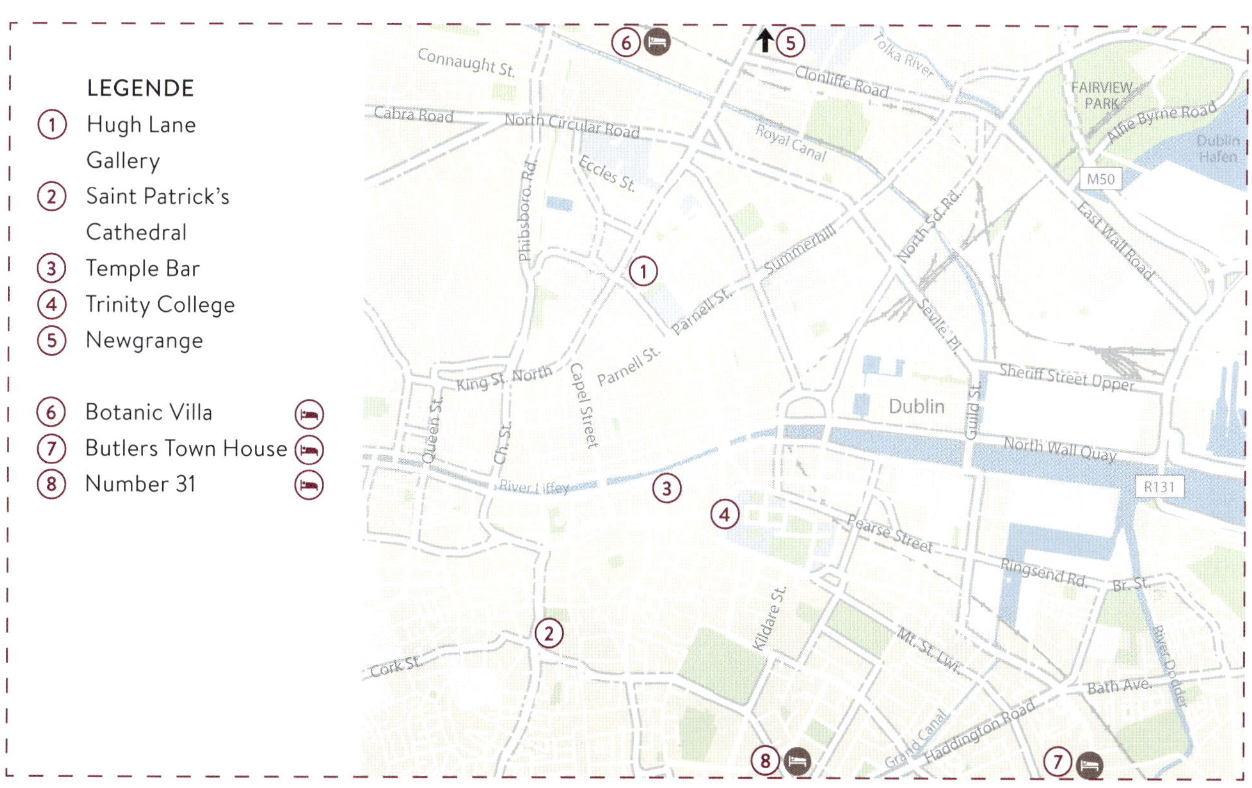

**2**

# Edinburgh

Vom Calton Hill bietet sich ein schöner Blick auf die Stadtsilhouette.

AUF SIEBEN HÜGELN ÜBER dem Nordseefjord des »Firth of Forth« erhebt sich die Hauptstadt Schottlands. Imposant nistet Edinburghs mittelalterliche Old Town auf einem schroffen Lavafelsen. Über allem thront die mächtige Burganlage. Der ruppige Nordseewind hält dort oben Schottlandfahnen und Möwen in ständiger Bewegung. Dagegen scheinen in den engen Gassen der Altstadt die Jahrhunderte oft stillzustehen, so malerisch begegnet man hier schottischer Geschichte. Die Royal Mile verläuft fast schnurgerade – aber immer bergab – vom Schloss durch die Altstadt bis zum Palace of Holyroodhouse in seinem weitläufigen Park. Dort residiert Dort residiert King Charles III., wenn er in Edinburgh weilt. Auch Edinburghs New Town ist nicht ganz neu: Die elegante Stadterweiterung in der Ebene entstand im 18. Jh. Hier wie dort lockt die Stadt mit einer Fülle kultureller Angebote, von hochkarätigen Museen bis zu ambitionierten Festivals, allen voran das internationale Theaterfestival, das zusammen mit dem gleichzeitig stattfindenden Fringe-Festival die Stadt im August in eine Art Ausnahmezustand versetzen. Zudem zählt die 1582 gegründete Universität zu den renommiertesten der Welt. Als Sitz des schottischen Parlaments spielt Edinburgh auch politisch eine immer größere Rolle. Besonders seit dem Brexit, den die Schotten deutlich ablehnten. Im weltoffenen Edinburgh stimmten gar 74,4 % für den Verbleib Großbritanniens in der EU. Kein Wunder, dass nun leidenschaftlich über ein erneutes Unabhängigkeitsreferendum diskutiert wird.

## Calton Hill

**1** Der 103 m hohe Hügel bietet eine grandiose Aussicht über Old und New Town und hinüber zur Burg. Man findet noch die Fragmente einer im 19. Jh. unvollendet gebliebenen »schottischen Akropolis«, bedeutender aber ist das St. Andrew's House, ein Art-déco-Gebäude aus den 1930er-Jahren, in dem seit dem Jahr 1999 die teilautonome schottische Regierung ihren Sitz hat. Der Turm des 1816 fertiggestellten Nelson Monument kann gegen Gebühr bestiegen werden.

*Oberhalb des Bahnhofs Waverley Station*

**Die Nationalgalerie wirkt auf viele Besucher wie ein Museum aus dem Bilderbuch.**

## Edinburgh Castle

**2** Die imposante Burg auf einem erloschenen Vulkan thront steile 80 m über der Stadt und entstand vermutlich im 11. Jh. zur Zeit König Malcolms III. Anno 1371 kam die Festung an das Haus Stuart, das fortan die schottischen, zwischen 1603 und 1714 auch die englischen Könige stellte. Deren erster wurde Jakob (engl. James), den Mary Stuart am 19. Juni 1566 auf Edinburgh Castle zur Welt brachte, wo sie bis zu ihrer Inhaftierung (1567) residierte. Zu sehen gibt es bei einem Rundgang viel: etwa den Royal Palace, die Great Hall, das Queen Anne Building und, als ältestes Gebäude Edinburghs,

die St. Margaret's Chapel (romanisch, 12. Jh.). Draußen lässt sich auch Mons Meg bestaunen, eine Riesenkanone von 1449 (Kaliber 510). Nicht erschrecken sollte man um 13 Uhr, wenn, entsprechend einem alten Ritual (tgl. außer So), die One O'Clock Gun donnert.
*Castlehill*
*www.edinburghcastle.scot*

## Grassmarket

**3** Der große Platz im mittelalterlichen Stadtkern war einst auch Vieh- und Pferdemarkt, heute ist er einer der lebendigsten und quirligsten Orte Edinburghs. Trotz aller Shops, Pubs und dem nächtlichen Gewusel hat das Viertel ein wenig Grusel bewahrt: Bis ins 18. Jh. hinein befand sich auf dem Grassmarket die Hinrichtungsstätte, woran heute noch ein Kreuz erinnert. Angeblich soll eine wegen Mordes an ihrem neugeborenen Kind gehängte Frau 1724 nach der Exekution wieder zum Leben erwacht sein – nach dieser »Half-Hangit Maggie« ist der Pub Maggie Dickson's am Grassmarket benannt.
*Südlich unterhalb Edinburgh Castle, zwischen King's Stables Road und George IV Bridge*

## Scottish National Gallery

**4** Unter Edinburghs hochkarätigen Kunstmuseen ist die Schottische Nationalgalerie besonders breit aufgestellt: Zu sehen sind europäische Meisterwerke von venezianischer Hochrenaissance (Tizian) bis um 1900 (Monet). Ein weiterer Schwerpunkt widmet sich der schottischen Malerei v. a. des 18./19. Jh. (Raeburn, Wilkie, Ramsay). Besonders Raeburns schlittschuhlaufender Reverend Walker (1784) zählt hier zu den wohl am meisten besichtigten Highlights.
*The Mound*
*www.nationalgalleries.org*

### REISEZEIT

Zum Wandern und Entdecken ist es im Mai, Juni und September am schönsten in Edinburgh. Aber Schottland im Winter? Klar doch! Hogmanay, das schottische Pendant zum New Year (Silvester), wird besonders ausgelassen gefeiert.

**In den gut 150 Jahren, die das Palmenhaus im Royal Botanic Garden nun schon steht, hatten die Palmen reichlich Gelegenheit, in die Höhe zu wachsen.**

## Royal Botanic Garden

**5** Viel Ruhe und eine reichhaltige Pflanzenpracht findet man im Botanischen Garten, der etwas außerhalb im Norden der Stadt liegt. Er wurde bereits 1670 gegründet und ist damit Großbritanniens zweitältester. Das im 19. Jh. errichtete prachtvolle Palmenhaus im viktorianischen Stil ist sogar das größte im Vereinigten Königreich. Selbst im Winter lohnt daher der – kostenlose – Besuch des Parks, von den anderen Jahreszeiten ganz zu schweigen.
*Inverleith Row*
*www.rbge.org.uk*

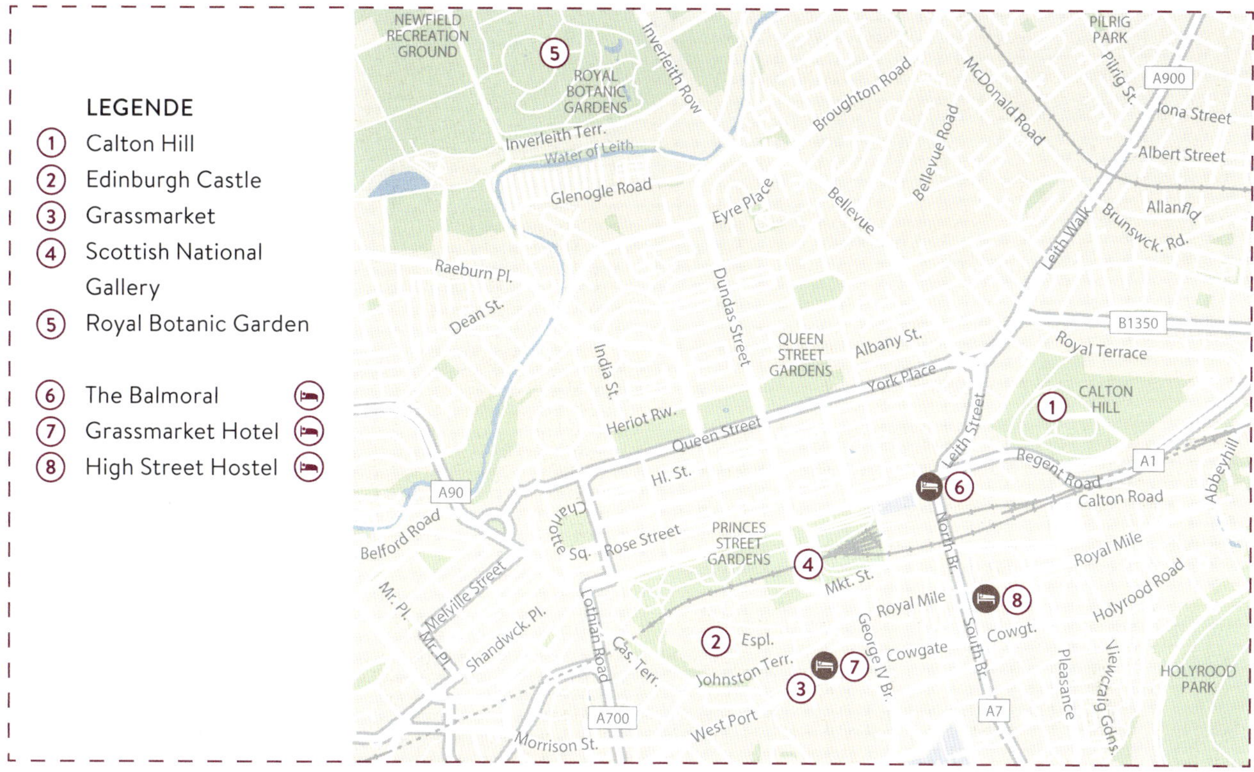


## ÜBERNACHTUNGEN

### THE BALMORAL

Das 1902 im Baronial Style errichtete 5-Sterne-Bahnhofshotel heißt erst seit 1991 Balmoral. Im Gästebuch stehen u. a. Stan Laurel & Oliver Hardy, Sean Connery und J. K. Rowling, die 2007 hier die Harry-Potter-Reihe abschloss. Die Turmuhr in 58 m Höhe geht 3 Minuten vor, damit kein Gast den Zug verpasst.

*1 Princes Street*
*www.roccofortehotels.com/hotels-and-resorts/the-balmoral-hotel*
*Tel. +44 131 556 24 14*
*DZ ab €€*

### GRASSMARKET HOTEL

Das inmitten der quirligen Altstadt gelegene Hotel hat kleine, aber pfiffig designte Zimmer. Auf dem Bett liegend, lässt sich der Stadtplan in Tapetenwandgröße studieren. Zum Edinburgh Castle sind es laut der (witzigen) Website nur 420 Schritte. Direktbucher erhalten einige attraktive Vergünstigungen.

*94–96 Grassmarket*
*www.thegrassmarkethotel.co.uk*
*Tel. +44 131 220 22 99*
*DZ ab €€*

### HIGH STREET HOSTEL

Ein altes Gemäuer, zentral gelegen, ideal für Rucksacktouristen: Das Hostel bietet 15 Schlafsäle, vier 4-Bett- und zwei Doppelzimmer, die Küche steht allen offen. Clubsessel, Billard und Ritterrüstungen verleihen der Lounge eine heimelige Atmosphäre.

*8 Blackfriars Street*
*www.highstreethostel.com*
*Tel. +44 131 557 39 84*
*DZ €*

# 3

# London

LONDON EINE WELTSTADT ZU nennen ist keine Übertreibung. Von hier wurde einst das weltumspannende British Empire gelenkt; heute sind es trotz Brexit (noch) globale Finanzströme. Doch London ist selbst schon eine Welt für sich: 8,3 Millionen Menschen aus aller Herren Länder leben hier. Sie verteilen sich auf 32 »boroughs«, die im Lauf der Jahrhunderte aus etlichen Dörfern zusammengewachsen sind, mit jeweils eigenen Identitäten. »Wer London sieht, hat alles vom Leben gesehen, was die Welt einem zeigen

Die Tower Bridge imponiert seit über 120 Jahren zu jeder Tages- und Nachtzeit.

kann«, formulierte es der Gelehrte Samuel Johnson vor 300 Jahren. Und die Liste weltberühmter Sehenswürdigkeiten ist in London länger als in jeder anderen Stadt. So bekannt die Wahrzeichen der Stadt und des Königreichs sind – seien es der Tower, die Tower Bridge, Big Ben und die Houses of Parliament, die großen Kirchenbauten oder der Buckingham Palace –, ihre Magie entfalten sie erst, wenn man sie persönlich erlebt. An diesen Orten wird (Welt-)Geschichte lebendig, ohne dass sich das alltägliche Leben davon aus der Ruhe bringen ließe oder die – zu allen Zeiten heiß umstrittene – Weiterentwicklung der Stadt einen Moment innehalten würde. Augenfälligstes architektonisches Beispiel der jüngsten Zeit ist Renzo Pianos Hochhaus The Shard (»die Scherbe«), das seit 2013 am Themse-Südufer nahe London Bridge als spitze Pyramide 310 m in die Höhe ragt. London steht nie still. London wird nie langweilig. So viel hat die kosmopolitische Megacity zu bieten, dass jeder Besuch zwangsläufig mit der Erkenntnis endet, wiederkommen zu müssen, um noch mehr von dieser Welt zu entdecken.

## Buckingham Palace

**1** John Sheffield (1648–1721) ist heute nicht mehr allzu bekannt. Dennoch trägt eine der größten Sehenswürdigkeiten Londons seinen Titel, den Queen Anne, letztes Mitglied aus dem Hause Stuart auf dem britischen Thron, dem hohen Beamten verlieh: Herzog von Buckingham. Als solcher ließ er sich 1703 im Londoner Stadtteil Westminster ein repräsentatives Haus erbauen, das König George III. im Jahr 1765 privat erwarb. Dessen Sohn und Nachfolger George IV. ließ es ab 1826 vom damaligen Stararchitekten John Nash zu dem klassizistischen Palast erweitern, den man heute vorfindet. Mit Queen Victoria wurde Buckingham Palace 1837 zur Hauptresidenz des britischen Königshauses. Die 775 Räume und der riesige Park können zum Teil besichtigt werden.

*SW1A*
*Besichtigung: Ende Juli–30. Sept.,*
*Wachablösung Feb.–Juni*
*www.royalcollection.org.uk*

## Covent Garden Market

**2** Das vom verheerenden Stadtbrand 1666 verschonte Wohnquartier Covent Garden stieg Ende des 17. Jh. zum wichtigsten Londoner Marktplatz auf. Namensge-

**ANREISE**

| | |
|---|---|
| Berlin | 1:50 h |
| Frankfurt | 1:25 h |
| München | 1:50 h |
| Zürich | 1:35 h |
| Wien | 2:10 h |

**Postkartenreif: Ablösung der Wachen in ihren knallroten Uniformen und schwarzen Bärenfellmützen am Buckingham Palace.**

bend für das heutige Stadtviertel war der einstige Garten eines mittelalterlichen Nonnenklosters (Convent). Weltberühmt wurde der Markt von Covent Garden durch das Musical »My Fair Lady« (nach George Bernard Shaws Komödie »Pygmalion«), wo Eliza Doolittle in breitestem Cockney Blumen feilbietet, was den Linguistik-Professor Higgins zu einer aberwitzigen Spracherziehung verleitet. Sehenswert ist die 1830 entstandene, glasüberdachte Markthalle, auch wenn Londons Großmarkt hier nicht mehr stattfindet. Zahlreiche Theater beleben das Viertel, darunter das Royal Opera House von 1858, Großbritanniens wichtigstes Musiktheater.
*WC 2, www.coventgarden.london*

### REISEZEIT

Warm wird es ab Mai, aber selbst im Winter ist es relativ mild – dann lohnt sich die Reise zum Chinese New Year (Ende Jan./Anfang Feb.), einem farbenfrohen Umzug mit Musik, Drachentänzen und Feuerwerk.

## Houses of Parliament

**3** Seit Ende des 13. Jh. tagt das englische (später: britische) Parlament hier an der Themse. Den Großbrand, der 1834 den Vorgängerbau zerstörte, malte William Turner gespenstisch in Öl. Das äußerst imposante Bauwerk, das 1840–1860 (Architekt: Charles Barry) in gotischem Stil neu entstand, gehört zu den meist fotografierten und gefilmten Parlamenten der Welt. Markant sind der 98 m hohe Victoria Tower, auf dem die britische Flagge flattert, und besonders der 96 m hohe Elizabeth Tower (der Uhrturm wird nach seiner größten Glocke auch Big Ben genannt). Das Gebäude hat samt der riesigen Westminster Hall von 1097 und dem House of Lords (Oberhaus) ca. 1100 Räume. Überraschend eng ist der Plenarsaal des Unterhauses, wo nie heftiger getagt wurde als zu den Sitzungen, in denen um den Brexit gerungen wurde.
*Parliament Square, SW 1*
*Besichtigung mit/ohne Führung: Jan.–Ende Sept. Sa, weitere Termine: www.parliament.uk*

## Tate Modern

**4** Das 2000 eröffnete und 2016 erweiterte Museum für moderne und zeitgenössische Kunst in einem einstigen Kraftwerk am Südufer der Themse elektrisiert mit der Fülle seiner Exponate. Von van Gogh über Picasso bis Warhol und weiter fehlt keine Stilrichtung, die nicht mit Meisterwerken und Meilensteinen ihrer Epoche vertreten wäre.
*Bankside, SE 1, www.tate.org.uk*

## Tower Bridge

**5** Seit 1894 (Bauzeit: sechs Jahre) beeindruckt die Brücke mit den beiden stolzen neugotischen Türmen durch ihre Technik. Etwa tausendmal im Jahr wird die Fahrbahn für große Schiffe hochgeklappt. Schwindelfreie betrachten das Geschehen aus 42 m Höhe von den Fußgängerstegen zwischen den Türmen aus. Glasböden erlauben den Blick durch die Füße.
*Tower Bridge Road, www.towerbridge.org.uk*

## ÜBERNACHTUNGEN

### THE GORE

Im Nobelviertel Kensington, unweit der Royal Albert Hall, liegt diese gediegene Herberge. Die einstige Residenz des Herzogs von Orleans blickt auf eine Hoteltradition seit 1892 zurück. 50 individuell eingerichtete Zimmer bestechen mit der Nostalgie antiken Mobiliars für gehobene Ansprüche.
*190 Queen's Gate, South Kensington, SW7*
*www.gorehotel.com, Tel. +44 20 75 84 66 01*
*DZ ab €€*

### LA SUITE WEST

Nahe der Nordwestecke des Hyde Park und auch nur eine Viertelstunde zu Fuß vom Stadtviertel Notting Hill entfernt, wo man auf den beliebten Märkten der Portobello Road endlos stöbern kann, liegt dieses trendige Hotel der Designerin Anouska Hempel. Die Zimmer sind minimalistisch-elegant eingerichtet, ebenso haben der Breakfast- und Tea-Room sowie die Terrasse unter Bäumen ihren Reiz.
*41–51 Inverness Terrace, Bayswater, W 2*
*www.lasuitewest.com, Tel. +44 20 73 13 84 84*
*DZ ab €€*

### MOTEL ONE LONDON

Die preiswerte, für ihr pfiffig-praktisches Design bekannte Hotelkette mit Hauptsitz in Deutschland eröffnete 2019 am Rand des Bankenviertels ihr erstes Hotel in London. Die Skyline spektakulärer Hochhäuser liegt um die Ecke, und zum Tower of London und der ikonischen Tower Bridge sind es nur ein paar Gehminuten.
*24–26 Minories, City of London*
*www.motel-one.com/de/hotels/london*
*Tel. +44 20 74 81 64 20*
*DZ €€*

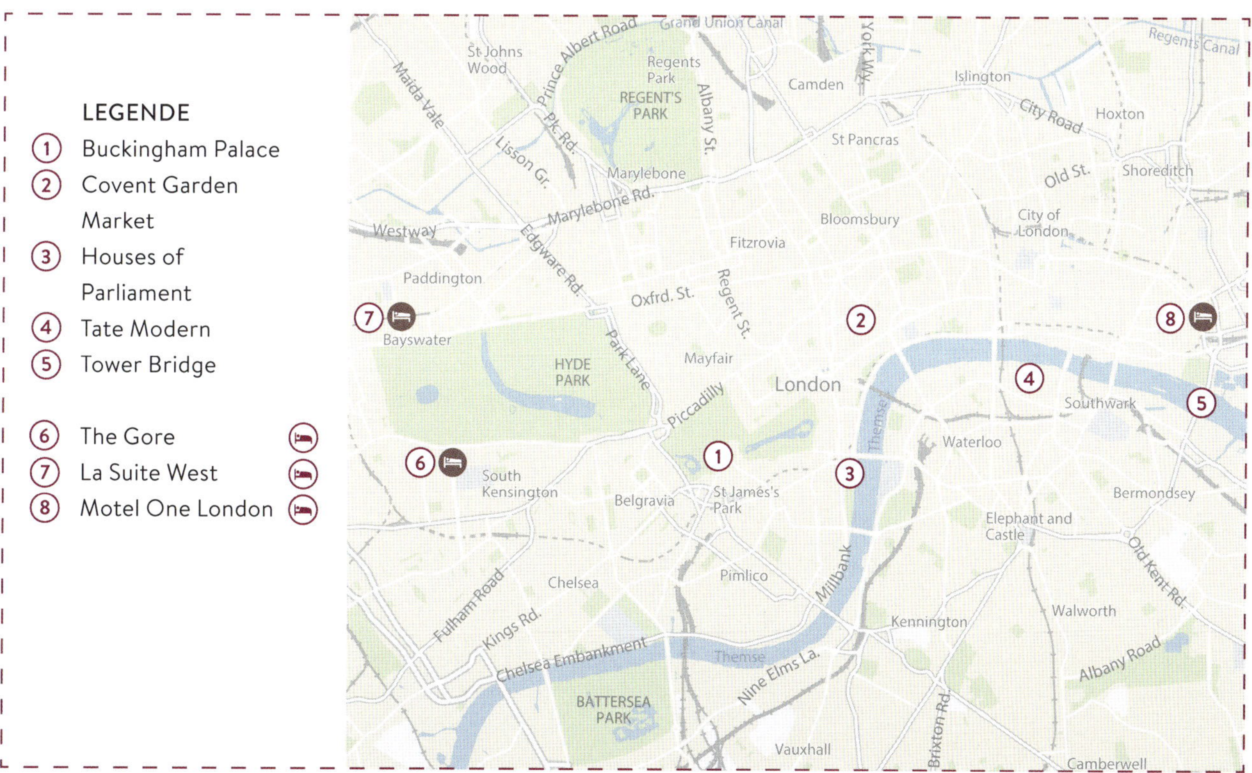

**4**

# Südengland (östlicher Teil)

Auf 525 m Länge sorgt der Brighton Pier für Kurzweil hoch über dem Ärmelkanal.

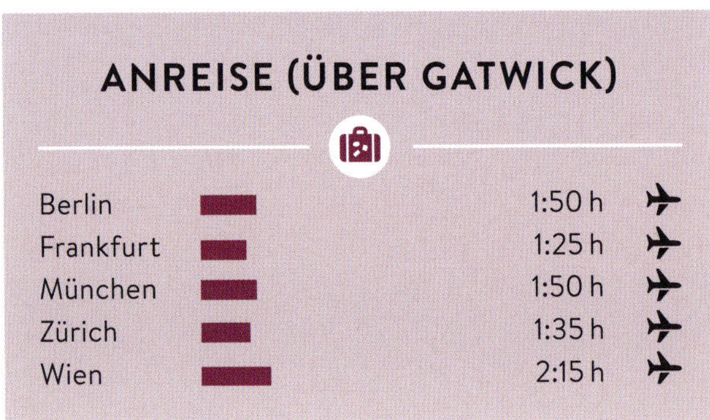

**ANREISE (ÜBER GATWICK)**

| Abflug | Flugzeit |
|---|---|
| Berlin | 1:50 h |
| Frankfurt | 1:25 h |
| München | 1:50 h |
| Zürich | 1:35 h |
| Wien | 2:15 h |

IN DER GRAFSCHAFT KENT erwarben Vita Sackville-West und ihr Gatte Harold Nicolson 1930 einen maroden Burgturm. Um ihn herum schufen sie dann den berühmtesten Garten des Landes: Sissinghurst Castle, zu dem heute Gartenliebhaber aus aller Welt pilgern. Englands historische Gebäude, Parks und ländliche Idyllen zu erhalten, darum kümmern sich Privatleute und Organisationen wie National Trust und English Heritage. Viele dieser Schätze sind für Besucher geöffnet, Meisterwerke der Gestaltung, gehegt und gepflegt mit dem Ehrgeiz, dass alles noch so aussieht wie auf den überlieferten Abbildungen. Außer pittoresken Dörfern und traumhaften Gartenanlagen findet man in Südengland auch eine der schönsten Städte des Landes: Als romantisches Schmuckstück mit mittelalterlicher Kathedrale schlägt Canterbury jeden in seinen Bann. Ganz anderen Charme zeigt Brighton mit seinem ins Meer reichenden Pier. Noch immer eines der beliebtesten britischen Seebäder, kehrt man gern in den verwinkelten Gassen des alten Fischerviertels The Lanes ein. Nahe Brighton liegt übrigens Monk's House, wo zuletzt Vita Sackville-Wests berühmte Freundin lebte, die Schriftstellerin Virginia Woolf. Klar, dass auch dieser Ort bestens erhalten ist und Besuchern offen steht.

## Alfriston

**1** Ein bezauberndes Kleinod von einem englischen Dorf, wie es idealer einfach nicht sein könnte, ist Alfriston. Zwischen lieblichen Hügeln gruppiert: knuffig-alte Häuser und am Dorfrand die malerische St. Andrew's Church

(erbaut nach 1370). Hinter ihr liegt der Cuckmere River, der hier seine letzten Kilometer zum Ärmelkanal mäandert. Dass die Lyrikerin Eleanor Farjeon in diesem Dorf »Morning has broken« dichtete (weltberühmt durch Cat Stevens' Vertonung), ergänzt das ländliche Idyll.
*30 km östlich von Brighton*
*www.alfriston-village.co.uk*

## Brighton (und Brighton Pier)

**2** Der Arzt Richard Russel, Erfinder der Thalassotherapie, eröffnete 1753 eine Praxis am Old Steine [sprich: sti:n], die Brightons Keimzelle als Kurbad war. Ab Ende des 18. Jh. sorgten illustre Kurgäste für den nötigen Glamour, besonders der exzentrische Prince of Wales, der 1811 zunächst Prinzregent (Regency-Epoche) und 1820 dann als George IV. König wurde. Seine de facto Doppelehe mit der Katholikin Maria Fitzherbert (die in Brighton lebte) und Caroline von Braunschweig löste im Land Revolten aus. Brighton immerhin verdankt ihm den Baustil jener Epoche und seit 1822 den Royal Pavilion, einen Palast im pseudo-indischen Stil (Architekt: John Nash). Nebenan zeugen The Lanes mit engen Gassen (viele Shops) vom Fischerdorf Brighton. Aus Russels Kurhaus wurde 1826 das Royal Albion Hotel, vor dem seit 1899 das Palace Pier 525 m in den Ärmelkanal ragt. Der urige Rummelplatz war Kulisse etlicher Filme und des Kriminalromans »Brighton Rock« (1938) von Graham Greene.
*Madeira Drive*
*www.brightonpier.co.uk*

## Canterbury Cathedral

**3** Um das Jahr 600 gründete der Benediktinermönch Augustinus in Canterbury Englands erstes Kloster. Die unweit entstandene romanische Kathedrale brannte 1076 ab. Beim Neubau wechselte Baumeister Wilhelm von Sens, ein Franzose, zum gotischen Stil. Die Kathedrale gilt als Meisterwerk des Early English, die Arbeit am Bau dauerte bis in die Spätgotik um 1500. Berühmte Erzbischöfe waren Anselm von Canterbury (1033–1109, Gründer der Scholastik) und Thomas Becket, der wegen eines Kirchenrechtsstreits 1170 in der Kathedrale ermordet wurde. Als Märtyrer verehrt, wurde sein Schrein in der Trinity Chapel (Chor) zum Wallfahrtsort. Heinrich VIII., der aus Ehegründen mit Rom brach, ließ 1538 den Schrein zerstören, verfügte aber, dass (bis heute) der Erzbischof von Canterbury Englands Monarchen krönt.
*11 The Precincts, www.canterbury-cathedral.org*

## Leeds Castle

**4** Das Wasserschloss in der Grafschaft Kent bezaubert Heiratswillige und Touristen. Ab 1278 ließ Edward I. es zum Palast umbauen, den fortan vor allem Königinnen nutzten. 1519 gab Heinrich VIII. die Erweiterung des Schlosses für Katharina von Aragon in Auftrag, die erste seiner sechs Gattinnen. Im Park (200 ha) sorgen u. a. ein Irrgarten aus Eiben, Konzerte und ein Hundehalsbandmuseum für Kurzweil.
*8 km östlich von Maidstone an der M 20*
*www.leeds-castle.com*

## Sissinghurst

**5** Eine offene Ehe mit intellektuellem Touch führten Vita Sackville-West und Harold Nicolsen, sie Schriftstellerin, er Diplomat. 1930 erwarben sie den Landsitz Sissinghurst und legten einen Garten von mehr als 5 ha an, der noch immer zu Englands prächtigsten Parkanlagen zählt. Im Cottage erfährt man viel über Vitas und Harolds bewegte Vita.
*Bei Cranbrook an der A 229*
*www.nationaltrust.org.uk/sissinghurst-castle-garden*

### REISEZEIT

Durch das wechselhafte maritime Klima ist ganzjährig mit Wind und Regen, aber auch milden Temperaturen, die der Golfstrom bringt, zu rechnen. Interessant ist auch das Glyndebourne Festival mit Opern und Picknicks in den Pausen (Mai–Aug., www.glyndebourne.com).

## ÜBERNACHTUNGEN

### PELIROCCO

Im noblen Regency-Reihenhaus am Regency Square (nur 100 m vom Strand) erwarten den Gast 19 höchst unkonventionelle Zimmer: Pop-Art gemixt mit Antiquitäten; eine Vespa am Bett sollte einen nicht stören. Musiker und Bands fühlen sich hier pudelwohl. Mit Brightons Nachtleben around the corner ist Auschecken bis 14 Uhr möglich.

*10 Regency Sq., Brighton*
*www.hotelpelirocco.co.uk*
*Tel. +44 1273 32 70 55*
*DZ ab €€*

### ST STEPHEN'S

Kaum 15 Gehminuten liegt dieses ruhige, familiengeführte Gästehaus von Canterburys Kathedrale und Altstadt entfernt. Die zehn Zimmer sind ansprechend möbliert, von manchen hat man auch einen Blick in den kleinen Garten vor dem im Tudorstil erbauten Fachwerkhaus.

*100 St. Stephens Road, Canterbury*
*www.ststephensguesthouse.co.uk*
*Tel. +44 1227 76 76 44*
*DZ ab €€*

### WINGROVE HOUSE

Edel und fein ist dieses Landhotel im Kolonialstil des 19. Jh. Im angeschlossenen Restaurant isst man vorzüglich, gut relaxen lässt es sich auf der Terrasse und im hübschen Garten. In nächster Nähe: die zauberhafte St. Andrew's Church und das Clergy House.

*High Street, Alfriston*
*www.wingrovehousealfriston.com*
*Tel. +44 1323 87 02 76*
*DZ €€–€€€*

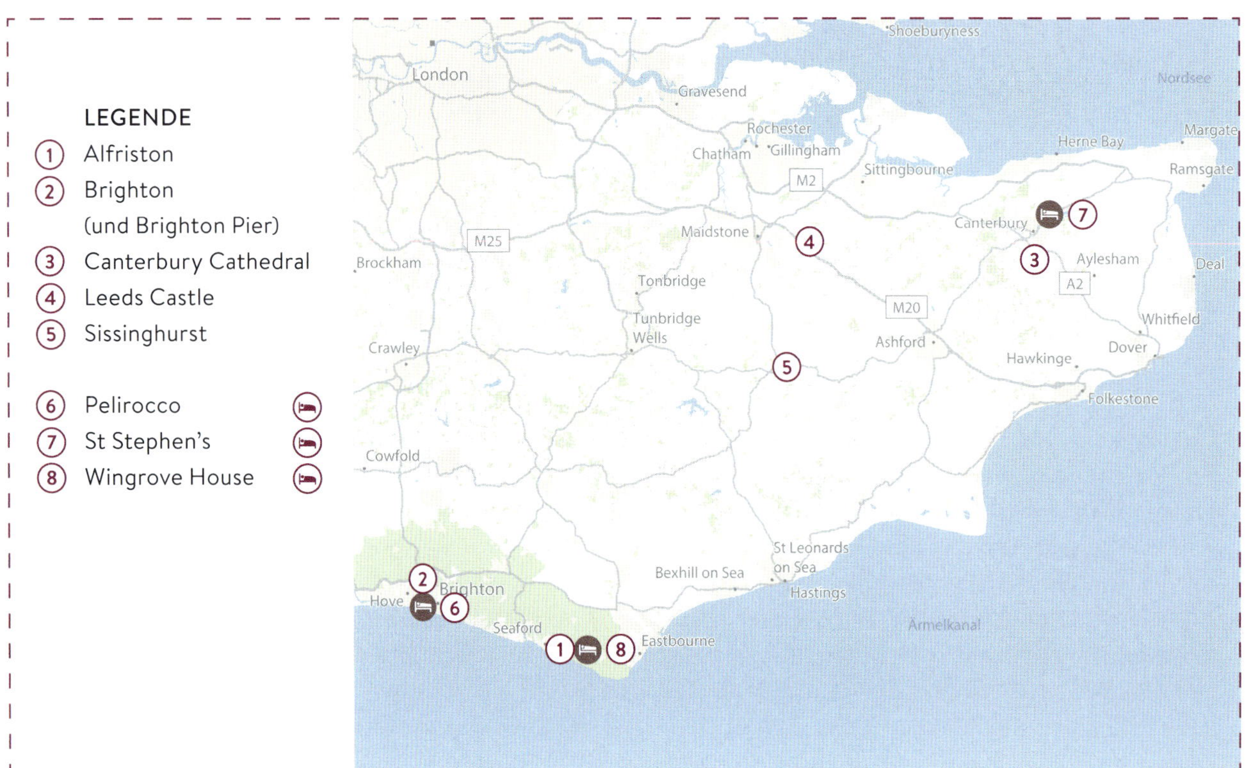

5

# Brüssel

Futuristisch und strahlend dient das Atomium als Wahrzeichen Brüssels.

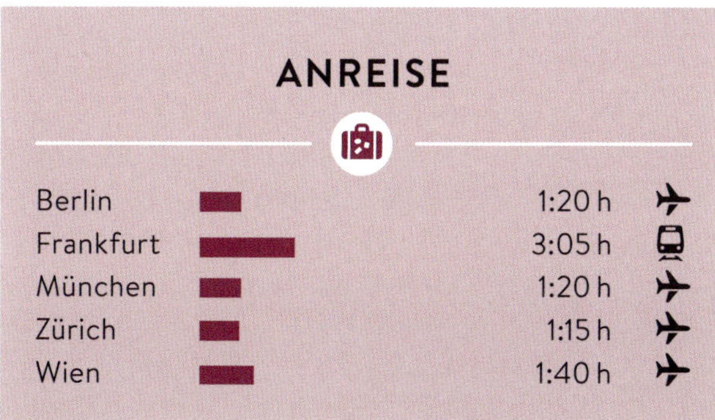

**ANREISE**

| | | |
|---|---|---|
| Berlin | 1:20 h | ✈ |
| Frankfurt | 3:05 h | 🚆 |
| München | 1:20 h | ✈ |
| Zürich | 1:15 h | ✈ |
| Wien | 1:40 h | ✈ |

DASS BRÜSSEL MIT SEINEM Image als Fritten- und Pralinenmetropole kokettiert, zeugt von Selbstironie. Wie die Figur des Petit Julien (Manneken Pis), des berühmtesten Stehpinklers der Welt. Als Hauptstadt und Regierungssitz Belgiens, Wohnsitz der Königsfamilie, Verwaltungszentrum der Europäischen Union sowie der NATO ist Brüssel (gut eine Million Bewohner aus 149 Ländern) nicht provinziell, sondern voller Leben: unberechenbar, verwirrend, chaotisch. Und ein ständiges Provisorium. Trotz aller Neubauten wahrt die Stadt ihr Erbe aus 1000 Jahren: Mittelalter im Zentrum um die Grand-Place, Belle Époque in den Quartieren von Ixelles und Etterbeek, wiederbelebte Fabrikpaläste am Canal de Charleroi und den Marolles, Postmoderne im Europaviertel, Multikulti in der Südstadt und dazwischen grünes Idyll für gestresste Großstadtseelen. Auf engstem Raum drängen sich skurrile, köstliche und originelle Sehenswürdigkeiten. Von den bedeutenden Museen des Kunstbergs bis zum Schlemmerviertel nördlich der Grand-Place, wo sich Berge aus Meeresfrüchten türmen, sind es nur wenige Hundert Meter. Haushohe Comicfiguren, von Künstlern gestaltete Metrostationen, übermütige Modedesigner, ambitionierte Chocolatiers, der Flohmarkt in den Marolles: Überall beflügelt Brüssel die Sinne.

## Mont des Arts

**1** Seit der Revolution von 1830 eine Monarchie, hatte Belgien in Leopold II. jenen König, der mit Belgisch-Kongo eines der schlimmsten Kapitel der Kolonialgeschichte schrieb. Zu Hause gab er sich als Kunstförderer und legte Ende des 19. Jh. den Berg der Künste an,

dessen Park auf Brüssel blicken lässt. Nebenan liegen u. a. das Magritte-Museum und die Königlichen Museen der Schönen Künste, die Meisterwerke vom 15. Jh. bis in die Gegenwart ausstellen.
*www.kunstberg.com*

## Grand-Place

**2** So groß wie ein Fußballfeld (110 × 68 m) ist der Grote Markt (Grand-Place), einer der eindrucksvollsten Plätze in Europa. Auf einem trockengelegten Sumpfgebiet entstand er vom 11. bis ins 15. Jh. samt Brüssels Hôtel de Ville (Het Stadthuis), dem Rathaus. Im Pfälzischen Erbfolgekrieg legten französische Truppen 1695 die Stadt in Schutt und Asche. Doch binnen weniger Jahre wurde der Grote Markt überwiegend im Barockstil neu aufgebaut, wobei das Rathaus aus dem 15. Jh. mit mächtigem Belfried als Musterbeispiel der Brabanter Gotik erhalten blieb.

## Atomium

**3** Wie 1889 der Eiffelturm, entstand 69 Jahre später aus Anlass einer Weltausstellung das Atomium in Brüssel. Das futuristische Gebäude sollte damals, 1958, die friedliche Nutzung der Atomenergie symbolisieren. Das 102 m hohe Modell eines 165-milliardenfach vergrößerten Eisenkristalls ist ein auf Eck stehender Würfel (Kubus) aus neun Atomen (18 m im Schnitt), verbunden durch 3,3 m dicke Röhren. Eine Dauerausstellung erzählt die interessante Geschichte des Bauwerks, und im obersten Atom blickt man von Brüssel bis Antwerpen.
*Avenue de l'Atomium, www.atomium.be*

### REISEZEIT

Am ersten Donnerstag im Juli findet der Ommegang statt, ein prachtvolles Historienfest, das mit rund 1500 Darstellern gefeiert wird und an den Einzug Kaiser Karls V. und seines Gefolges im Jahr 1549 erinnert.

Wer kennt sie nicht: Tim, Struppi und den Kapitän Haddock. Diese und weitere Figuren großer Zeichner gibt es im Comic-Zentrum zu entdecken.

## Belgisches Comic-Zentrum

**4** Belgische Comiczeichner wie Hergé (Tim und Struppi), Morris (Lucky Luke) oder André Franquin (Spirou, Gaston) sind Legenden des Genres, das in Belgien längst zur etablierten Kunst zählt. Jährlich 200 000 Comicfreunde besuchen die Exponate in dem 1989 vom belgischen Königspaar höchstselbst eingeweihten Museum, einem einstigen Warenhaus, das der renommierte Jugendstilarchitekt Victor Horta entwarf.
*Zandstraat 20, Rue des Sables*
*www.cbbd.be*

## Parlement Européen

**5** Das Europaviertel um die Place du Luxembourg ist das Zentrum des Friedensnobelpreisträgers EU. Zwar ist Straßburg Sitz des EU-Parlaments. Aber auch in Brüssel, wo Europarat und EU-Kommission logieren, tagen die Delegierten der 27 Mitgliedstaaten mehrmals im Jahr im Espace Léopold. Das »Parlamentarium« darin erklärt anschaulich die EU.
*60, Rue Wiertz*
*www.europarl.europa.eu*

## ÜBERNACHTUNGEN

### LE BERGER

Jugendstilhotel von 1936 mit etwas schlüpfrigem Anfang: Zwar kein Bordell, diente es Gästen aber für diskrete Rendezvous. Einen Hauch Nostalgie hat es sich bewahrt, die 66 Zimmer sind sehr charmant eingerichtet. Ansprechend auch: Restaurant und Bar.

*24, Rue du Berger*
*www.lebergerhotel.be*
*Tel. +32 2 510 83 40*
*DZ ab €€*

### BLOOM

Preiswerte, teils riesige Zimmer auf acht Etagen: In dem zentral gelegenen 4-Sterne-Arthotel mit gutem Service gleicht keiner der 305 Räume dem anderen. Künstler aus aller Welt sorgten für individuelle Gestaltung. Zusätzliche Pluspunkte: zwei Restaurants und eine bis tief in die Nacht geöffnete Bar.

*250, Rue Royale*
*www.guestreservations.com/hotel-bloom-belgium/booking*
*Tel. +32 2 220 66 11*
*DZ ab 100 €*

### VINTAGE HOTEL

In Ixelles, zu Fuß nicht allzu weit von den Museen am Mont des Arts entfernt, gibt sich das Vintage als Hotel mit nostalgischem Flair. Das Interieur zitiert die 1950er- und 60er-Jahre mit Materialien von heute. Im Erdgeschoss befindet sich eine Weinbar und im Innenhof ein Caravan von 1958, tipptopp eingerichtet als Gästezimmer.

*45, Rue Dejoncker*
*www.vintagehotel.be*
*Tel. +32 2 533 9980*
*DZ ab €-€€*

6

# Antwerpen

SONNENSTRAHLEN TAUCHEN DIE PRÄCHTIGEN Gildehäuser mit ihren reich verzierten Fassaden in ein warmes, goldenes Licht. Der Groote Markt ist eine Wucht. Wie der Brabobrunnen, der mit seinem makabren Handwurf an die Namenslegende Antwerpens erinnert. Weniger makaber erscheint das »bolleke« auf dem Tisch. Es schmeckt, flämisch gesprochen, »lekker« und ist das hier typische Bier in bauchigen Gläsern. Es mundet nach einem »Rubensspaziergang« durch die Altstadt, der interessant ist und intensiv.

Aussichtsreiches Antwerpen: Die Außengalerie des MAS ist sogar ohne Museumsbesuch zugänglich.

Intensiv der kulturellen Eindrücke wegen, weniger wegen des Geländes. Antwerpen ist flach wie eine Flunder. Die einzigen Berge, sang Jacques Brel auf französisch, das sind hier die Kathedralen – wie die gotische Kathedrale, die mit gleich vier Meisterwerken von Rubens aufwartet. Die vielen Belfriede mit ihren gotischen Glockentürmen machen ihnen oft ganz frech und direkt daneben weltliche Konkurrenz. Antwerpen besteht aber nicht nur aus Gotik. Der Stadtteil Zurenborg zeigt sich in prächtigstem Jugendstil und das Hochhaus Boerentoren in perfektem Art déco. Das Museum an der Stroom wiederum imponiert als hochmoderner Bau, dessen rote Sandsteinfassade mit (man denke an den Brabobrunnen) 3000 Händen versehen ist. Antwerpens elftes Gebot lautet übrigens »Gij zult genieten!« Der Aufforderung zu genießen lässt sich in der Stadt mit Europas zweitgrößtem Hafen bestens in einem (Fisch-)Restaurant nachkommen. Auch daran herrscht hier keinerlei Mangel.

## Grote Markt

**1** Feinste flämische Renaissance sind das Rathaus von 1565 und die Gildehäuser am Grote Markt. Sie zeugen vom Reichtum, den die Hafenstadt im 16. Jh. erwarb, nachdem Brügges Seezugang versandet war. Antwerpens Beitritt zur Utrechter Union unterband Spaniens Statthalter Farnese 1585. Die Protestanten wanderten in die Vereinigten Niederlande aus, fortan war Amsterdam die führende Handelsmetropole. Der Brabobrunnen von 1887 (Platzmitte) gibt Antwerpens makabre Namenslegende (Handwerfen) wieder: wie der römische Soldat Brabo die Hand des besiegten Riesen Antigonius in die Schelde wirft, der zuvor Schiffern, die ihm nicht Tribut bezahlten, eine Hand abschlug.
*Zentrum der Altstadt*

## Museum aan de Stroom

**2** Architektonisch wie perspektivisch ist das MAS ein Hingucker: Das originelle Turmhaus (62 m) an einem Hafenbecken am Rand der Altstadt erlaubt von jeder der zehn Etagen andere Blickwinkel auf die Stadt und ihren Strom, die Schelde. Hinter der eleganten, mit Tausenden »Antwerpener Händen« gespickten Fassade aus rotem Sandstein und großen Glasflächen gleichen die Stockwerke gestapelten Schachteln, jeweils um 90 Grad gedreht. Das Museum widmet sich der facettenreichen

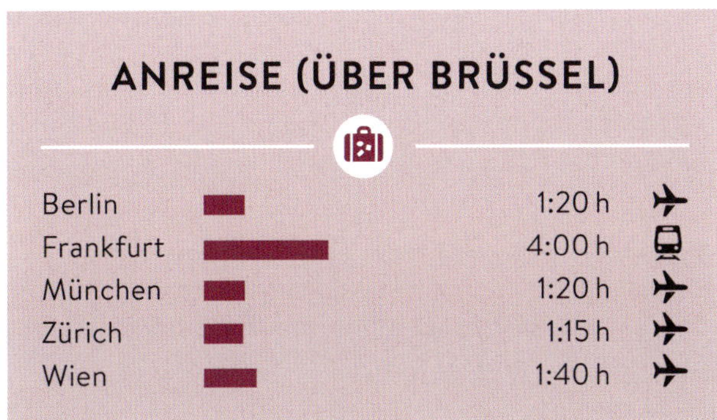

**ANREISE (ÜBER BRÜSSEL)**

| | |
|---|---|
| Berlin | 1:20 h |
| Frankfurt | 4:00 h |
| München | 1:20 h |
| Zürich | 1:15 h |
| Wien | 1:40 h |

**Prachtvoll ist der Grote Markt, makaber der Brabobrunnen zu Antwerpens Stadtlegende.**

Geschichte der Handelsmetropole Antwerpen, dazu ethnologischen Themen und in Wechselausstellungen zeitgenössischer Kunst. Der Blick vom Panoramadach ist nicht nur grandios, sondern auch kostenlos.
*Hanzestedenplaats 1*
*www.mas.be*

### REISEZEIT

Am sonnigsten und wärmsten ist es von Juni bis Sept., dafür ist die Stadt im Winter weitaus weniger überlaufen. Das Summerfestival Anfang Juli ist eine Attraktion für Liebhaber elektronischer Musik, dann ist das Beste zu sehen und zu hören, was die internationale Szene zu bieten hat.

## Onze-Lieve-Vrouwekathedraal

**3** Die Größe einer Kirche sagt meist auch viel über die Bedeutung der Stadt aus, in der sie steht. Antwerpens Kathedrale Onze Lieve Vrouwe (Unserer lieben Frau) ist nichts weniger als die größte Kirche auf dem Gebiet der heutigen Benelux-Staaten. Zwar wurden West- und Vierungsturm nicht mehr ausgeführt, alles andere aber entstand in der für damals kurzen Bauzeit von 1352 bis 1521. Beim Bildersturm 1533 und in den protestantischen Jahren Antwerpens (1579–1585) gingen viele Kunstwerke verloren. Sie wurden jedoch bald ersetzt: Allein vier Rubens-Gemälde befinden sich in der Kathedrale, darunter die Kreuzabnahme (1611–1614) als wohl bedeutendstes Werk der Barockmalerei. Und der 123 m hohe Nordturm, ein Meisterwerk der Spätgotik, steht seit 1999 auf der Liste des UNESCO-Weltkulturerbes.
*Groenplaats 21*
*www.dekathedraal.be*

## Rubenshuis

**4** Einem italienischen Palast der Renaissancezeit gleicht das Rubenshaus. Nach eigenen Plänen umgebaut, war das Gebäude von 1610 bis zu seinem Tod Wohnhaus und Werkstatt des produktivsten Barockmalers, Peter Paul Rubens (1577–1640). Auch nach dem frühen Tod seiner ersten Frau Isabella Brant (1591–1626) blieb das Haus der kreative Mittelpunkt des genialen Künstlers und Diplomaten. Mit seiner zweiten Frau, Hélène Fourment (1614–1673), die er ebenso oft porträtierte wie die erste, bewohnte er zudem einen Landsitz bei Mechelen. Die Stadt Antwerpen erwarb das Rubenshaus 1937, seit 1946 ist es ein Museum über Leben und Werk des großen Meisters. Unter den gezeigten Bildern von Rubens ragen ein Selbstporträt heraus (er malte insgesamt nur vier) sowie Mariä Verkündigung durch den Erzengel Gabriel; u. a. sind auch Werke von Rubens kongenialem Mitarbeiter Anton van Dyck zu sehen. Einblick erhält man zudem in das zu seiner Zeit größte Kunstatelier Europas und in den inzwischen wunderbar rekonstruierten Garten.
*Wapper 9–11*
*www.rubenshuis.be*

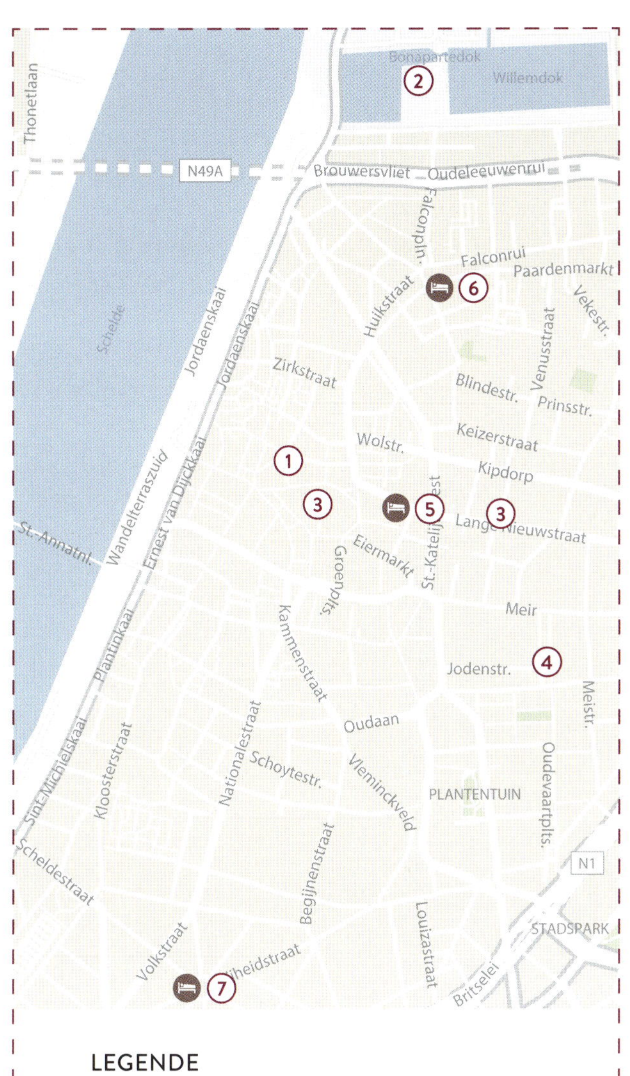


LEGENDE

1. Grote Markt
2. Museum aan de Stroom
3. Onze-Lieve-Vrouwekathedraal
4. Rubenshuis
5. Boetiekhotel Julien
6. home@feek
7. Soul Suites

## ÜBERNACHTUNGEN

### BOETIEKHOTEL JULIEN

Sehr schönes Hotel in einem toprenovierten Doppelgebäude des 16. Jh.: Das Julien ist eine feine, komfortable Adresse inmitten der Antwerpener Altstadt. Die Küche bietet exquisite leichte Gerichte, der Spa-Bereich verspricht Verwöhnung pur. Und zu einem Drink auf der Dachterrasse gibt's den Blick auf die Kathedrale und Altstadt gratis mit dazu.

*Korte Nieuwstraat 24*
*www.hotel-julien.com*
*Tel. +32 3 229 06 00*
*DZ ab €€*

### HOME@FEEK

Schick eingerichtet sind die fünf B & B-Apartments des Designers Frederik van Heereveld, der ansonsten unter dem Label »feek« international erfolgreich Möbel vertreibt. Die Straße Klapdorp liegt im Schipperskwatier in der nördlichen Innenstadt, unweit vom MAS.

*Klapdorp 50*
*www.feeksuites.com,*
*Tel. +32 479 27 98 42*
*DZ ab €€*

### SOUL SUITES

Drei komfortable Apartments, fünf Studios, ein Café: Das Eckhaus ist erstklassig am Marnixplatz im hippen Viertel Zuid gelegen, unweit des Königlichen Museums der Schönen Künste (große Sammlung flämischer Malerei, v. a. Rubens, Van Dyck, www.kmska.be). In der Platzmitte feiert das 20 m hohe Schelde Vrij-Denkmal mit Neptun seit 1873 die Aufhebung der Scheldeblockade (1585–1863) durch die Niederlande.

*Marnixplaats 15*
*www.thesoulantwerp.com*
*Tel. +32 479 61 88 18*
*Studio ab €-€€*

7

# Amsterdam

Amsterdam-Klischee an der Keizersgracht: Brücken, Fahrräder und schmucke Bürgerhäuser.

AMSTERDAM IST GUT ZU Fuß zu erobern. Beim ausgiebigen Spazieren entlang der Grachten kann man die Besonderheiten bestaunen, etwa die Giebelsteine, die etwas über die ersten Bewohner verraten, oder die traumhaften Interieurs in den historischen Kaufmannshäusern. Zum Glück haben Amsterdamer nur selten Gardinen, man kann und darf also ruhig hineinschauen. Diese Stadt ist eine Stadt der Gegensätze. Studentengruppen mit Ghettoblastern und Bierkisten bilden einen Kontrast zu melancholischer Ruhe, im Viertel Plantage etwa mit seinen alten Bäumen. Der Grachtengürtel versetzt den Besucher zurück ins Goldene Zeitalter, und auf den Inseln im Osten findet sich spektakuläre moderne Architektur. Von den Brücken dort lässt sich fein zu den großen Kähnen auf IJ- und Markermeer schauen und der Melodie dieser Stadt lauschen: dem Quietschen der Straßenbahnen, den Glockenspielen der alten Kirchen, dem Geschrei der Möwen. Wer anders lebt, denkt, glaubt oder liebt als der Durchschnittsbürger, wird hier in Ruhe gelassen. Früher wie heute. Menschen aus fast 180 Kulturen machen die Straßen und Märkte bunt. Das ungeheure Freiheitsgefühl, die Lockerheit und Toleranz, aber auch die historische Innenstadt und die Kunstschätze ziehen Jahr für Jahr viele internationale Besucher an. Wer nur ein Wochenende in Amsterdam ist, braucht keine Scham zu haben, klassische Sehenswürdigkeiten zu besichtigen. Grachten, Reichsmuseum, Anne-Frank-Haus und auch das Rotlichtviertel ziehen Einheimische gleichermaßen in den Bann. Abends geht es bei »biertje« und »bitterballen« in den »bruin Cafés« gesellig zu. Und beim Rückweg ins Hotel, wenn die Lichter in den Grachten glitzern, summt man vielleicht die traurig-schöne Ballade »Dans Le Port d'Amsterdam«, die Jacques Brel, Edith Piaf, David Bowie und manch andere so hinreißend interpretierten.

## Grachten

**1** Im Halbkreis um die Altstadt bilden Singel, Heren-, Prinsen- und Keizergracht Amsterdams Grachtengürtel (insgesamt 10 km lang, bis zu 20 m breit, seit 2010 Weltkulturerbe). Singel und Kloveniersburgwal schützten im Mittelalter die Stadt als Wassergräben. Der Grachtengürtel (Grachtengordel) wurde im goldenen 17. Jh. innerhalb von 40 Jahren gebaut. Verbunden durch etliche kleine Kanäle, entstand ein Wasserstraßensystem von 80 km Länge, überspannt von rund 1400 Brücken.
*Im Zentrum von Amsterdam*

Logisch, dass es im Land der Tulpen ein eigenes Museum für diese speziellen Liliengewächse geben muss.

## Anne Frank Huis

**2** Dank ihres eindrucksvollen Tagebuchs wurde Anne Frank (1929–1945) weltbekannt. Während der deutschen Okkupation der Niederlande versteckten sich Anne, ihre Eltern, die Schwester und vier weitere Personen, von vier Helfern unterstützt, in dem engen Hinter-

### ANREISE

| | |
|---|---|
| Berlin | 1:20 h ✈ |
| Frankfurt | 4:12 h 🚆 |
| München | 1:30 h ✈ |
| Zürich | 1:35 h ✈ |
| Wien | 1:55 h ✈ |

haus an der Prinsengracht vor der Judenverfolgung der Nazis. Nach 25 Monaten wurden sie verraten, am 4. August 1944 verhaftet. Die Deportation überlebte nur der Vater nach Befreiung des KZs Auschwitz durch die Rote Armee. Anne und ihre Schwester Margot starben 1945 im KZ Bergen-Belsen. Seit 1960 Museum, ist das Anne-Frank-Haus eine bedeutende Gedenkstätte des Holocaust.
*Prinsengracht 263–267*
*www.annefrank.org*

## Jordaan

**3** Das beschauliche einstige Handwerkerviertel mit schmalen Häusern und Vorgärten wurde durch Gentrifizierung längst hip samt hohen Mieten. Sehenswert sind an der Prinsengracht die Westerkerk, in der Rembrandts Gebeine ruhen, und natürlich das Anne-Frank-Haus ganz in der Nähe. Unweit erzählt das Tulpen Museum u. a. von der Tulpenmanie im 16. Jh.
*Im nordwestlichen Zentrum von Amsterdam*

## De Wallen

**4** Im Stadtteil De Wallen liegt nahe der Oude Kerk, Amsterdams ältestem Gebäude (um 1300, heute Kulturzentrum), Europas erstes Rotlichtviertel. Bereits im 15. Jh. war Prostitution in Amsterdam erlaubt, ein Museum erzählt davon. Nachtlokale, Fenster, in denen Frauen sich anbieten, und Coffeeshops zum legalen Cannabiskauf finden sich etwa in der Gracht Oudezijds Achterburgwal.
*www.amsterdam.info/de/rotlicht*

### REISEZEIT

Im Mai, Juni und Aug. darf man auf viel Sonne und wenig Regen hoffen. Ein Erlebnis ist aber auch der Koningsdag am 27. April: Am Geburtstag von König Willem-Alexander wird die ganze Stadt zu einem einzigen Flohmarkt mit fröhlichem Geschiebe und Gedränge.

**Wiege der niederländischen Toleranz: De Wallen, das älteste Viertel mit Rotlichtbezirk und Coffeeshops.**

## Rijksmuseum

**5** Der Niederlande größtes und bedeutendstes Museum wurde 1885 im Stil der Neorenaissance (Architekt: Pierre Cuypers) eröffnet und 2003 bis 2013 exzellent restauriert. Neben einer reichhaltigen Gemäldesammlung mit Schwerpunkt auf der holländischen Malerei des 16. Jh. verfügt das Rijksmuseum über eine riesige Sammlung zur stadtgeschichtlichen Entwicklung Amsterdams seit dem Mittelalter und zur Kulturgeschichte der Niederlande. Außerdem zu sehen sind u. a. Delfter Keramik, Schiffsmodelle, Waffen, asiatische Kunst und Aspekte der Kolonialgeschichte.
*Museumstraat 1,*
*www.rijksmuseum.nl*

## ÜBERNACHTUNGEN

### CAMPING ZEEBURG

Ob fröhlich bunter Bauwagen oder gemütliche Eco-Hütte: Einfach, aber charmant nächtigt man auf der kleinen Insel am IJmeer mit Blick auf das Amsterdamer Stadtleben – kostenloser Kräutergarten inklusive.

*Zuider IJdijk 20*
*www.campingzeeburg.nl*
*Tel. +31 20 694 44 30,*
*Wagonette oder Eco-Cabin ab €€*
*(je ab 2 Nächte)*

### HOTEL WIECHMANN

Seit mehr als 70 Jahren und über drei Generationen hinweg beherbergt das 2-Sterne-Hotel seine Gäste typisch holländisch in charmant antikem Interieur. Steile, enge Stiegen führen in die oberen Stockwerke, und wer ein Zimmer mit Blick auf die Prinsengracht ergattert hat, wird sich wahrhaft königlich fühlen.

*Prinsengracht 328–332*
*www.hotelwiechmann.nl*
*Tel. +31 20 626 33 21*
*DZ ab €€*

### THE EXCHANGE

Gewöhnlich statten Designer Models aus. Dass dies aber auch bei Räumen anziehend wirken kann, beweisen junge Amsterdamer Modestudenten: Sie haben fantasievolle Outfits für Hotelzimmer von einem bis zu fünf Sternen entworfen, vom Traum in Weiß bis zum Afrika-Look. Zentral gelegen.

*Damrak 50*
*www.hoteltheexchange.com*
*Tel. +31 20 523 00 80*
*DZ ab €€–€€€*

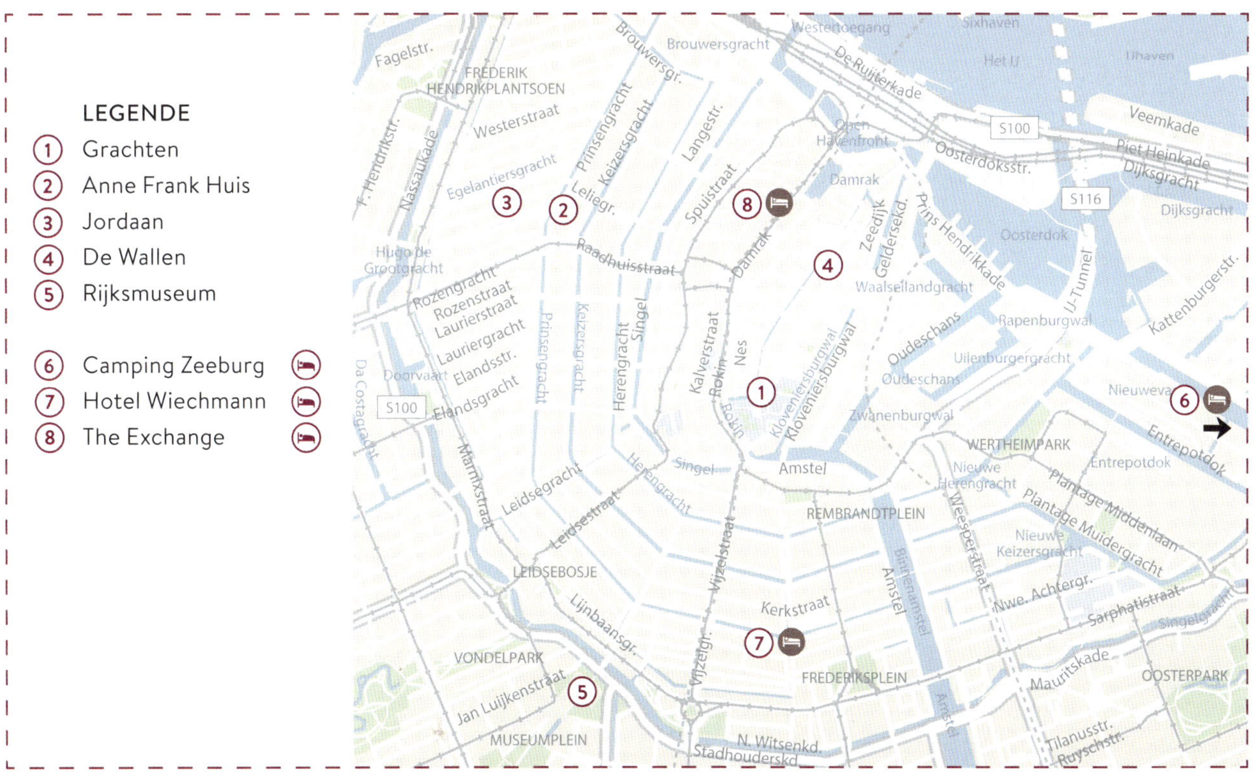

# NORD EUROPA

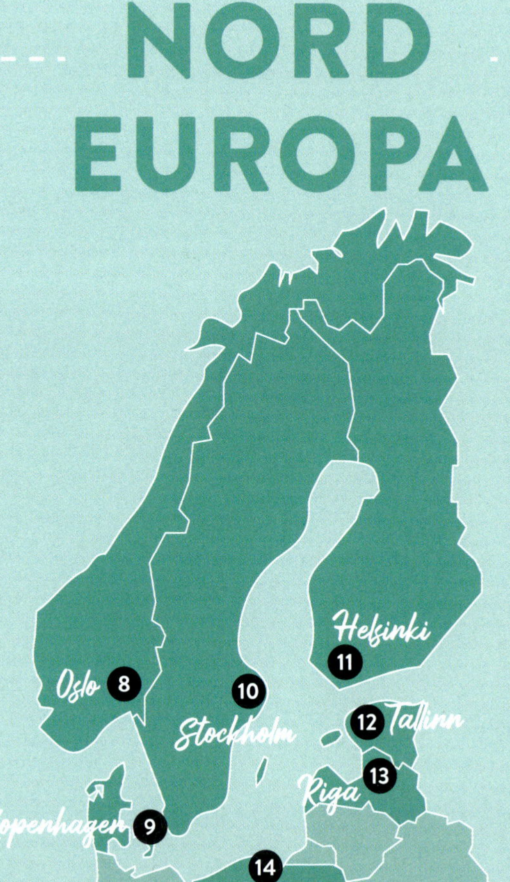


Gleich fünf nordische Hauptstädte liegen an der Ostsee, ebenso die eindrucksvoll restaurierte Hafenmetropole Danzig. Nur Oslo, am Nordzipfel seines Fjords zum Skagerrak, zählt maritim zur Nordsee. Traditionsreiche Stadtkerne werden hier wie dort mühelos mit unkonventioneller Architektur kombiniert, von Meeresnähe geprägt. In Kopenhagen etwa staunt nicht nur die Kleine Meerjungfrau über all die Avantgarde rundum. Auf Stockholms 14 Inseln erlebt man jede als ganz eigene Stadt, stets mit Blick zum vorgelagerten Schärengarten. Immerhin 300 kleine Inseln zählen auch zu Finnlands Hauptstadt Helsinki, wo Natur, Moderne und Design wunderbar in Einklang sind. In Riga verschmelzen unterschiedlichste Baustile und eine reiche Geschichte zum einzigartigen Stadtbild, während Tallinn zukunftsweisende Technologien hinter verträumten Altstadtfassaden birgt. Und Oslos spektakuläres Opernhaus schiebt sich wie ein Eisberg in den Hafen, vis-à-vis der historischen Burg Akershus.

Der 1999 fertig gestellte Anbau der Dänischen Nationalbibliothek in Kopenhagen wird auch »Der schwarze Diamant« genannt. Das lichte Atrium reicht vom Boden bis ans Dach des Gebäudes.

Wo sich früher Container stapelten, wird heute in der Oper Hochkultur gepflegt.

DASS DER WINTER HIER KEIN WITZ IST, wird merken, wer zwischen November und April in Norwegens Hauptstadt reist. Die Osloer gehen dann Ski laufen oder auf den zugefrorenen Buchten des Oslofjords spazieren. Schnee hält sich oft bis nach Ostern. Im Frühjahr (ab Mai) erwacht das Stadtleben wieder, das quirlig bleibt bis in den Herbst. Oslos Oktober, das Herbstlaub in schönsten Farben, macht den Frognerpark mit der unglaublichen Skulpturensammlung des Bildhauers Gustav Vigeland ebenso zum sinnlichen Erlebnis wie das Norsk Folkemuseum oder die Inseln im Oslofjord. Ganz zu schweigen von der Oslomark, wo Elche und Luchse frei leben. Der Grüngürtel aus Wäldern, Hügeln und Seen lässt sich in 20 Minuten per U-Bahn erreichen. Oslo ist nicht billig, was Reisende rasch spüren. 40 Euro für ein Essen im Durchschnittsrestaurant sind normal. Die Preise spiegeln das hohe Einkommensniveau: Dank seiner Erdölvorkommen zählt Norwegen zu den reichsten Nationen der Welt. Funktionalismus prägte Oslos Baustil, mit dem Rathaus (wo der Friedensnobelpreis verliehen wird) als markantestem Beispiel. Extravagant dagegen ist das neue Opernhaus. Die noch immer junge Hauptstadt mag hie und da unfertig wirken, langweilig ist sie nie.

**1** Anno 1300 erstmals erwähnt, wurde die exponierte Burganlage am Oslofjord um 1600 zum wehrhaften Schloss umgebaut. Norwegen befand sich damals, nach dem Ausscheiden Schwedens aus der Kalmarer Union, bis 1814 unter dänischer Krone, worauf eine 91 Jahre währende Union mit Schweden folgte. 1905 erklärte sich Norwegen für unabhängig. Während der deutschen Besatzungszeit wurde Faschistenführer Quisling 1942 in der Festung zum Staatspräsidenten gekürt und ebendort nach der Befreiung 1945 hingerichtet. Ein Museum erzählt die Geschichte des norwegischen Widerstands gegen die Okkupation. Die eindrucksvolle Anlage samt Schloss, das für Staatsempfänge genutzt wird, lohnt eine Besichtigung.
*Eingang am Festungstor im Südosten der Anlage*
*www.akershusfestning.no*

Auf der winzigen Insel Dyna wird der wenige Platz optimal genutzt. Das »Leuchtfeuer« liegt direkt an der Fahrrinne in den Hafen.

## Holmenkollen

**2** Eine Kultstätte nordischen Skisports ist der Holmenkollen. Bereits seit 1892 gibt es an dem 371 m hohen Hügel bei Oslo eine Sprungschanze; es ist die älteste Anlage ihrer Art. Sie wurde vielfach umgebaut; heute zeigt sich die 60 m hohe Schanze von 2010 hochmodern. Schanzenrekord sprang der Norweger Robert Johansson im März 2019 mit 144 m. Das Stadion bot und bietet 50 000 Zuschauern Platz bei sportlichen Ereignissen wie Winterolympiade (1952), Weltmeisterschaften oder Weltcups.

### ANREISE

| | |
|---|---|
| Berlin | 1:35 h |
| Frankfurt | 2:00 h |
| München | 2:10 h |
| Zürich | 2:15 h |
| Wien | 2:15 h |

Die hohen Fenster des Osloer Rathauses erlauben einen weiten Blick auf den Hafen.

Fantastisch ist die Aussicht oben auf der Schanze, im Fels darunter befindet sich ein Skimuseum.
*7 km nordöstlich des Stadtzentrums*
*www.skiforeningen.no*

## Inseln im Oslofjord

**3** Der 118 km lange Oslofjord hat jede Menge Inseln vorzuweisen. Ein Dutzend davon liegen im Stadtgebiet, einige sind mit Fähren zu erreichen. Auf Hovedøya (45 ha) findet man die Ruinen einer Zisterzienserabtei aus dem 12. Jh. und auf Gressholmen 5 ha geschützte Natur.
*Abfahrt Rådhusbrygge 4*

### REISEZEIT

Die Hauptreisezeit ist zwischen Juni und August, wenn es noch bis spätabends hell ist und sich das Leben draußen abspielt. Außerhalb dieser Sommermonate haben viele Sehenswürdigkeiten eingeschränkte Öffnungszeiten.

## Operahuset

**4** Oslos Opernhaus, 2008 eröffnet (Entwurf: Snøhetta), ist spektakuläre Architektur: Schneeweiß scheint sich ein Eisberg im Hafen verfangen zu haben, der nicht schmilzt. Riesige Außentreppen der kühnen Konstruktion aus Marmor, Stahl und Glas machen den Hafen zur Bühne. Innen erfreut die Besucher eines der technisch ausgefeiltesten Musiktheater der Welt.
*Kirsten Flagstads plass 1*
*Führungen auf Englisch: Mo–Sa 13, So 14 Uhr, Sa 14 Uhr auch auf Deutsch*
*www.operaen.no*

## Rådhuset

**5** Oslos Rathaus (1950) ist sachlich gestaltet, doch weltbekannt: Alljährlich am 10. Dezember, wenn in dem rötlichen Gebäude der Friedensnobelpreis verliehen wird, lauschen Staatsgäste und Zuhörer in aller Welt der Rede des Preisträgers.
*Fridtjof Nansens plass*
*Besichtigung nur mit Führung: ganzjährig tgl.,*
*www.visitoslo.com/de*

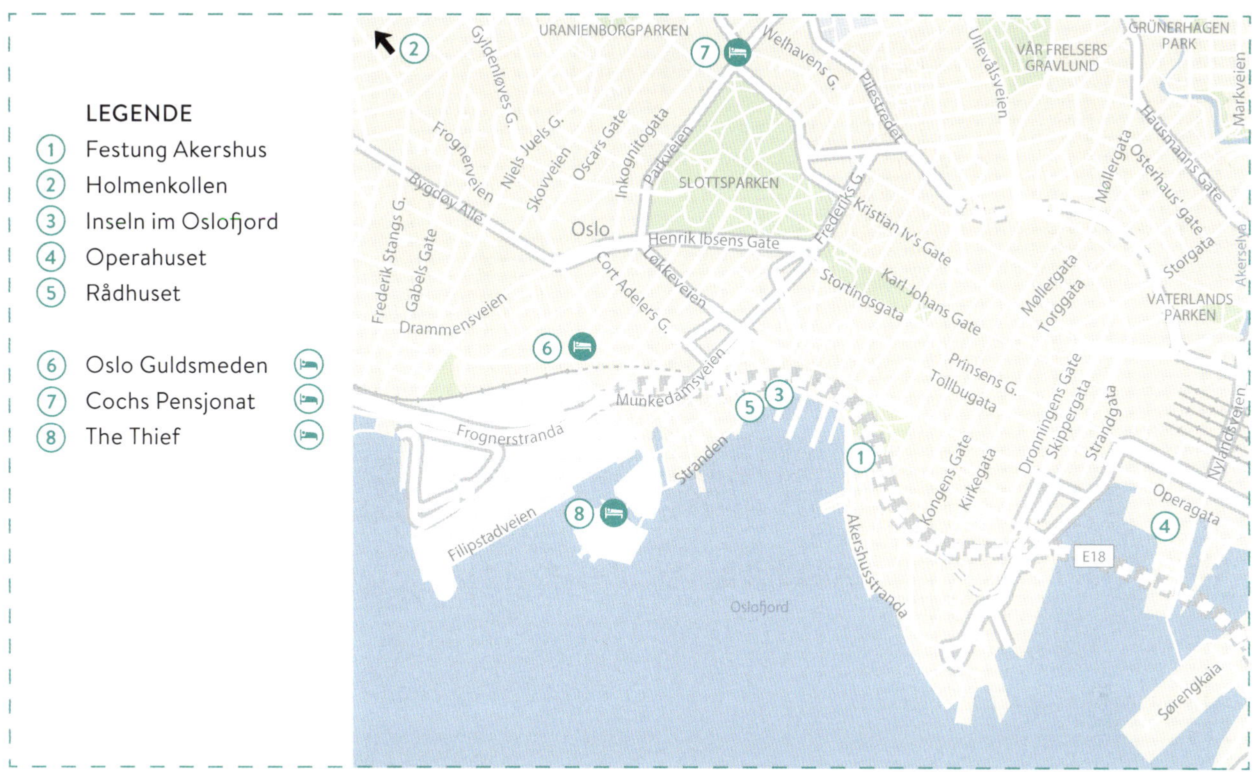


## ÜBERNACHTUNGEN

### OSLO GULDSMEDEN

In Hafennähe und nur einen Katzensprung vom königlichen Schloss entfernt liegt das Boutiquehotel, das üppiges Bio-Frühstück serviert und Naturkosmetik ins Bad stellt. Origineller Einrichtungsmix aus balinesischen Möbeln und Kissen sowie Fellen nach Sami-Art.

*Parkveien 78*
*www.guldsmedenhotels.com*
*Tel. +47 2 327 40 00*
*DZ (bei Direktbuchung) €€*

### COCHS PENSJONAT

Einfache, aber stilvolle Zimmer gibt es hinter der prächtigen Fassade des Jugendstilgebäudes aus dem 19. Jh. Zwar ist, wer Luxus erwartet, hier fehl am Platz, und die günstigsten Zimmer haben lediglich ein Gemeinschaftsbad. Doch sie sind gemütlich und licht, liegen sehr zentral, teils mit Blick auf den Schlossgarten.

*Parkveien 25*
*www.cochspensjonat.no*
*Tel. +47 2 333 24 00*
*DZ ab €–€€*

### THE THIEF

5-Sterne-Designhotel, direkt auf Tjuvholmen (Diebesinsel) gelegen, das einem keine Zeit stiehlt: Minutenschnell kommt man fußläufig zum Strand oder zur pulsierenden Promenade von Aker Brygge. Der hoteleigene, großzügige Spa-Bereich mit Hamam, Sauna und Pool ist eine Wucht, Wellnessanwendungen gibt es auch auf dem Zimmer.

*Landgangen 1*
*www.thethief.com, Tel. +47 2 400 40 00*
*DZ ab €€€*

9

# Kopenhagen

NICHT NUR DIE KLEINE MEERJUNGFRAU ist in Kopenhagen zu Hause. Die Stadt am Öresund ist auch eine Metropole innovativer Modemacher, Architekten, Designer und Spitzenköche: Lange schon zieht es deren Fans in die dänische Hauptstadt, und so ist die Strøget, Dänemarks längste Fußgängerzone, auch ein Shoppingparadies für skandinavisches Design und angesagte Mode »made in Denmark«. Innovativer Anziehungspunkt ist Kopenhagens Spitzengastronomie und ihr Konzept der Neuen Nordischen Küche, das international Furore gemacht hat. Seit zwei Jahrzehnten hat sich die Stadt außerdem zum Mekka der Gegenwartsarchitektur entwickelt, die spektakuläre Neubauten wie die Königliche Bibliothek (der

Blick vom Schauspielhaus auf die Königliche Oper, eine der modernsten Bühnen der Welt.

»Schwarze Diamant«), das Schauspielhaus oder die Oper im Hafengebiet vorweisen kann. Doch jenseits dieser modernen, avantgardistischen Seite bleibt Kopenhagen weiterhin ganz »hyggelig« – eine Stadt von herrlich altmodischer Gemütlichkeit. Das liegt nicht nur an der heimeligen Altstadt, der Radfahrleidenschaft der Kopenhagener oder ihrer unerschütterlichen Freundlichkeit. Es liegt auch daran, dass Nostalgie und Fantasie nun mal ihren festen Platz haben: Hans Christian Andersen ist aus Kopenhagen nicht wegzudenken.

Der unvergleichliche Designtempel im Stadtzentrum: Illums Bolighus.

## Illums Bolighus

**1** Mag schon sein, dass ein schwedisches Möbelhaus mit vier Buchstaben bekannter ist. Wirklich exzellentes skandinavisches Design fürs Interieur findet man in diesem traditionsreichen Kaufhaus (seit 1925), das übrigens auch eine sehr schöne Modeabteilung hat. Kurzum: Hier steht ein Tempel für Wohnen und Lifestyle.
*Amagertorv 10*
*www.illumsbolighus.com*

## Kleine Meerjungfrau

**2** Gerade mal 125 cm groß ist Kopenhagens Ikone. Inspiriert von Hans Christian Andersens berühmtem Märchen, ließ Carl Jacobsen, Eigentümer der Carlsberg-Brauerei und Kunstliebhaber, die Bronzeskulptur auf dem Felssockel 1913 von dem Bildhauer Edvard Eriksen (1876–1959) kreieren. Modell für den Körper saß dessen

### ANREISE

| | | |
|---|---|---|
| Berlin | 6:50 h | Zug |
| Frankfurt | 1:25 h | Flugzeug |
| München | 1:30 h | Flugzeug |
| Zürich | 1:45 h | Flugzeug |
| Wien | 1:40 h | Flugzeug |

Ehefrau Eline, für den Kopf die Tänzerin Ellen Price. Oft beschädigt, wurde *Den lille Havfrue* stets rekonstruiert. Ihrem melancholischen Blick aufs Wasser kann man sich nur schwer entziehen.
*Langelinie*

## Nikolaj Kunsthal

**3** Die im 13. Jh. erbaute Nikolajkirche wurde 1795 bei einem drei Tage währenden Großbrand schwer beschädigt und nach dem Wiederaufbau 1805 der weltlichen Nutzung (u. a. für die Feuerwehr) zugeführt. Seit Mitte der 1990er-Jahre widmet sie sich der zeitgenössischen Kunst. Mehrere Ausstellungen pro Jahr frischen die ästhetische Wahrnehmung mit Experimentellem nicht nur aus Dänemark auf. Als Kontrast gilt das Ticket auch fürs nahe Thorvaldsen Museum, in dem klassische Skulpturen und Malerei zu sehen sind.
*Nikolaj Plads 10*
*www.nikolajkunsthal.dk*

**Seit 1913 sitzt die Kleine Meerjungfrau auf ihrem Felsen und hält Ausschau nach ihrem Prinzen.**

## Rundetårn

**4** Es gibt wohl nicht viele Türme, auf die man reiten oder gar mit der Kutsche fahren kann. Solch ein Bauwerk (knapp 35 m hoch, Durchmesser: 15 m) ist der 1637 bis 1642 als Observatorium errichtete Rundetårn (runder Turm). Hofbaumeister Hans van Steenwinckel d. J. plante ihn im letzten Jahrzehnt seines baueifrigen Königs Christian IV. Nur unter der Aussichtsetage, die einen schönen Blick auf Kopenhagen bietet, befindet sich eine kurze Treppe. Bis zu ihr führt innen eine gepflasterte, spiralförmige Straße, die dank etlicher Fenster tagsüber einladend hell ist.
*Købmagergade 52a, www.rundetaarn.dk*

### REISEZEIT

Der Mai reizt als Reisemonat nicht nur wegen der geringen Niederschlagsmenge, sondern auch aufgrund des Karnevals. Für einen Besuch im Juli spricht das hochkarätig besetzte Copenhagen Jazz Festival.

## Operaen

**5** Der Reeder Mærsk Mc-Kinney Møller (1913–2012) kaufte als reichster Däne eine Insel vis-à-vis dem Königssitz Amalienborg. Dort stellte er den Bau einer Oper für 335 Mio. Euro in Aussicht. Einzige Bedingung: keinerlei staatliche Einmischung. Unter Umgehung demokratischer Prozeduren quasi »aufgenötigt« (FAZ), eröffnete das Musiktheater 2005. Die Konstruktion ist, trotz weitem Flugdach, nicht unumstritten, der Architekt Henning Larsen distanzierte sich sogar: Die Sichtblenden am Foyer würden dem Vorplatz die Wirkung nehmen. Sie entstammten nämlich nicht Larsens Entwurf, sondern allein dem Willen des Bauherrn. Die Oper mag eindrucksvoll sein, Eleganz wie jene in Hamburg oder Oslo hat sie nicht.
*Ekvipagemestervej 10, www.kglteater.dk*

## ÜBERNACHTUNGEN

### ADMIRAL HOTEL

Frei liegende Kiefernholzbalken, die sich durch alle Räume ziehen, sowie viel Mauerwerk und Torbögen verleihen dem denkmalgeschützten Gebäude aus dem späten 18. Jh. besonderen Charme. Zentral gelegen, mit tollem Blick direkt aufs Wasser. Im Sommer speist man auf der Terrasse und kann alten Schonern beim Vorbeigleiten zusehen.
*Toldbodgade 24–28*
*www.admiralhotel.dk*
*Tel. +45 3 374 14 14*
*DZ ab €€–€€€*

### ANNEX COPENHAGEN

Das familienbetriebene Hostel bietet die perfekte Ausgangslage, um die Stadt samt Vergnügungs- und Erholungspark Tivoli direkt zu Fuß zu erkunden. Sehr farbenfroh sind die frisch renovierten, dank Gemeinschaftsbädern kostengünstigen Zimmer gestaltet. Umfangreiches Frühstücksbüfett mit gutem Kaffee.
*Helgolandsgade 15*
*www.nh-hotels.de/hotel/nh-collection-copenhagen*
*Tel. +45 3 331 43 44*
*DZ ab €€€*

### 71 NYHAVN HOTEL

Die geschichtsträchtigen Häuser, zwei umgebaute Lagerhallen aus dem frühen 18. Jh., beherbergen heutzutage Gäste auf 4-Sterne-Niveau – und das in fantastischer Lage: Die beliebten Kanalbootsfahrten legen praktisch vor der Tür ab, und bis zum Schloss Amalienborg sind es nur wenige Gehminuten.
*Nyhavn 71*
*www.71nyhavnhotel.com*
*Tel. +45 3 343 62 00*
*DZ ab €€€*

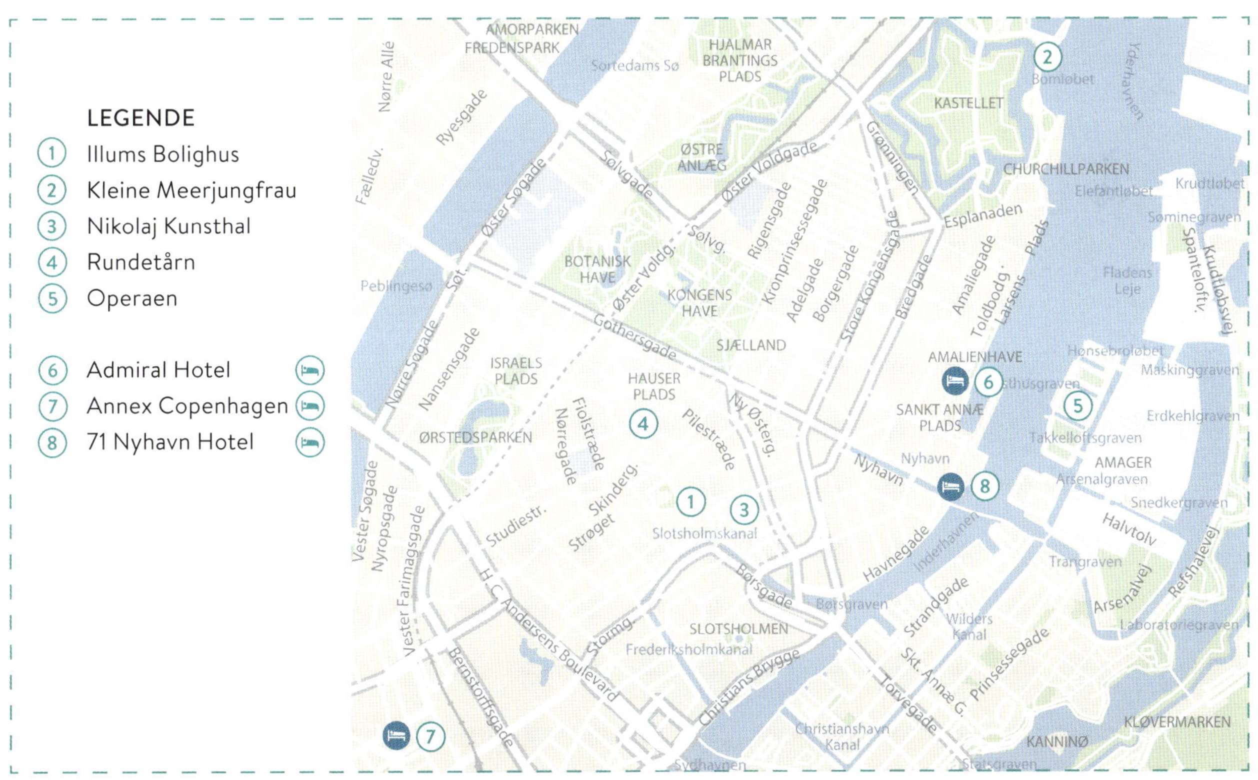

10

# Stockholm

Hoch hinaus (und rund) geht's im Kettenkarussell des viel besuchten Vergnügungsparks Gröna Lund.

VIEL WASSER, ÜPPIGES GRÜN und eine ebenso entspannte wie strahlende Metropole: Stockholm, zwischen der Ostsee und dem Marentsee gelegen, hat im Stadtkern 14 Inseln, die mit 53 Brücken verbunden sind. Die kräftigen Farben der Bürgerhäuser leuchten im klaren nordischen Licht. Dazwischen wildromantische Parkanlagen. Alles umgeben von klarem Wasser, das herrlich in der Sonne glitzert und im Winter Eiswelten hervorbringt. Die schwedische Hauptstadt ist das politische und wirtschaftliche Zentrum des Landes, eine der dynamischsten Wirtschaftsregionen des Ostseeraums. Und doch sind Hektik und Geschäftigkeit hier fremd. Die übersichtliche Altstadt Gamla Stan beherbergt Parlament, Königsschloss und weltweit beachtete Institutionen wie die Schwedische Akademie und die Nobel-Stiftung. Dennoch bleibt der Rhythmus in den kopfsteingepflasterten Gassen ein geruhsamer. Nicht Autoverkehr, sondern Möwengeschrei bestimmt den Takt. Duftende Zimtschnecken in den Straßencafés lassen ein Gefühl der Entschleunigung aufkommen. Selbst die Soldaten, die täglich vor dem Schloss aufziehen, strahlen Gelassenheit aus. Die Zeiten schwedischer Großmachtambitionen sind lange vorbei. An sie erinnert eindrucksvoll König Gustav Adolfs fast vollständig erhaltenes Flaggschiff aus der Zeit des Dreißigjährigen Krieges. Auch das teure Kriegsgerät macht heute im Vasamuseet, dem wunderbaren Museum auf der Freizeitinsel Djurgården, eine ganz entspannte Figur.

## Gröna Lund

**1** Östlich des Stadtkerns gibt es auf der Insel Djurgården (Tiergarten) einige sehenswerte Museen, etwa die (2017 renovierte) Liljevalchs Konsthall für zeitgenössische Kunst, das ABBA-Museum, das Fans der kultigen Popgruppe aus aller Welt anzieht, und das Vasamuseet. Was man hier auch findet, ist Gröna Lund, einen großen Vergnügungspark, der zwar nicht ganz so alt ist wie der Prater in Wien, aber immerhin von 1883. Achterbahnen und andere Fahrgeschäfte sorgen für Thrill, ein Kettenkarussell direkt am Wasser für Nostalgie und ein Biergarten für einen Hauch Bayern mitten in Stockholm.

**Die Wachablösung durch berittene Wachen beim Königlichen Schloss wird meist von Musik begleitet.**

*Lilla Allmänna Gränd 9*
*Geöffnet letztes Aprilwochenende bis Sept.*
*www.gronalund.com*

## Hötorgshallen

**2** Aromatisch duftend und lecker ist, was man in der Hötorgshalle (Heumarkthalle) isst. Schwedische und internationale Delikatessen aller Kontinente: Üppigst

### ANREISE

| | |
|---|---|
| Berlin | 1:30 h ✈ |
| Frankfurt | 2:00 h ✈ |
| München | 2:10 h ✈ |
| Zürich | 2:20 h ✈ |
| Wien | 2:10 h ✈ |

Im Freilichtmuseum Skansen zeigen Handwerker ihre zum Teil schon fast vergessene Kunst.

werden die Gaumenfreuden an den Ständen zelebriert, zum Mitnehmen oder gleich Verkosten an Stehtischen. Die Markthalle liegt am Hötorget (Heumarkt), dessen berühmtestes Gebäude das Konserthuset sein dürfte, ein neoklassizistischer Musiktempel von 1926. Alljährlich am 10. Dezember werden dort die Nobelpreise überreicht – außer dem für Friedensbemühungen, der in Oslo verliehen wird.
*Im Stadtteil Norrmalm*
*www.hotorgshallen.se*

### REISEZEIT

Vor allem die Sommermonate bieten sich für einen Kurztrip nach Stockholm an. Es ist relativ trocken, und die Tage sind lang. Ein Höhepunkt für Sportler ist der Midnattsloppet (Mitternachtslauf) Mitte August, für den erst um ca. 21 Uhr der Startschuss erfolgt.

## Kungliga slottet

**3** Mitten in Stockholm liegen auf der Insel Stadsholmen die pittoresken Gassen der Gamla Stan (Altstadt). Hier bummelnd, gelangt man zum Stortoget, einem hübschen Platz mit bunten Fassaden und dem Börshuset, der alten Börse von 1778, worin das Nobelmuseum (bis zum Umzug in den geplanten Neubau) die Geschichte des Preises und seiner Träger erzählt. Gleich dahinter öffnet sich die Altstadt zum vierflügeligen Königlichen Schloss, das 1692–1754 nach Plänen von Schwedens Barockbaumeister Nicodemus Tessin d. J. entstand. Mit seinem prachtvollen Rokokointerieur dient es heute vornehmlich repräsentativen Zwecken und als Museum. Im Halbkreis des äußeren Schlosshofs (Südwestflügel) findet täglich (12.15, So 13.15 Uhr) die fotogene Wachablösung statt. König Carl XVI. Gustaf lebt mit seiner Familie seit 1982 im einstigen Lustschloss Drottningholm (auf der Insel Lovön), ebenfalls ein Werk Tessins.
*Slottsbacken 1, www.kungahuset.se*

## Skansen

**4** Romantischen Strömungen des 19. Jh. folgend, stemmte sich »die Schanze« gegen Kulturverluste im Industriezeitalter: Seit 1891 zeigt der Welt ältestes Freiluftmuseum in 150 typischen Gebäuden das Leben aller sozialen Schichten Schwedens.
*Djurgårdsslätten 49–51, www.skansen.se*

## Vasamuseet

**5** Aus 1000 Eichen gebaut, sollte die Vasa 1628 als martialischstes Kriegsschiff der damaligen Zeit die polnische Flotte versenken. Kaum vom Stapel, sank der 69 m lange Dreimaster, konstruktionsbedingt, nach kaum einer Seemeile. Mindestens 30 von 437 Seeleuten starben dabei. Im Jahr 1956 entdeckt, 1961 gehoben, wird das gründlich restaurierte Schiff seit 1990 im Museum bestaunt. »Vasa-Syndrom« kursiert heute als Begriff für Missmanagement.
*Galärvarvsvägen 14, www.vasamuseet.se*

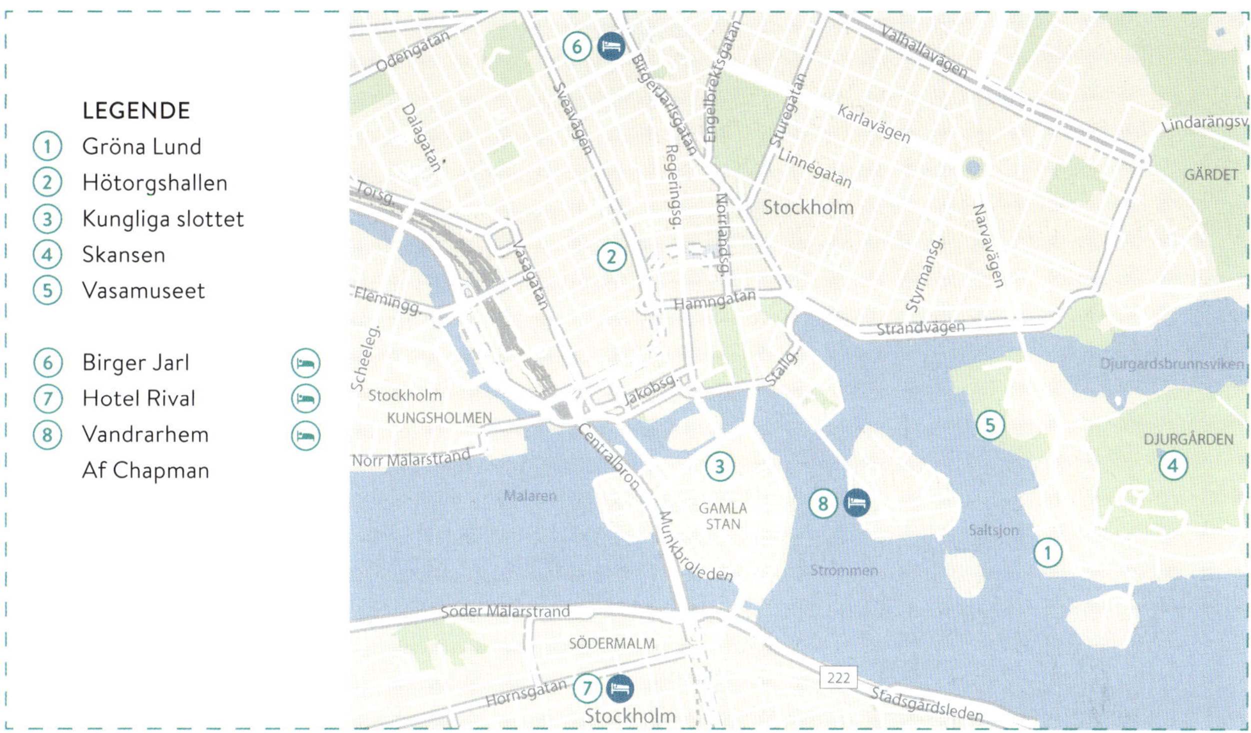


## ÜBERNACHTUNGEN

### BIRGER JARL

Führende schwedische Architekten legten in dem Hotel, das nach dem Gründer Stockholms benannt ist, Hand an und gestalteten diverse Räume neu. Doch Zimmer Nr. 247, das letzte im Flur, wurde glatt übersehen. Nachträglich nahm sich Jacob Wallér des vergessenen Raums an, der seither schöner denn je in orange-rosa-grünem Retrocharme der 1970er-Jahre erstrahlt.

*Tulegatan 8*
*www.birgerjarl.se*
*Tel. +46 8 674 18 00*
*DZ ab €€–€€€*

### HOTEL RIVAL

Mamma Mia – wer hätte gedacht, dass ABBA-Star Benny Andersson einmal ein Hotel besitzen würde? Gut gelegen ist es außerdem, im bei Künstlern und Intellektuellen beliebten Bezirk Södermalm direkt beim Mariatorget-Park. Zum stylishen Art-déco-Hotel gehört ein Theater mit 700 Sitzplätzen und regelmäßiger Live-Unterhaltung.

*Mariatorget 3*
*www.rival.se*
*Tel. +46 8 54 57 89 00*
*DZ ab €€€*

### VANDRARHEM AF CHAPMAN

Als schwimmendes Hostel beherbergt das frühere Segelschulschiff, vertäut an der zentrumsnahen Insel Skeppsholmen, seine Gäste in gemütlichen Kajüten. Wer lieber auf festem Boden schläft, nimmt stattdessen ein Zimmer in der einstigen Marinekaserne Hantverkshuset.

*Flaggmansvägen 8*
*www.stfchapman.com*
*Tel +46 8 463 22 66*
*DZ ab €*

# 11

# Helsinki

»ITÄMEREN TYTÄR«, TOCHTER DER OSTSEE, lautet einer ihrer Kosenamen. In der Tat: Welche Stadt darf schon über 300 Inseln und Schären ihr Eigen nennen? Itämeren tytär klingt nach Lebensfreude. Davon haben die Finnen einiges, wie sich am Marktplatz oder auf der Insel Suomenlinna zeigt, wenn die Abenddämmerung fast ins Morgenlicht übergeht oder während der Schnee sein Licht auf den Weihnachtsmarkt zaubert. Helsinki ist eine junge Metropole ohne Altertümer und Adelspaläste. Erst seit Finnlands Unabhängigkeit 1917 kann sie Gestaltungsfreude zeigen. Wobei Wolkenkratzer verpönt und 30 Prozent Grünflächen Pflicht sind. Helsinki ist nicht auf Sand gebaut, sondern auf Granit, der überall

Markant in Szene gesetzter Treffpunkt und Aussichtsplatz: die Tuomiokirkko (Domkirche) am Senatsplatz.

hervorlugt. Im Zentralpark bewegt man sich in fast unberührter Natur. Als Nahtstelle zwischen Ost und West ist Helsinki eine kulturelle Fundgrube, ob in Museen oder in der Musikszene. Allenthalben finden sich gelungene Stilmischungen im Designdistrikt Punavuori, im einstigen Arbeiterstadtteil Kallio oder im schicken Stadtzentrum.

## Finlandia-talo

**1** Der große finnische Architekt und Designer Alvar Aalto (1898–1976) gilt als Meister der Moderne. International, ganz besonders aber in Finnland schuf er einige bemerkenswerte Bauten, so auch die 1967 bis 1971 entstandene Finlandia-Halle. Sachlich, mit klaren Strukturen und doch markant, setzt sich das verschachtelte Bauwerk von der Umgebung ab. An der Töölönlahti-Bucht stehend, entfaltet der weiße Carrara-Marmor, in den es gekleidet ist, seine Strahlkraft. Das Konzert- und Konferenzgebäude mit 1 750 Plätzen, dessen Interieur Aalto ebenso bis ins Detail gestaltete wie sein Äußeres, ist ein Wahrzeichen Helsinkis. Die KSZE-Schlussakte, damals ein Meilenstein der Entspannungspolitik im Ost-West-Konflikt, wurde hier am 1. August 1975 ratifiziert.
*Mannerheimintie 13 E*
*www.finlandiatalo.fi*

## Kiasma nykytaiteen museo

**2** Das Kiasma (Kreuzung) durchkreuzt gängige Sehgewohnheiten. Es zeigt einem breiten Publikum alle Facetten zeitgenössischer Kunst, von Malerei bis Multimedia. Das geschwungene, postmoderne Bauwerk (Architekt: Steven Holl, eröffnet 1998) stieß auf viel Kritik. Heute gehört es zur akzeptierten Kulisse hinter Marschall Mannerheims Reiterstandbild (1960).
*Mannerheiminaukio 2*
*www.kiasma.fi*

## Senaatintori

**3** Das einstige Großfürstentum Finnland (1809–1917) war autonomer Teil des Russischen Kaiserreichs. Nichts in Helsinki spiegelt jene Zeit besser wider als der ab 1816 entstandene Senatsplatz: ein feines Ensemble klassizistischer Bauten des deutsch-finnischen Architekten Carl Ludwig Engel (1778–1840). Außer einigen älteren Gebäuden entwarf er den Senatspalast (heute

### ANREISE

| | |
|---|---|
| Berlin | 1:50 h ✈ |
| Frankfurt | 2:20 h ✈ |
| München | 2:20 h ✈ |
| Zürich | 2:40 h ✈ |
| Wien | 2:20 h ✈ |

Regierungssitz), die Universität und, fast 10 m höher, den alles dominierenden Dom. Die breite Treppe davor ist eine beliebte Tribüne mit Südblick auf den Platz, dessen Mitte seit 1894 die Statue des Zaren Alexanders II. ziert.
*Aleksanterinkatu*
*www.visithelsinki.fi*

## Temppeliaukion kirkko

**4** Eine eigenartige Magie entfaltet die 1969 geweihte Felsenkirche: ein Hohlraum in Granit, die Wände nackter Fels, in 13 m Höhe mit 24 m breiter Kupferkuppel überwölbt, die von schlanken Betonstreben getragen wird, durch die Verglasung bricht das Tageslicht. Das Werk der beiden Architekten Timo und Tuomo Suomalainen ist dem späten Expressionismus zuzurechnen. Der Eingang, so unscheinbar, als ginge man in eine Tiefgarage, verrät nichts von diesem Raum, der so archaisch wie futuristisch ist.
*Lutherinkatu 3*
*www.temppeliaukionkirkko.fi*

**In den Felsen gebaut und trotzdem lichtdurchflutet: Durch die 180 Fenster im Kuppeldach der Felsenkirche auf dem Tempelberg strömt Tageslicht herein.**

## Kaisaniemen puisto

**5** Der Park mit den fröhlich plätschernden Springbrunnen ist Spiel- und Schauplatz der Stadtteilbewohner sowie jährliches Festareal für das *Maailma kylässä* (engl.: World Village Festival), ein Musik- und Kulturfestival mit Teilnehmern aus aller Welt, für Rockkonzerte und Zirkusveranstaltungen. Benannt wurde er im 19. Jh. nach der Gastronomin Kajsa Wahllund und ihrem legendären Restaurant, das eine der ersten Gaststätten in Finnland überhaupt war. Für eine besonders schöne Pause vor allem im Sommer lässt man sich einfach auf einer der Wiesen für ein Picknick nieder oder nimmt in einem Liegestuhl mit Blick aufs Wasser im Café Viola Platz. Das gemütliche Café befindet sich in einer Holzvilla von 1823 (www.cafeviola.fi). Auch der Botanische Garten *(Kasvitieteellinen puurtarha)*, der zum Naturhistorischen Museum der Universität Helsinki gehört, ist im Park beheimatet. In zahlreichen Gewächshäusern und Freianlagen gedeihen etwa 4000 Pflanzenarten aus allen Regionen der Welt. Ein weiterer Lehrgarten im nördlich gelegenen Stadtteil Kumpula, dem zweiten Standort des Botanischen Gartens, lädt mit Grün- und Wasserflächen, Gewürzen, Beerensträuchern und alten Rosensorten zum Flanieren ein.
*Kaisaniemenranta 2, Tram 3, 6, 9, Metro: Kaisaniemi*
*www.luomus.fi*

### REISEZEIT

Hauptsaison ist der Sommer, die Zeit der hellen Nächte. V. a. wenn die Stadt anlässlich der »Helsingin juhlaviikot«, der Helsinki Festspiele, Finnlands größtes und vielfältigstes Kulturfestival feiert (Mitte–Ende Aug.). Doch auch rund um Weihnachten hat die illuminierte Stadt ihren Reiz.

## ÜBERNACHTUNGEN

### HOTEL FINN

In ruhiger Seitenstraße im zentralen Stadtteil Kamppi gelegen, ist es nicht weit zum Senatsplatz und dem quirligen Kulturforum Lasipalatsi. Dank seiner charmant-bunt eingerichteten Zimmer mit Holzböden und modernen Bädern findet man hier ein heimelig-ansprechendes Hotel.

*Kalevankatu 3 B*
*www.hotellifinn.fi*
*Tel. +358 9 684 4360*
*DZ ab €-€€*

### BEST WESTERN PREMIER KATAJANOKKA

Ausbrechen aus dem Alltag? Bis zum Jahr 2002 wäre das im ehemaligen Bezirksgefängnis, Baujahr 1837, nicht möglich gewesen. Doch heutzutage versteckt sich hinter roten Backsteinmauern ein tipptopp renoviertes, stylishes Hotel, das trotz Luxus – dem finnischen Denkmalschutz sei Dank – seinen historischen Charakter bewahrt hat.

*Merikasarminkatu 1a*
*www.hotelkatajanokka.fi, Tel. +358 9 68 64 50*
*DZ ab €€*

### VAAKUNA

50 m vom Hotel Finn wäre auch das legendäre Turmhotel Torni (seit 2021 komplett renoviert) sehr zu empfehlen. Die Hotelkette Soko, der das Torni gehört, bietet mit dem Vaakuna, einem wuchtigen Gebäude am Hauptbahnhof, das zur Olympiade 1952 entstand, eine gute Alternative im gehobenen Segment – mit elegantem Retrodesign der 1950er-Jahre.

*Asema-Aukio 2*
*www.sokoshotels.fi, Tel. +358 20 1234 610*
*DZ ab €€*

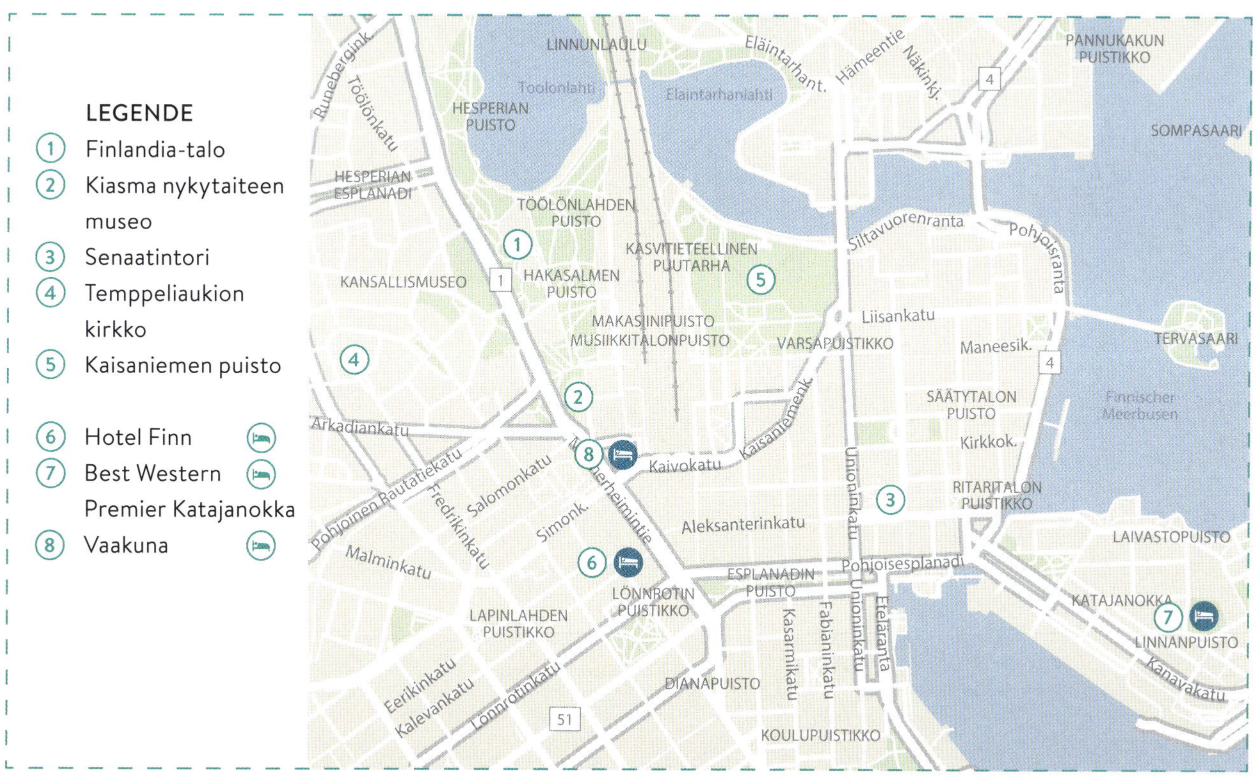

12

# Tallinn

HANSE UND HIGHTECH, MITTELALTER und Moderne – In Estlands Hauptstadt verbinden sich spannende Gegensätze. Gegründet im Hochmittelalter, war die Stadt unter dem Namen Reval eine wichtige Handelsstadt an der Ostsee. Dieser Zeit entstammen die gewaltigen Befestigungsanlagen, die das Stadtbild immer noch prägen. Eigentlich umgeben die Mauern zwei Städte: In der bürgerlichen Unterstadt wohnten Hanse-Kaufleute und Handwerker, während die knapp 50 m höher gelegene aristokratische Oberstadt – der Domberg – dem Bischof, Ordensrittern und Adeligen vorbehalten war. Die mittelalterliche, wunderbar erhaltene Altstadt, die zum UNESCO-Weltkulturerbe zählt, ist in Tallinn mehr als nur

Sehr beschaulich ist das Fischerdorf Altja im Lahemaa-Nationalpark.

museale Kulisse. Nachdem Estland 1991 seine Unabhängigkeit errungen hatte, katapultierten sich das Land und seine Hauptstadt mit atemberaubendem Tempo in die (westliche) Moderne. Auf dem Domberg zogen Regierung und Parlament ein, liebevoll restauriert erwachte die Unterstadt zu vitaler Geschäftigkeit, und jenseits der Stadtmauern zeigt sich der Wirtschaftsboom auch architektonisch. Tallin ist »global player« in der IT-Technik, hier wurde die Software für Skype entwickelt, und in der gesamten Altstadt ist für kostenlosen WLAN-Internetzugang gesorgt.

## Rathausplatz

**1** Das Herz der Altstadt ist der äußerst harmonische Rathausplatz. Wer hier nicht war, war nicht in Tallinn. Nordeuropas einziges erhaltenes gotisches Rathaus (Raekoda) steht seit 1404, drachenköpfige Wasserspeier halten es trocken. Auf dem ranken Glockenturm (64 m Höhe) zeigt der Alte Thomas mit einer Wetterfahne, die ursprünglich aus dem Jahr 1530 stammt (und inzwischen eine Kopie ist), woher der Wind weht. Auch sind wohl nicht viele Arzneihäuser in Europa schon so lange im Dienst wie die Ratsapotheke an der Nordostecke (auch Museum). Als sie eröffnete, gab es den Rathausplatz erst 109 Jahre.
*Raekoja plats*
*www.raekoda.tallinn.ee*

## Nikolaikirche

**2** Westfälische Einwanderer bauten im 13. Jh. die (im 15. Jh. gotisch angepasste) Niguliste kirik. 1944 wurde die Kirche im Krieg fast völlig zerstört, glücklicherweise waren ihre Kunstschätze bereits ein Jahr zuvor ausgelagert worden. Seit 1953 rekonstruiert, wurde sie 1984 als Konzertsaal und Filiale der Mittelaltersammlung des Estnischen Kunstmuseums eröffnet. Höhepunkte der Sammlung sind Hermen Rodes' Hochaltar (15. Jh.) und Bernt Notkes Totentanz (1508/09).
*Niguliste 3*
*www.visittallinn.ee/deu (Menüpunkt »Aktivitäten«, Renovierung bis 2023)*

Vom Turm der Olaikirche blickt man auf Tallinns schöne Altstadt: rechts die Domkirche, links die Alexander-Newski-Kathedrale.

## Domkirche

**3** Von 1346 bis 1561 unterstand Reval (wie Tallinn bis 1918 hieß) dem Deutschen Orden. Erstmals erwähnt 1233, besteht der Dom seit dem 15. Jh. als die dreischiffige gotische Basilika, die man noch heute sieht. Nach einem fatalen Brand auf dem Domberg im Jahr 1684 wurde die Kirche rasch rekonstruiert und im 18. Jh. um einen 69 m hohen barocken Turm erweitert, der einen wunderbaren Blick auf Tallinn und den Finnischen Meerbusen erlaubt. Im Dom findet man eine barocke Ausstattung, viele Bodengrabplatten sowie Wandwappen des deutschbaltischen Adels vor.
*Toom-Kooli 6*
*www.visittallinn.ee/deu (Menüpunkt »Aktivitäten«)*

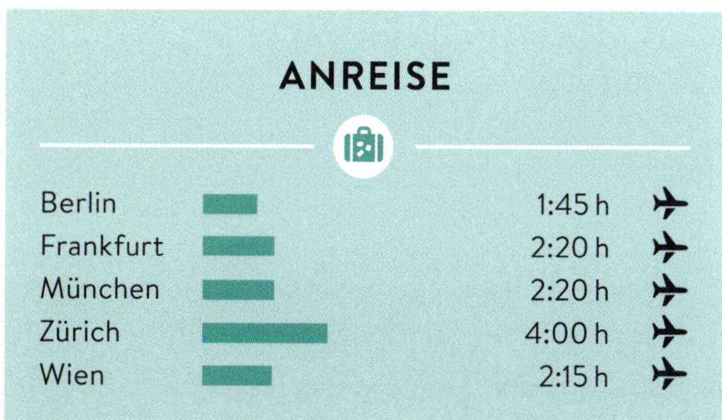

**ANREISE**

| Stadt | Flugzeit |
|---|---|
| Berlin | 1:45 h |
| Frankfurt | 2:20 h |
| München | 2:20 h |
| Zürich | 4:00 h |
| Wien | 2:15 h |

Porträtskulpturen im KUMU.

## Estnisches Kunstmuseum

**4** Estland, wie auch die anderen baltischen Staaten, steht nicht für Rückständigkeit. Das zeigt sich u. a. in mutiger Architektur. Das 2006 eröffnete KUMU (Entwurf: Pekka Vapaavuori), das Kunstmuseum im Stadtteil Kadriorg, ist dafür ein glänzendes Beispiel: In dem spitzwinklig schwungvollen Baukörper mit klug komponierten Innenräumen sind Wechselausstellungen internationaler Thematik und Estlands Kunst vom 18. Jh. bis in die Sowjetzeit (1940–1991) zu sehen. 2008 war das Haus Europäisches Museum des Jahres.
*Weizenbergi 34*
*www.visittallinn.ee/deu (Menüpunkt »Aktivitäten«)*

### REISEZEIT

Mit gutem Wetter ist von Mai bis September zu rechnen, wobei die weißen Dämmernächte um die Sommersonnenwende ein besonderes Naturschauspiel bieten. Umfangreiches Kulturprogramm im Winter.

## Schloss Katharinental

**5** Im Nordischen Krieg (1700–1721) siegte Zar Peter der Große und promovierte zum Kaiser. Seiner Gattin Katharina ließ er damals diese Barockresidenz am Meer bauen (3 km östlich von Tallinn, Architekt: Nicola Michetti). Ihre Vollendung (1725) erlebte Peter nicht mehr, und Katharina blieb fern. Heute zeigt das Estnische Kunstmuseum darin Werke des 16.–20. Jh.
*Weizenbergi 37, www.visittallinn.ee/deu (Menüpunkt »Aktivitäten«, als Kunstmuseum Kadriorg zu finden)*

## Lahemaa-Nationalpark

**6** Der Nationalpark, der beinahe so groß wie Hamburg ist (725 km2, davon ein Drittel im Meer), wurde bereits zu Sowjetzeiten eingerichtet. Es gibt seltene Tierarten wie Steinadler, Schwarzstorch, (europäischer) Nerz, aber auch Wolf und Bär. Dank sanftem Tourismus ist ein Teil des Gebiets sich selbst überlassener Bannwald, ansonsten führen 21 Themenwege durch urige Nadelwälder, an Mooren und zahllosen Seen entlang.
*80 km westlich von Tallinn, www.visitestonia.com/de/urlaubsziele/nordestland/der-nationalpark-lahemaa*

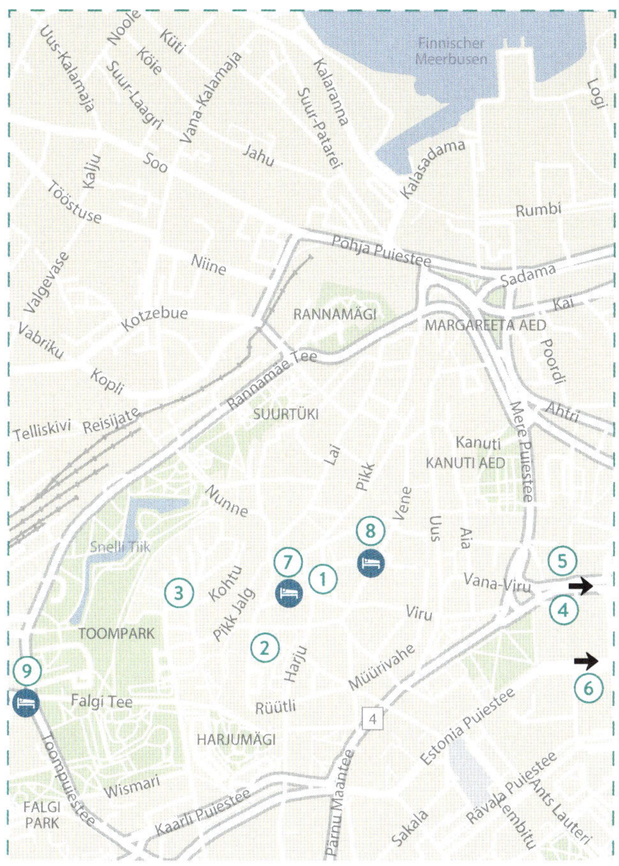


**LEGENDE**

1. Rathausplatz
2. Nikolaikirche
3. Domkirche
4. Estnisches Kunstmuseum
5. Schloss Katharinental
6. Lahemaa-Nationalpark
7. Merchants's House
8. Telegraaf
9. Von Stackelberg Hotel Tallinn

## ÜBERNACHTUNGEN

### MERCHANT´S HOUSE

Freskodecken aus dem 16. Jh., rustikale Holzbalken und stuckverzierte Fassade: Keine Frage, das mittelalterliche Gebäude im Herzen der Tallinner Altstadt ist ein wahres Schmuckstück. Die komfortablen Zimmer sind mit viel Liebe zum Detail historisch und modern eingerichtet. Cool: die hauseigene Icebar mit handgefertigten Gläsern aus Eis.

*Dunkri 4/6*
*www.merchantshousehotel.com*
*Tel. +372 6 97 75 00*
*DZ ab €-€€*

### TELEGRAAF

Prinzessinnen, Staatsmänner und Rockstars gaben sich hier schon die Türklinke in die Hand, im stilvollen 5-Sterne-Hotel. Erbaut 1878, beherbergte das Haus später das Telegrafenamt, dann die Post samt Telefonservice und blieb bis 1992 ein Zentrum der Kommunikation. Heute verbindet das Hotel Luxus mit Eleganz. Im zugehörigen Restaurant Tchaikovsky speist es sich ganz vorzüglich.

*Vene 9*
*www.telegraafhotel.com*
*Tel. +372 6 00 06 00*
*DZ ab €€*

### VON STACKELBERG HOTEL TALLINN

Ein deutsch-baltischer Baron baute im 19. Jh. das Stadtgut, das als Hotel noch immer seinen Namen trägt. Mit seiner hervorragenden Lage am Fuß des beliebten Dombergs, nur wenige Schritte von der Burg Tallinn und der Alexander-Newski-Kathedrale entfernt, verspricht es eine ebenso spannende wie entspannende Stadtbesichtigung.

*Toompuiestee 23*
*www.vonstackelberghotel.com*
*Tel. +372 6 60 07 00*
*DZ ab €*

RIGA VEREINT GANZ UNTERSCHIEDLICHE Traditionen zu einer reizvollen Melange. Die Altstadt mit ihrer Backsteingotik erinnert daran, dass die Metropole vor 800 Jahren von einem Bremer Domherrn gegründet wurde. Dom, Rathaus und Gildehäuser muten höchst norddeutsch an. Einen wunderbaren Überblick über Lettlands Hauptstadt hat man (nach bequemer Fahrstuhlfahrt) vom Turm der Petrikirche aus. Auch der »neustädtische« Teil des Zentrums ist zu sehen. Dort beeindrucken schöne Jugendstilensembles und prachtvolle Repräsen-tationsbauten, die um die Wende vom 19. zum 20. Jh. herum dazu beitrugen, dass Riga sich einen Ruf als »Paris des Nordens« erwarb. Ein Bild des zaristischen Russ-

Abendstimmung am Rathausplatz: rechts das prunkvolle Schwarzhäupterhaus.

lands vermitteln dagegen die alten Holzhäuser der »Moskauer Vorstadt«, wo im 19. und frühen 20. Jh. vor allem Russen und Juden lebten. Ein Hochhaus im stalinistischen Zuckerbäckerstil – die Rigaer sprechen von »Stalins Geburtstagstorte« – dokumentiert auch die sowjetische Herrschaft. Seit die Letten mit ihrer »singenden Revolution« die Unabhängigkeit errangen, sind alle Sphären des historischen Riga zu neuem Leben erwacht: Die Altstadt ist restauriert, in der Neustadt entfalten sich Museen, und die Moskauer Vorstadt boomt als Szeneviertel. Mutige Projekte der Stadtentwicklung signalisieren, dass Riga – mit knapp 700 000 Einwohnern die größte Stadt des Baltikums – nicht stehen bleibt. So entstand am Düna-Ufer ein Neubau der Nationalbibliothek, dessen dreieckige Silhouette schon zum neuen Wahrzeichen der Stadt geworden ist. »Schloss des Lichts« wird er genannt. Riga leuchtet.

**Bis 1563 katholisch, seither evangelisch: Rigas Dom ist die größte Kirche im Baltikum.**

## Dom St. Marien

**1** Bereits in den 20er-Jahren des 13. Jh. fand im größten Dom des Baltikums, der damals noch Baustelle war, eine Synode statt. Chor, Kreuzgang und Vierung sind romanisch, Langhaus und Nordportal wurden gotisch ausgeführt. Von zwei geplanten Türmen konnte nur einer gebaut werden, der 1595 aber die stattliche Höhe von 140 m erreichte. Baufällig geworden, wurde er 180 Jahre danach durch die heutige barocke Ausführung ersetzt, die 90 m hoch ist. In der Reformationszeit kam der Dom 1563 formal an die Lutherische Kirche. Bei einem Bildersturm (1524) ging die alte Ausstattung verloren, die wesentlich

**ANREISE**

| | |
|---|---|
| Berlin | 1:50 h |
| Frankfurt | 2:05 h |
| München | 2:10 h |
| Zürich | 2:40 h |
| Wien | 2:00 h |

**In der Jauniela-Straße finden sich viele kunstvoll mit Stuck verzierte Jugendstilhäuser und kleine Cafés.**

später barock ersetzt wurde. Uralt (12. Jh.) ist der Taufstein. Die Glasmalerei der Fenster stammt von 1889, fünf Jahre zuvor erklang erstmals die Walcker-Orgel, damals die größte Orgel weltweit, installiert in den riesigen frühbarocken Prospekt (1601). Noch heute ist es eindrucksvoll, ihr zu lauschen.
*Doma laukums 1, www.doms.lv*

## Nationaloper

**2** Im Jahre 1863 als Deutsches Theater eröffnet, zog 1919 die Nationaloper in das neoklassizistische Bauwerk von Ludwig Bohnstedt. Seit 1998 findet hier alljährlich im Juni das renommierte Opernfestival Riga statt, mit internationalen Stars wie Elīna Garanča, die hier ein Heimspiel hat.
*Aspazijas bulv. 3, www.opera.lv*

### REISEZEIT

Eine gute Gelegenheit, mit den Letten zu feiern, bietet sich beim Mittsommerfest Līgo und Janī. Dazu gehören ein besonderes Brot, Johanniskäse mit Kräutern und das Johannisfeuer.

## Schwarzhäupterhaus

**3** Das prächtig verzierte Doppelgebäude steht seit 1334 am Rathausplatz. 1941 von deutschen Truppen zerstört, wurde es 1993–1999 samt Festsälen wieder aufgebaut (Besichtigung tgl. 10–18 Uhr). Zu Beginn diente das Haus sowohl den Kaufleuten als auch der vorwiegend deutschen Bürgerschaft Rigas für Zusammenkünfte. Ab dem 15. Jh. nutzte es die deutsche Kaufmannsgilde der Schwarzen Häupter. Ihr Patron Mauritius, ein Schwarzer, führte laut Legende Roms Thebäische Legion, die sich um 300 weigerte, Christen zu bekämpfen. Kaiser Maximilian ließ die gesamte Legion im Wallis bei St. Maurice hinrichten. Die Gilde gibt es in Bremen noch heute.
*Rātslaukums 7, www.melngalvjunams.lv*

## Kunstmuseum Rigaer Börse

**4** Wo einst spekuliert wurde, lässt sich heute mit Gewinn Lettlands größter Kunstsammlung frönen. Die Rigaer Börse (1855), ein Neorenaissance-Palast von Harald Julius Bosse, zeigt seit 2011 v. a. nordeuropäische Malerei des 16.–20. Jh., mit Werken etwa eines van de Velde, Spitzweg, Feuerbach oder Munch. Die hochkarätigsten Gemälde entstammen der Sammlung Friedrich Wilhelm Brederlos (1779–1862). Zudem sind u. a. antike Plastiken, orientalische Kunst und Jugendstil zu sehen.
*Doma laukums 6, www.lnmm.lv*

## Žanis-Lipke-Gedenkmuseum

**5** Der Hafenarbeiter Žanis Lipke war ein mutiger Mann. In Rigas Nazizeit (1941–1944) verhalfen er und seine Frau wohl 60 Juden zur Flucht aus dem Ghetto. Viele der Menschen versteckte sie im Erdbunker unter einem Schuppen am Wohnhaus der Familie nahe der Düna. Wo dieser Schuppen stand, hält seit dem Jahr 2013 ein Museum die Ereignisse in Erinnerung. Ein zentraler Ort der lettischen Erinnerungskultur.
*Mazais Balasta dambis 8*
*www.lipke.lv*

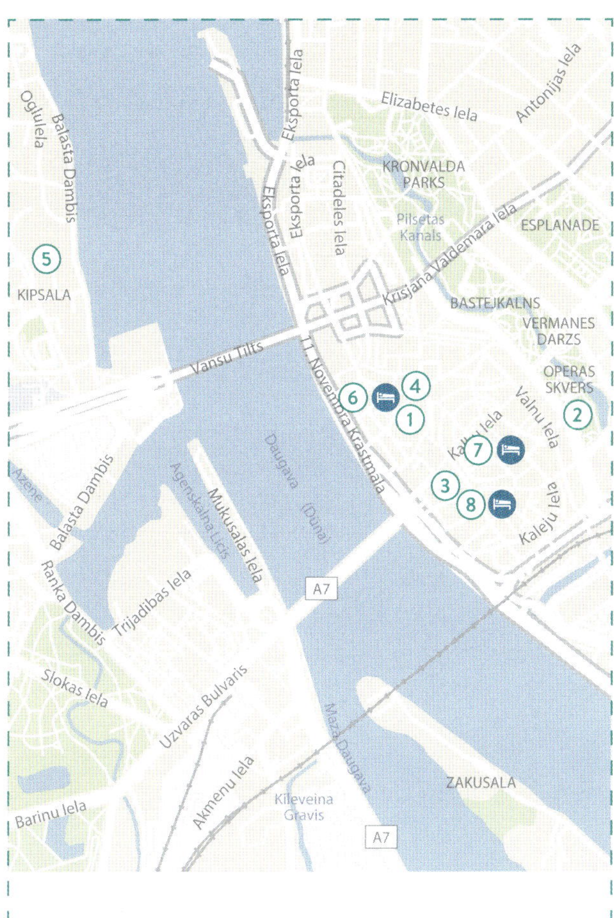


LEGENDE

1. Dom St. Marien
2. Nationaloper
3. Schwarzhäupter-haus
4. Kunstmuseum Rigaer Börse
5. Žanis-Lipke-Gedenkmuseum
6. Dome Hotel Spa
7. Konventa Seta
8. Radi un Draugi

### ÜBERNACHTUNGEN

**DOME HOTEL SPA**
Teilweise auf Mauern aus dem 13. Jh. steht das Architekturdenkmal, das seine jetzige Gestalt vier Jahrhunderte später bekam und 2009 aufwendig restauriert wurde. Die eleganten Zimmer des 5-Sterne-Hauses vereinen Tradition mit modernem Design. Dazu kommt ein luxuriöser SPA-Bereich mit Hamam, Sauna und Massageräumen.
*Miesnieku 4, www.domehotel.lv,*
*Tel. +371 67 50 90 10, DZ ab €€*

**KONVENTA SĒTA**
In einem der ältesten Stadtteile von Riga nächtigt man in einem historischen neunteiligen Gebäudeensemble, das ehedem teilweise zu einem Kloster gehörte. Warme, freundliche und geräumige Zimmer mit stilvollem Fischgrätenparkett. Viel Gegenwert für den günstigen Preis, zudem in guter Lage unweit der Nationaloper.
*Kalēju iela 9/11, www.rixwell.com,*
*Tel. +371 60 00 87 00, DZ ab €*

**RADI UN DRAUGI**
»Verwandte und Freunde«: Der Name des 4-Sterne-Hotels stammt aus einer Zeit, als sich nach der Unabhängigkeit Lettlands 1991 dort viele Exil-Letten (wieder) trafen. Gastfreundlich ist das beliebte Haus seither geblieben, das in zentraler Lage Übernachtungen im schlicht-klassischen Stil bietet.
*Mārstaļu 3, https://hestia-hotel-radi-un-draugi-riga.h-rez.com,*
*Tel. +371 67 82 02 00, DZ ab €*

14

# Danzig (Gdańsk)

HIERHERZUKOMMEN, DAS WAR FÜR den berühmten Sohn der Stadt stets „ein erhebendes Gefühl“. Und das nicht nur aus persönlicher Nostalgie, sondern ebenso sehr aus geografischen Gründen. Die sich von der Ostsee in das hügelige Land erhebende Stadt und ihre stolz gen Himmel ragenden Backsteinbauten gehörten für Günter Grass zu den markanten wie geliebten Eigenschaften Danzigs. Das kann genauso für das Meer und die Danzig durchfließenden Flüsse Motława, Weichsel und ihren Nebenarm Martwa Wisła gelten, die den maritimen Charakter der Metropole als wichtige Hafenstadt prägen. Ein anderes, nicht weniger traditionsreiches Handwerk der Stadt ist dem Bernstein gewidmet, der hier in der Region ge-

An der Motława reiht sich ein Prachtbau an den anderen, darunter das weltberühmte Krantor (rechts hinten).

wonnen und in Danzig meisterhaft verarbeitet wird. So waren es auch Danziger Meister, die das legendäre Bernsteinzimmer fertigten. Bis heute setzen kleine Betriebe ihre schönen, honigfarbenen Glanzlichter im Stadtbild. Die heutige Schönheit der Hafenstadt ist das Zeugnis eines detaillierten und leidenschaftlichen Wiederaufbaus nach den Zerstörungen des Zweiten Weltkriegs. Er reflektiert die wechselvolle Geschichte Danzigs zwischen preußischer und polnischer Zugehörigkeit, zwischen Freier Stadt und Annektierung. Und in ihm spiegelt sich zugleich die Eigenständigkeit wider, die Danzig – die Stadt, in der auch die Solidarność ihren Anfang nahm – noch heute erstrahlen lässt.

**Mittlerweile ist Gras über die einst umkämpfte Westerplatte gewachsen.**

## Krantor

**1** Das Tor ist das Wahrzeichen Danzigs und bei Spaziergängen an der Motława kaum zu übersehen. Schon im 15. Jahrhundert wurde dieser mächtige Bau und Vorläufer moderner Hafenlogistik errichtet. Doch nicht nur die Ingenieursleistung beeindruckt, sondern auch die ganz eigenständige Ästhetik des Backsteinbaus mit dem eingelassenen und in den Fluss auskragenden Holzvorbau. Es ist ein Sinnbild prosperierender Wirtschaft und beherbergt eine Ausstellung, die sich mit dem Alltag und der Arbeit in und um diese einzigartige Anlage auseinandersetzt. Zusätzlich kann man einen Blick auf die perfekt erhaltene Mechanik der Krananlage werfen und nachvollziehen, wie hier tonnenschwere Lasten be- und entladen wurden. Wer auf die obere Etage hinaufsteigt, wird darüber hinaus noch mit einem schönen Ausblick auf Fluss und Stadt belohnt.
*Szeroka 67/68*
*www.interactive-museum.guide/gdansk-maritim*

## Westerplatte

**2** Als Teil der Freien Stadt Danzig, aber zugleich als militärischer Posten Polens hatte die Westerplatte in den 1920er- und 1930er-Jahren einen Sonderstatus inne. Die heute friedlich mit grünem Gras bewachsene Landzunge an der Hafenmündung Danzigs fand deswegen zu trauriger Berühmtheit. Denn das Schiff *Schleswig-Holstein* eröffnete am 1. September 1939 nicht nur das Feuer auf das polnische Lager, sondern damit begann auch die Katastrophe des Zweiten Weltkriegs. Vor Ort geben Tafeln mit Hintergrundinformationen und Bildmaterial viel Auskunft darüber. Auf einem künstlichen Hügel wahrt ein 23 Meter hohes Denkmal die Erinnerung an die Verteidiger des Postens und ihren Widerstand. Eine Begehung führt durch die Ruinen der Militäranlage, samt kleiner Ausstellung in einem alten Wachgebäude. Gegen Danzigs Willen will Polens Regierungspartei PiS künftig das 2017 am Altstadtrand eröffnete (wegen nationaler Betonungen umstrittene) Museum des Zweiten Weltkriegs auch die Westerplatte betreuen lassen. Ein hochpolitischer Streit um die Deutung historischer Ereignisse.
*Ulica Mjr. H. Sucharskiego*

### REISEZEIT

Die erste Event-Spezialität Danzigs ist ohne Zweifel der Dominikanermarkt, der jedes Jahr für drei Wochen im August abgehalten wird. Und das nun schon seit mehr als 750 Jahren. Die riesige Veranstaltung lockt Händler aus ganz Europa in die Stadt, um diese in einen gigantischen Flohmarkt zu verwandeln.

**Durchschreitet man das Grüne Tor, blickt man auf den lang gezogenen Markt mit der berühmten Hanse-Architektur.**

## Marienkirche

**3** Bei den Kirchenbauten Danzigs hat man es nicht leicht, einen Favoriten zu benennen. Denn hier sind gleich mehrere Prachtexemplare der Backsteingotik versammelt. Neben der *Brigittenkirche* und ihrem sagenhaft schönen Bernsteinaltar und dem stündlich zu belauschenden herrlichen Glockenspiel der *Katharinenkirche* gilt es, die Marienkirche zu würdigen: Errichtet ab der Mitte des 12. Jahrhunderts, ist sie eine der ältesten Kirchen Danzigs, zudem eines der höchsten Bauwerke im Stil der Backsteingotik. Wie die anderen Sakralbauten Danzigs wurde auch sie nach den Verwüstungen des Krieges wieder instand gesetzt. Sie beherbergt das weltberühmte Triptychon *Das Jüngste Gericht* des Malers Hans Memling. Der Höhenrekord der Kirche kommt den Schwindelfreien zugute, die, ist der Turm bestiegen, an Danzigs perfektem Panorama erfreuen können (Sa/So 10–15:30 Uhr).
*Ulica Podkramarska 5*
*www.gdansk.de/marienkirche-danzig*

**ANREISE**

| | | | |
|---|---|---|---|
| Berlin | | 6:00 h | Bahn |
| Frankfurt | | 1:30 h | Flugzeug |
| München | | 1:35 h | Flugzeug |
| Zürich | | 1:50 h | Flugzeug |
| Wien | | 3:30 h | Flugzeug |

## KZ Stutthof

**4** Der Fall des Bruno D., 2020 von einem Hamburger Gericht der Beihilfe zu tausendfachem Mord schuldig gesprochen, war vermutlich einer der letzten Prozesse gegen Kriegsverbrecher des Nationalsozialismus. Deren Zivilisationsbruch bleibt eine offene Wunde. Die dem Angeklagten zur Last gelegten Taten beging er als KZ-Wächter in dem 40 Kilometer östlich von Danzig gelegenen *Konzentrationslager Stutthof.* In der heutigen Gedenkstätte bleibt die Geschichte weiter auf bedrückende und eindringliche Weise aktuell. Die Gefangenenlager, Gaskammern und das Krematorium sind die sprechenden Zeugen, die von der Vernichtungsmaschinerie künden, die hier vor allem in den letzten Kriegsjahren unerbittlich mordete. Eine instruktive Ausstellung, Dokumente und Filme ergänzen die Gedenkstätte. Die Buslinie 870 verbindet Danzig und Stutthof in 80-minütiger Fahrt.
*stutthof.org/deutsch*
*Muzealna 6, Sztutowo*
*www.memorialmuseums.org/orte/view/284/Stutthof*

## Grünes Tor

**5** *Dlugi Targ* oder *Lange Gasse* kann als einstmals vornehmste Adresse Danzigs gelten, denn hier wohnte in prächtigen Giebelhäusern das Großbürgertum. Mit dem Goldenen Tor am westlichen Ende und dem Grünen Tor am östlichen verfügt sie über einen angemessenen Rahmen. Beim Grünen Tor lohnt ein Besuch schon aus zwei kuriosen Umständen: Erstens ist hier wenig Grünes vorzufinden, denn der Name der meisterhaften flämischen Architektur verweist auf die dahinter gelegene grüne Brücke. Und zweitens sieht der Bau gar nicht wie ein schlichtes Stadttor, sondern eher wie eine königliche Residenz aus – wofür sie tatsächlich sporadisch genutzt wurde. Das *Danziger Nationalmuseum* hat hier die Räume bezogen, sodass deren wechselnde Ausstellungen auch einen Blick auf die herrliche Innenausstattung erlauben.

*Długi Targ 24*

*de.nocowanie.pl/national_museum,25080.html*

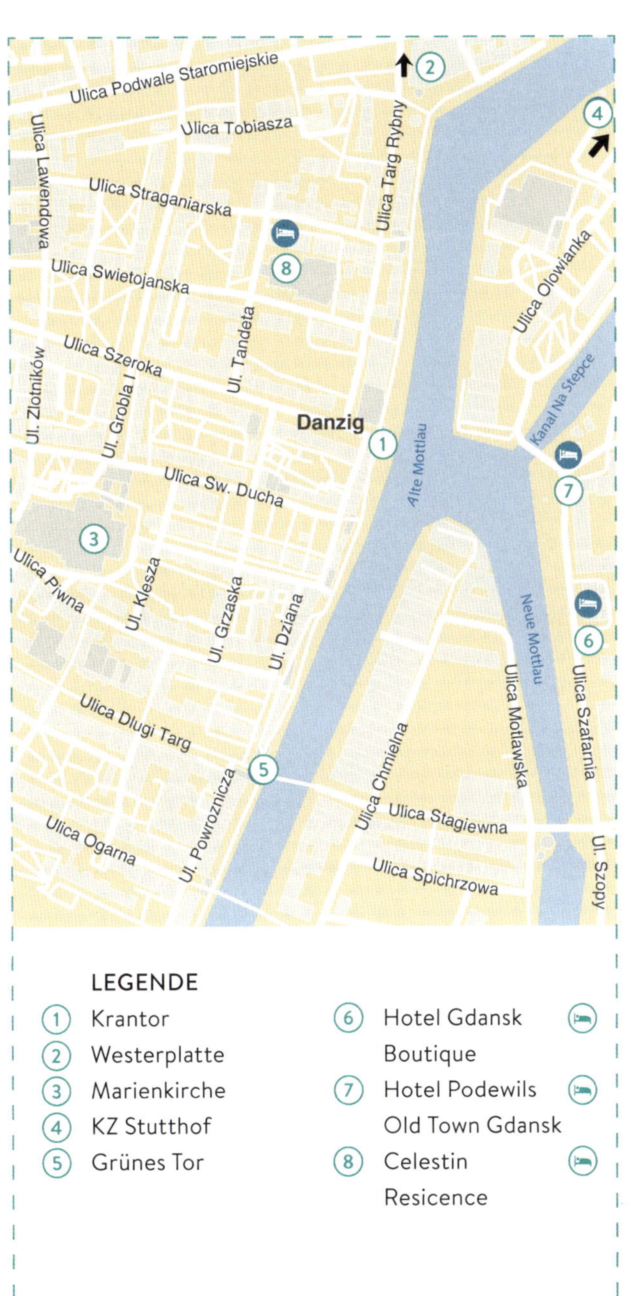


## ÜBERNACHTUNGEN

### HOTEL GDAŃSK BOUTIQUE

Das Gebäude ist ein alter Getreidespeicher aus dem 18. Jahrhundert. Während hiervon noch viel an Charme und Atmosphäre zu spüren ist, richtet sich die moderne Innenausstattung ganz nach dem gehobenen Geschmack der Hotelgäste.
Mitten im Zentrum und am Wasser ist auch die Lage ausgezeichnet.

*Szafarnia 9, www.hotelgdansk.com.pl*
*Tel. +48 583 00 17 14*
*DZ ab €-€€*

### HOTEL PODEWILS OLD TOWN GDAŃSK

Das wunderschöne, barock anmutende Giebelhaus steht direkt an der Motława. Hinter der großbürgerlichen Fassade verbinden sich schön restaurierte Details der historischen Architektur mit einer elegant-klassischen Einrichtung.

*Szafarnia 2 , www.podewils.pl*
*Tel. +48 583 00 95 60*
*DZ ab €-€€*

### CELESTIN RESIDENCE

Ein hinreißendes altes Backsteinhaus mitten im Zentrum Danzigs, das für seine Gäste einen einzigartigen Designmix aus moderner Einrichtung mit antikisierenden Glanzpunkten inszeniert. Ein idealer Ausgangspunkt für Stadttouren.

*Ul. Straganiarska 19, celestinresidence.pl/de*
*Tel. +48 585 06 56 00*
*DZ ab €*

# MITTEL- UND OST EUROPA

Von Nord- und Ostsee, von Sylt und Rügen, bis zu den Alpen beeindruckt Mitteleuropas enorme Vielfalt an Landschaften. Die darin liegenden Städte und Metropolen stehen dem nicht nach: das hanseatische Hamburg, Deutschlands Tor zur Welt, Berlin, stets sich wandelnd, stets hip, Köln, seit der Antike bedeutendste Stadt am Rhein, München mit seinen Prachtstraßen und bayrischem Charme, und Wien, zweitgrößte deutschsprachige Metropole, bis heute geprägt von Glanz und Gloria der Habsburger. Sachsens Großstädte Leipzig und Dresden, Tschechiens Hauptstadt Prag und Mozarts Wiege, das alpine Salzburg, warten als je eigene kulturelle Highlights auf, mit denen sich Ljubljanas südlicher Flair, und, weiter östlich, Budapest, fein an der Donau gelegen, so gut messen können wie Polens einstiger Königssitz Krakau. Ganz von ihren großen Seen im Alpenraum geprägt sind Konstanz, Zürich und Genf.

Blick über Wien vom Turm des Stephansdoms.

Die Abbruchkanten der Sylter Steilküste – wie hier am Roten Kliff – sind eine Naturschönheit.

JUNGE, ALTE, PROMINENTE, UNBEKANNTE, Nobelschlittenbesitzer, Radfahrer: Die unterschiedlichsten Leute zieht es nach Sylt, und das keineswegs nur in der Hochsaison. Sie kommen auch im Februar zum Biikebrennen, zu Ostern, wenn die Rosensträucher erste Blätter zeigen, im Juni, wenn die Nächte kurz und hell sind, im Oktober, wenn die Insel aufatmet, weil die Flut der Urlauber abgeflaut ist, im November, wenn die Strände leer sind und das Meer tobend mit seinen Kräften spielt, und dann zu Weihnachten und Silvester, wenn alles feiert. Wer eher bäuerliche Abgeschiedenheit sucht, geht gern nach Archsum oder Morsum; wer ein schönes Dorf mit Blumengärten bevorzugt, nach Keitum; wer die raue Nordsee spüren mag, nach Rantum oder Wenningstedt, und wem zudem nach prallen Partys ist, nach Kampen. Nördlicher als List ist kein Ort Deutschlands und auf Sylt nichts südlicher als Hörnum. Wer urbanes Flair will, wählt Westerland. Sylt vermag die Sehnsucht nach etwas zu wecken, das es so nur hier gibt. Diese Mischung aus Wind und Weite, die den Kopf frei macht: beim Blick etwa vom Roten Kliff aufs Meer, das schier unendlich scheint. Diese Sehnsucht, einmal erwacht, kann sich nur erfüllen, wenn man eines Tages, bald, den Hindenburgdamm wieder westwärts vor sich hat.

## Altfriesisches Haus

**1** Heimelig ist das Friesenhaus von 1739, das weitgehend in dem Zustand belassen wurde, wie man im 18. Jh. auf Sylt wohnte. In dem Haus lebte ab 1850 der Lehrer, Zeichner und Chronist Sylter Geschichte und Lebensweisen Christian Peter Hansen (1803–1879), dessen »Wegweiser für Badende in Westerland« (1859) quasi der Ur-Reiseführer der Insel ist. Zudem bildete seine beachtliche Sammlung aus Funden etlicher Epochen den Grundstein dieses ganz der friesischen Kultur gewidmeten Museums. Zu sehen ist ein Interieur aus der Zeit um 1800, darunter viel Nautisches – der Erbauer des Hauses war immerhin Kapitän.

*Am Kliff 13, Keitum*

*www.soelring-museen.de/altfriesisches-haus*

Das Altfriesische Haus erzählt alles über Sylt und seine Bewohner, v. a. die des 18. und 19. Jh., des »Goldenen Zeitalters« der Seefahrer.

## Kampen

**2** Nur insgesamt 473 Einwohner zählte Kampen Ende 2018. Ein Dorf, doch ein ziemlich nobles. In den 1920er-Jahren kam Prominenz wie Thomas Mann zur Sommerfrische ins Haus Kliffende. Gehobener Tourismus zog nach dem Zweiten Weltkrieg erneut Künstler und Schickeria an. Luxuriöse Herbergen und Lokale gibt es reichlich, im Winter sind die Preise erschwinglicher. 1912 generell verordnet, harmonieren viele Häuser dank Backstein und Reetdächern. Zwischen Rotem Kliff und Uwe-Düne lässt sich wunderbar wandeln, cool

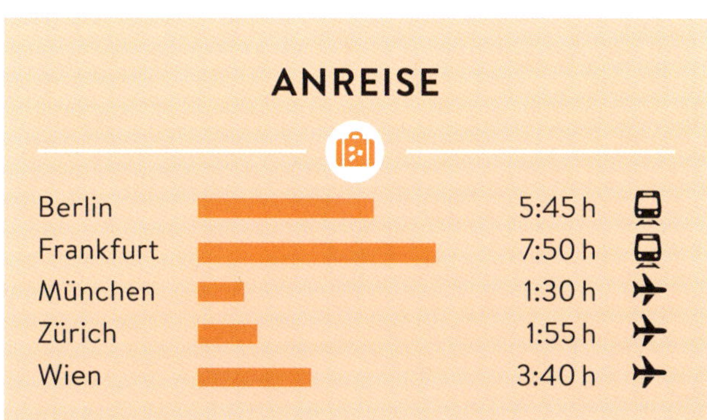

**Vier Stunden muss man zu Fuß für die ca. 20 km von Westerland bis an die Südspitze bei Hörnum rechnen, und dabei wird man kräftig durchgepustet.**

sind Strandpartys an Buhne 16. Sehenswert auch: das 5000 Jahre alte Ganggrab Denghoog (tgl. April–Okt.).
*www.kampen.de*

## Rotes Kliff

**3** Eisen macht's möglich, genauer: dessen Gehalt im Geschiebe der letzten Eiszeit vor 120 000 Jahren, als Sylt entstand. Die Nordsee bringt den eisenhaltigen Lehm zum Abbruch, das Resultat sind rostig oxidierte Steilklippen, deren eindrucksvollste das 30 m hohe Rote Kliff ist. Bei Sonnenuntergang trumpft das Farbenspiel der Natur hier mächtig und magisch auf.
*Zwischen Kampen und Wenningstedt*

### REISEZEIT

Am 21. Feb. werden in der Dunkelheit die Biiken, Scheiterhaufen aus Strandgut und Weihnachtsbäumen mit einer Stoffpuppe als Symbol des Winters obendrauf, verbrannt. Nach dem Feuer wird Grünkohl gegessen. Die sonnigste Reisezeit jedoch ist von Mai bis Sept.

## Sylter Sahara

**4** Sand, Wind, Wasser, Himmel: In elementarer Landschaft lässt sich auf schmalen Wegen Deutschlands einzige Wanderdüne begehen – die Sylter Sahara. Im Herbst und Winter wehen Stürme den weißen Sand luvseitig auf und legen ihn leeseitig wieder ab. Wo der Strandhafer sie nicht dran hindert, driften die Dünen bis zu 7 m im Jahr gen Osten. Pure Natur.
*Südwestlich von List*

## Uwe-Düne

**5** Ein Vordenker mit Weitblick für Schleswig-Holstein war der Verfassungsrechtler Uwe Jens Lornsen (1793–1838). Weitblick bietet auch die nach ihm benannte, 52,5 m hohe Düne (110 Stufen). Der Blick reicht über ganz Sylt, weit aufs Meer und bis Dänemark.
*1 km westlich von Kampen, www.kampen.de*

## Das Watt

**6** Am Wattenmeer der Nordsee, weltweit einzigartige Biosphäre und seit 2009 Weltnaturerbe, hat Sylt einigen Anteil. Auf 202 km2 erstreckt sich allein das

Gebiet Wattenmeer nördlich des Hindenburgdamms. Der wechselnden Gezeiten und der bei Flut volllaufenden Priele wegen sollten Wattwanderungen nur unter kundiger Führung unternommen werden. In Ufernähe aber lässt es sich ganz entspannt barfuß durch den Schlick schlendern, hier kann man Muscheln sammeln und gestrandete Quallen bedauern. Oder über die Wattwürmer staunen, die Unmengen Sand futtern (25 kg pro Wurm im Jahr), ihn dadurch filtern und als Schlickhaufen zurücklassen – sofern langschnabelige Schnepfen wie Knutt und Strandläufer sie nicht daran hindern.
*Ostseite Sylt*
*Gezeiteninfos und Führungen bei Kurverwaltungen*
*www.sylt.de*

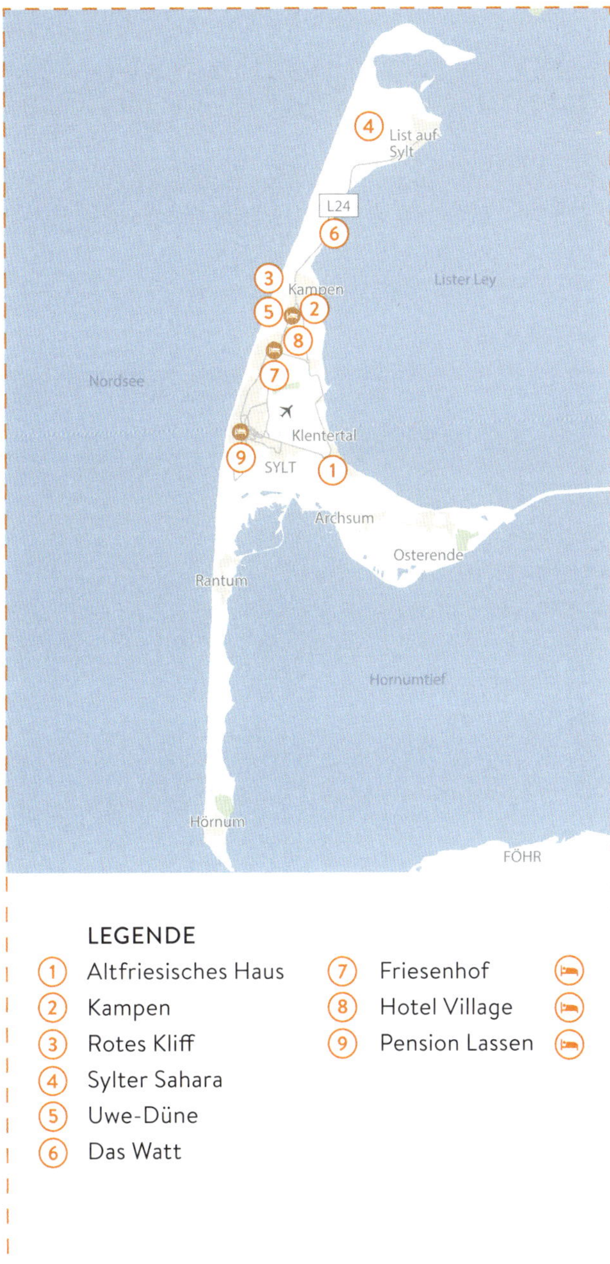


## ÜBERNACHTUNGEN

### FRIESENHOF

Anno 1859 kamen die ersten Badegäste nach Sylt. Und schon damals war der Friesenhof Treffpunkt für alle und inoffizielles Bürgerhaus der Gemeinde. Gastfreundlich ist das familiengeführte Hotel noch immer: Es bietet helle, komfortable Zimmer, Wellness, Ferienwohnungen und v. a. ganz viel Natur direkt vor der Tür.
*Hauptstr. 26, Wenningstedt*
*www.sylt-friesenhof.de, Tel. +49 4651 94 10*
*DZ ab €*

### HOTEL VILLAGE

Alle Räume unter dem Reetdach sind Unikate, gemeinsam ist ihnen die detailreiche Ausstattung in warmen Farben, mal mit Seegrasteppich, mal mit Kamin oder Terrasse samt Strandkorb. In Lobby und Bar des Luxushotels wird gelesen und Schach gespielt.
*Alte Dorfstr. 7, Kampen*
*www.village-kampen.de, Tel. +49 4651 469 70*
*DZ ab €€*

### PENSION LASSEN

Moderne, individuelle Zimmer und Familiensuiten zu wirklich sehr fairen Preisen findet man in der alten Villa unweit des Strands. Ob in »Atlantis«, »Neptun« oder »Mayflower«: Stammgäste gehen hier gerne auf Traumreise. Deshalb frühzeitig buchen.
*Boysenstr. 14, Westerland*
*www.hauslassen.de, Tel. +49 4651 51 75*
*DZ ab €*

16

# Rügen

FEINE SANDSTRÄNDE, WEITE WIESEN, Wälder, aus denen Schlösser lugen, kreideweiße Steilküsten und viel Sonne, Wind und Meer. Rügen (1000 km$^2$, 574 km Küste) besteht aus 30 Halbinseln und Inselchen, Nehrungen, Bodden und Buchten, gruppiert um das Kernland. Erst die Romantiker machten Rügen zum Reiseziel. Aus ihren Bildern und Gedichten erwuchs ein deutscher Sehnsuchtsort. Doch nur Frühaufsteher erleben die geheimnisvollen Kreideklippen rosa schimmernd am Morgen. Tags stehen sie schnee-

Markantes Wahrzeichen: der Leuchtturm Dornbusch auf Hiddensee.

weiß in der Sonne, fast grau im Abendschatten, still und menschenleer. Etwa so, wie Caspar David Friedrich sie einst malte. In den Seebädern laden Seebrücken zum Spazieren aufs Meer ein. Im Hafen von Lauterbach laden Fischer frische Fische aus, der Duft der Räuchertonnen macht Appetit. Die flachen Boddengewässer im Westen sind ideales Windsurfrevier – bis sich im Herbst Scharen von Kranichen sammeln für den Weiterflug. Ab 1810 entstand Putbus als Europas letzte Residenzstadt. Architektonisch reizvoll ist auch Binz, als mondäner Badeort von früher mit luxuriös renovierten Hotels. Das kleine Hiddensee dagegen, das wie ein Seepferdchen vor Rügen liegt, pflegt eisern seine Traditionen: nur vier Dörfer, autofrei, kaum Straßen. So hat es sich seinen Zauber als Sommerfrische bewahrt.

In Proras monströsem, einstigen „Kraft-durch-Freude"-Bau wird das Thema Freizeit im Nationalsozialismus kritisch dokumentiert.

## Dokumentationszentrum Prora

1 Gigantomanische 4,7 km misst das neben dem »Reichsparteitagsgelände« in Nürnberg größte bauliche Relikt der Nazizeit, einst als KdF-Seebad mit acht Blöcken für 20 000 Menschen geplant. 1936 wurde mit dem Bau begonnen, mit Kriegsbeginn 1939 wurden die Arbeiten eingestellt. Nach dem Zweiten Weltkrieg bezogen erst die Sowjets, dann die Nationale Volksarmee den Komplex. In der Folge der Wiedervereinigung wurden einige Blöcke an private Investoren verkauft, ein Teil von Block 5 dient seit 2011 als Jugendherberge. Die gesamte Anlage steht unter Denkmalschutz; das Dokumentationszentrum neben dem ehemaligen Theaterbau arbeitet

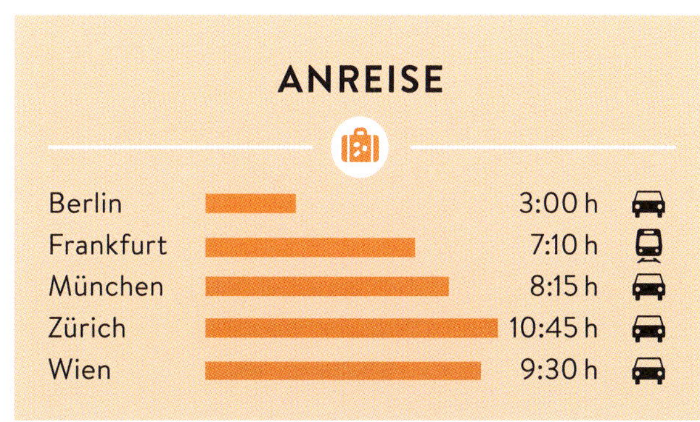

in der Dauerausstellung MACHTUrlaub den »Koloss von Rügen« historisch intensiv auf.
*Strandstr. 74, Block 3/Querriegel, Prora*
*www.proradok.de*

## Groß Zicker

**2** Größte Landzunge der Halbinsel Mönchgut ist der Große Zicker. Der Höhenrücken (66 m) bietet einen schönen Blick auf den Greifswalder Bodden und die Ostsee. An der Südseite zeigt Groß Zicker viel dörfliches Idyll mit einer Kirche aus gotischer Zeit (Mitte 14. Jh., ältestes Bauwerk der Halbinsel) und dem schmucken Pfarrwitwenhaus (1720) mit Reetdach und Blumengarten, das bis 1810 der Bestimmung diente, die sein Name verrät, und heute ein Museum ist.
*Pfarrwitwenhaus: Boddenstr. 35*
*www.kirche-auf-moenchgut.de*

## Hiddensee

**3** Wie das Seepferdchen im Inselwappen liegt Hiddensee vor Rügens Westen. Autofreie 19 km2, nur vier Orte und 1850 Sonnenstunden pro Jahr. Im Norden lockt der gut 70 m hohe Dornbusch mit Steilküste und Ostseeweitblick. Hier spielt Lutz Seilers Roman »Kruso« (2014), der das Eiland als Aussteigerziel der späten DDR beschreibt. Ein anderer Schriftsteller, Gerhart Hauptmann, verbrachte die Sommer 1926 bis 1942 im Ort Kloster. Sein Haus ist heute Museum; unweit, bei der Inselkirche, liegt sein Grab.
*www.seebad-hiddensee.de*

### REISEZEIT

Nicht entgehen lassen sollte man es sich, wenn von Juni bis August Seeräuber Klaus Störtebeker und seine Vitalienbrüder während der Störtebeker-Festspiele die Naturbühne am großen Jasmunder Bodden von Ralswiek erstürmen.

Den Königsstuhl malte Caspar David Friedrich 1818 als »Kreidefelsen auf Rügen«.

## Kap Arkona

**4** Auf dem gut 43 m hohen, zur Ostsee abbrechenden Kalkplateau huldigten einst die Ranen in der Jaromarsburg (9. Jh.) dem slawischen Kriegsgott Svantovit. 1168 eroberten die Dänen Rügen, zerstörten den Tempel und christianisierten die Ranen. Reste der Anlage findet man neben dem Funkpeilturm (1927). Zwei Leuchttürme stehen nur 300 m entfernt unmittelbar beieinander. Den kleineren (der heute ein Museum beherbergt) schuf Karl Friedrich Schinkel 1827. Alle Türme sind offen und bieten einen wunderbaren Blick über die Ostsee bis hinüber zur Insel Møn.
*www.kap-arkona.de*

## Königsstuhl

**5** Rügens wohl eindrucksvollste Felsformationen bietet die Stubbenkammer (slawisch *stopin* = Stufe, *kamen* = Fels). Deren höchster und berühmtester Kreidefelsen ist der 118 senkrechte Meter über der Ostsee thronende Königsstuhl. Nahe der Aussichtsplattform informiert das Nationalparkzentrum über Geologie und Natur der Stubbenkammer. 3 km südlich führt die Treppe am Kieler Bach zum Strand.
*4 km nördlich von Sassnitz*

## ÜBERNACHTUNGEN

### KAUFMANNSHOF

Viele charmante Details aus der Zeit vom Anfang des 20. Jh., als der Familienbetrieb noch mit Delikatessen und sogenannten Kolonialwaren handelte, verleihen dem 4-Sterne-Haus eine besondere Note. Geradezu ausgezeichnet isst man im Hotelrestaurant. Im idyllischen Biergarten wird das leckere Hausbier ausgeschenkt.

*Bahnhofstr. 6–8, Bergen*
*www.kaufmannshof.de*
*Tel. +49 3838 804 50*
*DZ ab €–€€*

### MEERSINN

Nur wenige Schritte trennen – oder eher verbinden – das stilvolle Aparthotel, das 2017 eine umfangreiche Neugestaltung erfuhr, von und mit dem Binzer Sandstrand. Eine Wucht: der 400 m² große hoteleigene Wellnessbereich mit Innen- und Whirlpool, Dampfbad, finnischer und Bio-Sauna sowie Fitnessraum.

*Schillerstr. 8, Binz*
*www.meersinn.de*
*Tel. +49 38393 66 30*
*DZ ab €–€€*

### STRANDHOTEL SASSNITZ

Vorbeiziehende Segelschiffe oder pittoresker Sonnenuntergang: Neun der elf Appartements bieten fantastischen Seeblick, haben teils Kamin und eigene Sauna. Tolle, unverbaute Lage unmittelbar an der Strandpromenade.

*Rosenstr. 12, Sassnitz*
*www.strandhotel-sassnitz.de*
*Tel. +49 38392 677 10*
*DZ ab €–€€*

17

# Hamburg

Geschichte und Geschichten warten hinter den Backsteinmauern der Speicherstadt, wie hier am Wandrahmsfleet.

WIE KAUM EINE ANDERE METROPOLE in Europa ist Hamburg vom Wasser geprägt. Fleete und Kanäle durchziehen die Stadt, in der es mehr Brücken gibt als in London und Venedig zusammen. Der Hafen, Europas drittgrößter, gilt als Deutschlands »Tor zur Welt«. St. Paulis Landungsbrücken künden vom Fernweh großer Passagierdampfer. Und jenseits der Barockkirche St. Michaelis zeigt Hamburg mit Kolonnaden und Arkaden im klassizistischen Stil die hanseatische Eleganz einer Weltstadt. Im Renaissance-Rathaus schlägt das politische Herz des protestantisch-liberalen Stadtstaats. Um die Ecke strahlt der Jungfernstieg Noblesse aus mit Freitreppen zur Binnenalster, die stolze Gründerzeitpaläste aus hellem Sandstein säumen. Wo die Alster in die Elbe mündet, liegt die Speicherstadt, einst Freihafen, heute Europas größte Baustelle: Gut die Hälfte aller bis 2030 geplanten Bauvorhaben im Superstadtteil HafenCity sind inzwischen fertiggestellt, darunter seit Januar 2017 die Elbphilharmonie (deren Baukosten von ursprünglich geplanten 77 auf 789 Mio. Euro stiegen) mit spektakulärem Konzerthaus innen und fantastischer Aussicht von der Plaza außen.

## Speicherstadt und Elbphilharmonie

**1** Die Speicherstadt, nebst Kontorviertel mit Chilehaus seit 2015 eingetragenes Unesco-Weltkulturerbe, entstand von 1883 bis 1927 in neogotischem Backsteinstil. Ihre sechs Fleete, einst Frachtkanäle, sind ein 20-fach überbrückter Blickfang. Als Freihafen war das 24 ha große Areal ein Privileg der Hamburger Kaufleute. Importe wie Tabak, Kaffee, Tee wurden hier zollfrei gelagert und verfeinert. Die Luftangriffe 1943 zerstörten auch die halbe Speicherstadt; 25 Jahre später war sie rekonstruiert. Der Freihafen wurde 2004 verlegt, in die imposanten Gebäude zogen u. a. Museen. Die grandiose Elbphilharmonie setzt seit 2017 den Akzent im Westen. Ihre öffentliche Plaza bietet aus 37 m Höhe besten Hafenblick.
*Philharmonie: Platz der Deutschen Einheit 4*
*www.elbphilharmonie.de*

Lange war die Elbphilharmonie wegen der Verzögerungen und hohen Baukosten umstritten; seit der Eröffnung ist sie zum ikonischen Wahrzeichen der Stadt geworden.

## Hamburger Kunsthalle

**2** Groß ist die epochale Spanne dieses bedeutenden, aus Altbau (1869), Neubau (1909/19) und Galerie der Gegenwart (1997) bestehenden Museums. Vom Grabower Flügelaltar (1379–1383, Meister Bertram) reicht die Palette über 600 Jahre Malerei, samt Peter Paul Rubens, Caspar David Friedrich, Edvard Munch, Ernst Ludwig Kirchner u. v. m. Im Sinne des ersten Direktors, Alfred Lichtwark, zeigen Wechselausstellungen Hamburger Kunst.
*Glockengießerwall, www.hamburger-kunsthalle.de*

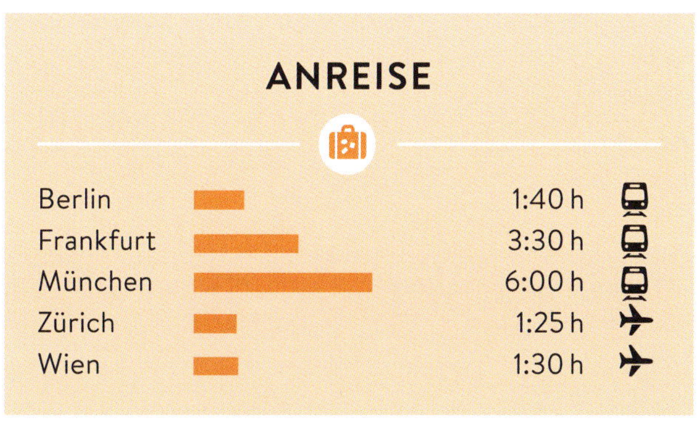

### ANREISE

| | | |
|---|---|---|
| Berlin | 1:40 h | Zug |
| Frankfurt | 3:30 h | Zug |
| München | 6:00 h | Zug |
| Zürich | 1:25 h | Flugzeug |
| Wien | 1:30 h | Flugzeug |

Die Landunsgbrücken in St. Pauli sind seit ihrem Bau ein Touristenmagnet.

## Fleetinsel

**3** Vom Großen Wall mit etlichen Edelboutiquen bis zur Admiralitätstraße geht man auf der Fleetinsel. Flankiert von Bleichen-, Herrengraben- und Alsterfleet, weist sie noch altehrwürdige Kontorhäuser aus dem 17. bis 19. Jh. auf. Viele Galerien, die Kunstbuchhandlung Sautter + Lackmann und das »Westwerk« mit interessanten Kunstevents logieren hier.
*Vom Jungfernstieg bis zur Elbe*
*www.westwerk.org*

## St. Michaelis

**4** Der Michel ist *die* Hamburger Kirche. Nur hier konnte im November 2015 der Staatstrauerakt für Helmut Schmidt stattfinden. Die ursprüngliche barocke Kirche wurde 1762 geweiht, der Turm 1786 fertiggestellt. 1906 wurde das Gebäude bei einem Brand zerstört, aber bis 1912 rekonstruiert – außen als Kopie des Vorgängerbaus, innen aus Brandschutzgründen mit Beton und Stahl statt Holz. Im Luftkrieg 1944/45 wurde die Kirche zwar getroffen, aber nicht zerstört. In der Krypta ruht Carl Philipp Emanuel Bach, berühmtester Sohn Johann Sebastian Bachs und 20 Jahre bis zu seinem Tod (1788) Hamburgs Musikdirektor. Der 132 m hohe Turm bietet oberhalb der Uhr ein tolles Panorama.
*Englische Planke 1*
*www.st-michaelis.de*

### REISEZEIT

Hamburger Winter sind mild, die Sommer oft kühl. Eine besondere Stimmung herrscht Ende August, wenn sich die Stadt beim viertägigen Alstervergnügen im Partyrausch befindet.

## St.-Pauli-Landungsbrücken

**5** Das markante Tuffstein-Terminal mit dem Pegel-Uhrturm eröffnete im Jahre 1909. Einst legten Transatlantikliner der HAPAG (Hamburg-Amerikanische Packetfahrt-Actien-Gesellschaft) wie beispielsweise die »Amerika« hier an, die 1912 die berühmte »Titanic« vor Eisbergen warnte – vergeblich, wie man weiß. Heute startet man von hier zu einer Hafenrundfahrt oder besteigt den Katamaran nach Helgoland. Angrenzend ist das Nordportal des sehenswerten alten Elbtunnels von 1911.
*www.stpauli-landungsbruecken.de*

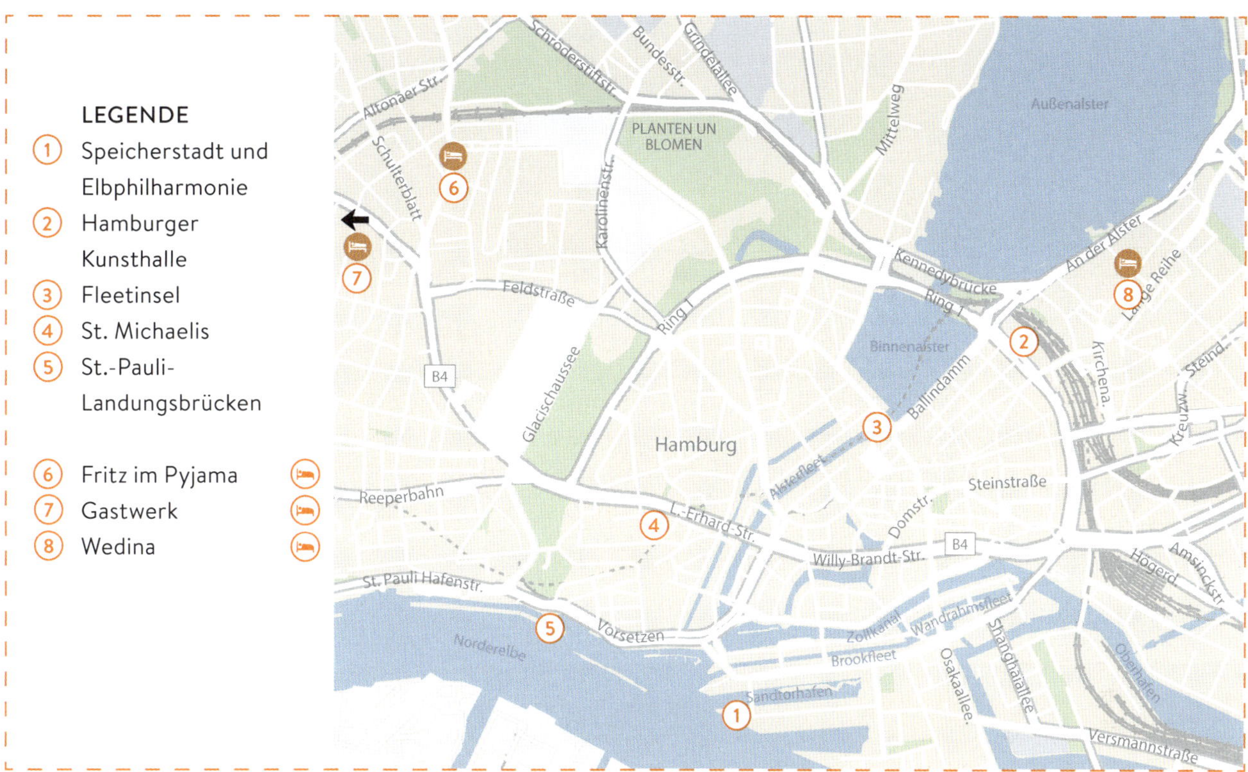


## ÜBERNACHTUNGEN

### FRITZ IM PYJAMA

Hinter der klassischen Fassade eines Jugendstilwohnhauses aus dem frühen 20. Jh. und einer ziemlich schmalen Tür verbirgt sich im Zentrum des Schanzenviertels ein großartig gestaltetes Hotel mit 17 individuell designten Zimmern, in denen man auch frühstücken kann.

*Schanzenstr. 101–103*
*www.fritz-im-pyjama.de*
*Tel. +49 40 82 22 28 30*
*DZ ab €–€€*

### GASTWERK

Das 1892 erbaute Gaswerk hat eine beachtliche Entwicklung vom Industriedenkmal zum trendigen Übernachtungstempel mit Loftambiente hingelegt: Allein die riesige Lobby des Designhotels reicht über fünf Stockwerke. In den 141 Zimmern, Lofts und Suiten mischt sich roter Backstein mit Stahl, Holz und Teppichboden in warmen Farben. Fantastisch ist auch der großzügig angelegte Spa-Bereich.

*Beim alten Gaswerk 3*
*www.gastwerk.com*
*Tel. + 49 40 89 06 20*
*DZ ab €€*

### WEDINA

Nahe dem Literaturhaus gelegen, ist dieses literarische Hotel ein schönes Kapitel für sich, das Leser sehr schätzen. Ebenso Autoren auf Lesereise: Hier signierte Erstausgaben (z. B. Margaret Atwood, Henning Mankell, Michel Houellebecq) füllen die Hausbibliothek.

*Gurlittstr. 23*
*www.hotelwedina.de, Tel. +49 40 280 89 00*
*DZ ab €€*

# 18

# Köln

KÖLN MEINT MAN ZU KENNEN: Karneval, Katholizismus, Klüngel – und das unvermeidliche Kölsch. Kaum eine deutsche Stadt wird regelmäßig auf so wenige Klischees reduziert. Ganz falsch sind sie nicht: Natürlich überragt der Dom alles, kann man sich die Stadt ohne katholische Kirche nicht vorstellen. Der jährliche Ausnahmezustand des rauschhaft zelebrierten Karnevals ist nicht wegzudenken. Auch der berüchtigte Klüngel, die rheinische Vetternwirtschaft, lässt sich kaum leugnen. Mit Recht trägt schließlich das

Eingang ins Kölner Heiligtum: die prächtigen Portale an der Westfassade des Doms.

obergärige Bier, getrunken aus eigentümlich schmalen Gläsern, den Namen seiner Heimatstadt. Doch Köln hat mehr zu bieten: Jenseits der Klischees lässt sich eine ungemein lebens- und liebenswerte Metropole entdecken: herzlich und zugänglich, bunt und facettenreich – nicht nur im Karneval. Kölnern aller Schichten und Professionen begegnet man in den Brauhäusern oder an den »Büdchen« (Kiosken), und am Rheinufer drängen sich an sonnigen Tagen keineswegs nur Touristen. Es ist ein liberaler und kreativer Geist, der Nordrhein-Westfalens größte Stadt prägt. Kultur beschränkt sich nicht auf Tradition und Institutionen, sondern überrascht mit heterogener und frecher Vitalität. Köln ist oft aufregend anders, als man es zu kennen meint.

## Dom

1 So uralt, wie der Dom wirkt, ist er nicht. Und schon gar nicht sind es die markanten, 157 m hohen Doppeltürme: Bis weit ins 19. Jh. hinein stand nur der Rumpf des Südturms. Außer dem Chor (1322 geweiht) war der Dom Fragment. Erst in Kölns preußischer Zeit kam die im 13. Jh. begonnene und um 1530 unterbrochene Baustelle wieder in Schwung – ein Geschenk der protestantischen Preußen für die Katholiken am Rhein. Der finalen Bauphase gingen Privatfunde gotischer Planrisse (in Darmstadt und Paris) sowie die Gründung des Dombauvereins voraus. 1842 nahm König Friedrich Wilhelm IV. die zweite Grundsteinlegung vor. Nun wurde ausgeführt, was im Grunde 1164 seinen Anfang gehabt hatte, als Erzbischof Rainald von Dassel die Gebeine der Hl. Drei Könige von Mailand nach Köln holte. Das zog Pilgerströme an, erst recht, als die Reliquien im kostbaren Dreikönigenschrein des Goldschmieds Nikolaus von Verdun lagen (um 1200). Was fehlte, war ein adäquater Dom, dessen Bau 1248 begann. 632 Jahre später, nun im Beisein Kaiser Wilhelms I., war er als damals höchstes Gebäude der Welt vollendet. Mag der Dom eher neogotisch sein: eine Wucht ist er allemal. Und seit 1996 Weltkulturerbe. Renoviert oder ausgebessert wird er übrigens immer noch laufend; ein Gerüst hängt oder steht immer irgendwo.

*Domkloster 4*
*www.koelner-dom.de*

Das Museum Ludwig gleich neben dem Dom ist eines der bedeutendsten Häuser für moderne Kunst.

## Museum Ludwig

2 Gleich hinter dem Dom finden Kunstliebhaber eines der weltweit bedeutendsten Museen für Werke der klassischen Moderne bis heute: Die überragende Sammlung des Hauses basiert auf Stiftungen des Ehepaars Peter und Irene Ludwig. Zu sehen sind etwa Hunderte Picassos und Europas größte Pop-Art-Kollektion.

*Heinrich-Böll-Platz*
*www.museum-ludwig.de*

Die Pralinenformen in der Vitrine des Schokoladenmuseums machen Vorfreude auf den Museumsshop.

## Duftmuseum im Farinahaus

**3** Im wasserscheuen 18. Jh. linderte Johann Maria Farina (1685–1766) olfaktorische Plagen. Ab 1709 schuf er in der Firma des Bruders mediterrane Düfte, ab 1742 als Eau de Cologne hochbegehrt. Der Welt älteste Parfümfabrik gibt es noch heute. Das Museum erzählt die Details.

*Obenmarspforten 21*
*www.farina.org*

## Schiffstour auf dem Rhein

**4** Kölns Weichbild lässt sich vom rechten Rheinufer, der »Schäl Sick«, am besten bestaunen. Oder vom Schiffsdeck. Die Perspektive vom Fluss aus verleiht dem Ensemble Museum Ludwig – Dom – Hohenzollernbrücke – Hauptbahnhof oder den gewagten Kranhäusern gern das Prädikat: »Toll!« Und das erst recht bei Nacht.

*Frankenwerft 35: www.k-d.com*
*Hohenzollernbrücke: www.dampfschiffahrtcolonia.de*

### REISEZEIT

Zigtausende Besucher in Köln? Das gibt es nicht nur am Rosenmontag! Die lit.COLOGNE zieht jährlich Mitte März fast 100 000 Gäste an. Hochkarätige Autoren und Vorleser geben sich die Klinke in die Hand.

## Schokoladenmuseum

**5** Naschkatzen und -kater zieht es hier unverzüglich zum 3 m hohen Schokoladenbrunnen. Aber, Pfoten weg, nur behandschuhte Mitarbeiter dürfen daraus schöpfen. Die Welt des Kakaos, vom Baum (im Tropenhaus) bis zur leckeren Tafel, samt Kulturgeschichte und Zubereitung, erklärt dieses interessante Museum.

*Am Schokoladenmuseum 1a, www.schokoladenmuseum.de*

# ÜBERNACHTUNGEN

### ART'OTEL COLOGNE

Von den Fenstern aus sieht man den Hafen, in den Zimmern farbgewaltige Werke der Künstlerin SEO. Und die Dachterrasse des schicken Designhotels beschert gar atemberaubende Aussichten auf das Zentrum der Stadt.
*Holzmarkt 4*
*www.artotels.com/cologne*
*Tel. +49 221 80 10 30*
*DZ ab €€*

### EXCELSIOR HOTEL ERNST

In Kölns 5-Sterne-Grandhotel am Domplatz trifft sich Luxus, Eleganz – und natürlich seit über 155 Jahren die High Society. So hat das Hotel schon illustre Gäste wie Andy Warhol und Sir Winston Churchill ebenso wie Konrad Adenauer beherbergt. Die preisgekrönte Küche macht den Genuss perfekt.
*Trankgasse 1–5*
*www.excelsiorhotelernst.com*
*Tel. +49 221 270-1*
*DZ €€€*

### HOTEL IM WASSERTURM

Einst barg der 1868 bis 1872 erbaute Turm gut 3,5 Mio. Liter Wasser und war damit der größte Europas. Heute nächtigen im stilsicher umgestalteten Gemäuer Gäste in 88 eleganten, von der französischen Designerin Andrée Putman eingerichteten Zimmern und Suiten. Wo früher Wasserpumpen ihre Arbeit verrichteten, serviert die gediegene Harry's Lounge nun Cocktails.
*Kaygasse 2*
*www.hotel-im-wasserturm.de*
*Tel. +49 221 200 80*
*DZ ab €€–€€€*

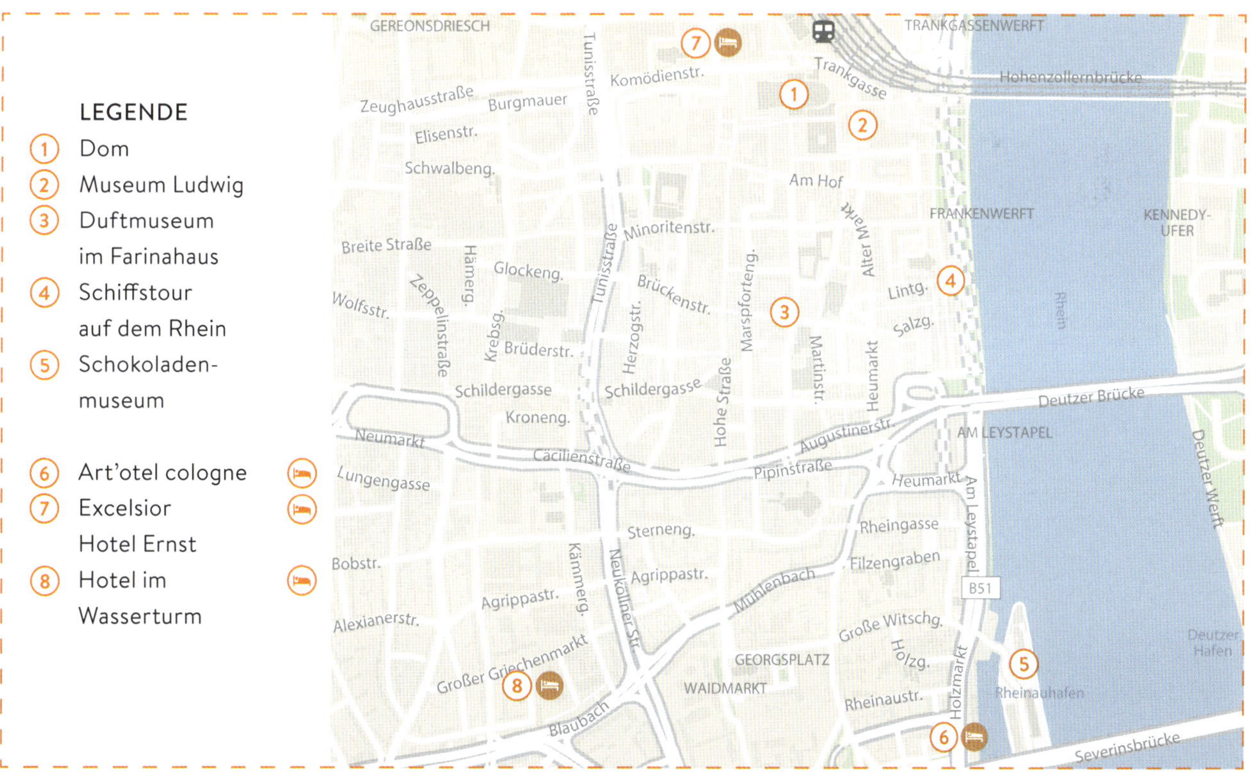

19

# Berlin

BERLIN IST VOLLER ÜBERRASCHUNGEN und immer wieder neu. 1920 vereint aus 94 Gutsbezirken, Dörfern und Städten, entstanden um Kirchen und Rathäuser herum all die Kieze, die den Berlinern – und dazu gehört jeder, der schon ein paar Monate hier lebt – Heimat geworden sind. Die meisten Berliner wundern sich, dass ihre Stadt vielen Fremden »zu groß« ist. Ihr Berlin ist überschaubar, wobei mancher seinen Kiez nur für Theater- oder Konzertbesuche verlässt. Oder wenn Besuch kommt. Dann staunt er, wie sich

Schier unendliche Freiheit: In Berlin findet jeder seinen Platz, z. B. auf dem Pionierfeld des Tempelhofer Feldes.

Das Bode-Museum bildet den nördlichen Abschluss der Museumsinsel in der Spree.

alles verändert hat. Berlin hat den exklusiven Reiz der Hauptstadt. Und in den Top Ten der meistbesuchten Sehenswürdigkeiten Deutschlands punktet es mit Brandenburger Tor, Mauer und Museumsinsel gleich dreifach. Wer ein Wochenende zur Stadtbesichtigung nutzen mag, könnte am Hauptbahnhof starten. In die »Kanzler-U-Bahn« (U 55) gestiegen, ist nach drei Stationen das Brandenburger Tor erreicht, einen Katzensprung vom Reichstag entfernt. Ebenso nah auch, aber Richtung Potsdamer Platz, liegt das von Peter Eisenman eindrucksvoll gestaltete Holocaust-Mahnmal. Wer den Prachtboulevard Unter den Linden entlanggeht, steht am Berliner Dom bereits auf der Museumsinsel. Das UNESCO-Welterbe zählt pro Jahr gut 2,5 Mio. Besucher. Kein Wunder: 100 Jahre Museumsarchitektur und 6000 Jahre Kunst- und Kulturgeschichte sind hier versammelt. Kein Wunder auch, dass es – egal ob Pergamon, Bode oder Neues Museum – Wartezeiten gibt. Stadtfremde fragen oft: Ist das jetzt Osten oder Westen? Sichtbar blieb die Grenze an der Bernauer Straße, wo sich zu Zeiten der geteilten Stadt viele dramatische Szenen abspielten. Davon erzählt die Gedenkstätte Berliner Mauer, an die sich der belebte und beliebte Mauerpark anschließt – vor allem, wenn sonntags die Berliner ihre Flohmarktstände und Joe Hatchiban seine Karaoke-Anlage im Amphitheater aufbauen. Kein schlechter Ort für eine Berliner Weiße. Mit oder ohne Schuss.

## Brandenburger Tor

**1** 20 m hoch, 65,5 m breit, entstand das klassizistische sandsteinerne Tor (1789–1793, Carl Gotthard Langhans), als in Frankreich die Revolution tobte. Die Quadriga obenauf (Johann Gottfried Schwadow) schaffte Napoleon 1806 nach Paris. Im Jahre 1814 dann holten die Preußen sie zurück. Pariser Platz heißt seither der Über-

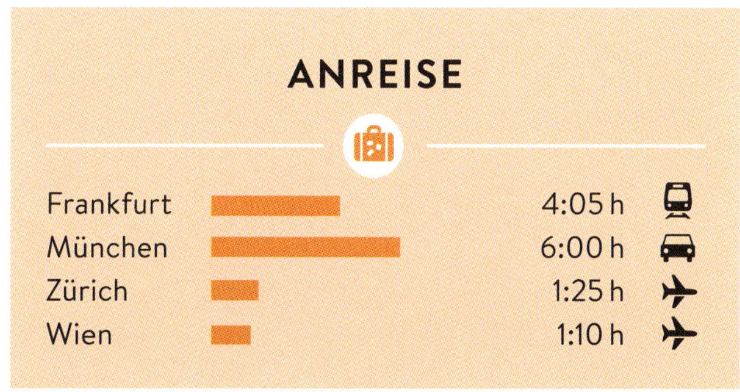

Das Volk steigt dem Parlament in der Kuppel des Reichstagsgebäudes aufs Dach.

gang zur Prachtstraße Unter den Linden im Osten, wohin die vier Rosse Victorias Streitwagen ziehen. 1961–1989 im Todesstreifen der Mauer, wurde das Tor danach zum Symbol der Wiedervereinigung – wie jede zweistellige Cent-Münze deutscher Prägung zeigt. Für Berlin ist es das Wahrzeichen schlechthin.
*Pariser Platz*

## Hackesche Höfe

**2** Wohnen, Arbeiten und Ausgehen zu kombinieren, glückte mit dem Ensemble dieser acht Höfe (1906/07). Besonders der erste Hof ist eine Augenweide: Die in Berlin seltenen Jugendstilfassaden entwarf der Architekt August Endell.
*Rosenthaler Str. 40/41, www.hackesche-hoefe.com*

### REISEZEIT

Berlin ist eine Sommerstadt. Ab Mai werden die winter-ruppigen Berliner mit den ersten wärmenden Sonnenstrahlen auffallend freundlich. Cineasten zieht es jedoch schon Anfang Februar zur Berlinale, den Internationalen Filmfestspielen, in die Hauptstadt und ihre Kinos.

## Museumsinsel

**3** Die fünf Museen der Spreeinsel, die seit 1999 zum Weltkulturerbe zählen, entstanden zwischen 1830 (Altes Museum, K. F. Schinkel) und 1930 (Pergamon-Museum, A. Messel). So zeigt das Alte Museum antike Werke der Griechen, Etrusker, Römer und das Neue Museum Altägyptens Kunst, darunter die mehr als 3350 Jahre alte Büste der Nofretete in ihrer schier magischen Anmut. Im Pergamon findet man den gleichnamigen, riesigen Altar (Sanierung bis 2023) und Vorderasiens Antike. Die Alte Nationalgalerie bietet fokussiert Malerei des 19. Jh. (Friedrich bis Renoir), das Bode-Museum Skulpturen vom Mittelalter bis ins 18. Jh.
*Berlin Mitte*
*www.smb.museum*

## Reichstagsgebäude

**4** Der Reichstag (1894, Paul Wallot) ist ein Relikt der Kaiserzeit. Vom Balkon rief zum Ende des Ersten Weltkriegs Philipp Scheidemann die Republik aus (9. Nov. 1918). Sie hielt kaum 14 Jahre: Hitlers Ernennung zum Kanzler (30. Jan. 1933), die Folgen des Reichstagsbrands (27. Feb. 1933) und das Ermächtigungsgesetz (24. März 1933) hebelten die Weimarer Republik aus. Die NS-Diktatur endete erst, nachdem die Sowjetflagge auf der Ruine (2. Mai 1945) flatterte. Bis 1973 aufwendig restauriert, durfte der Bundestag dennoch vor der Wiedervereinigung nicht in Berlin tagen. Nach Christos und Jeanne-Claudes *Wrapped Reichstag* (1995) und Norman Fosters Umbau zog das Parlament 1999 ein.
*Platz der Republik 1*
*www.bundestag.de*

## Tempelhofer Park

**5** Wo 1948/49 die sogenannten Rosinenbomber die Stadt versorgten, startet und landet seit 2008 kein Flieger mehr. Der Flughafen Tempelhof wurde stattdessen mit 355 ha zu Berlins größtem Freizeitgelände. Sport treiben, grillen, chillen: Bei Schönwetter kommen Tausende.
*Tempelhof, www.thf-berlin.de*

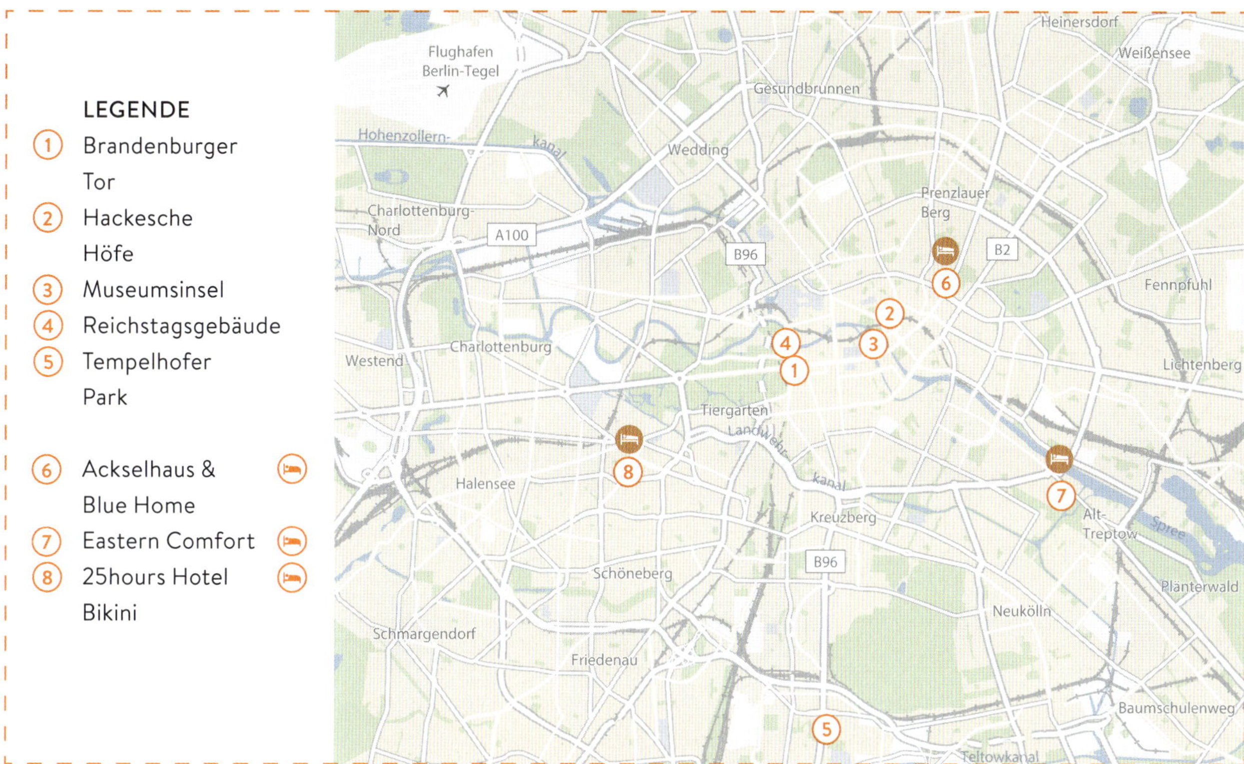


## ÜBERNACHTUNGEN

### ACKSELHAUS & BLUE HOME

Ein vorbildlich restauriertes Gründerzeithaus, viele Themenwelten: Hinter jeder Zimmertür wartet ein anderer Urlaub im Urlaub, man ruht im rötlichen Ambiente in »China«, schlummert wie an Bord im »Ozean« oder schläft im »Strandhaus«. Entspannung pur bietet der mediterrane Garten mit Brunnenplätschern.

*Belforter Str. 2*
*www.ackselhaus.de*
*Tel. +49 30 44 33 76 33*
*DZ ab €€–€€€*

### EASTERN COMFORT

Sich in gemütlichen Kabinen von der Spree in den Schlaf schaukeln lassen – dies kann erleben, wer auf Berlins einzigem schwimmenden Hotel übernachtet. Das geräumige Deck bietet eine herrliche Aussicht auf die Obernbaumbrücke. Drinks und Language Partys gibt's in der Lounge.

*Mühlenstr. 73*
*www.eastern-comfort.com*
*Tel. +49 30 66 76 38 06*
*DZ ab €*

### 25HOURS HOTEL BIKINI

In eine entspannte grüne Stadtoase mit Dschungel-Ambiente verwandelte Architekt Werner Aisslinger den denkmalgeschützten Bikini-Bau. Stylishe Zimmer, wahlweise mit spektakulärem Blick aus bodentiefen Fenstern auf den Berliner Zoo oder den Breitscheidplatz und den Anfang des Ku'damms.

*Budapester Str. 40*
*www.25hours-hotels.com*
*Tel. +49 30 120 22 10*
*DZ ab €€*

# 20

# Leipzig

Als wäre man mittendrin: So beeindruckend echt wirken die 360 °-Panoramen im Panometer.

»MEIN LEIPZIG LOB' ICH MIR! Es ist ein klein Paris und bildet seine Leute«, liest man in Goethes »Faust«. Der Dichterfürst hatte selbst an der 1407 gegründeten Leipziger Universität studiert, der (nach Heidelberg) zweitältesten mit durchgehendem Lehrbetrieb in Deutschland. Bildung, Bücher und Gedrucktes stehen in Leipzig seit Jahrhunderten hoch im Kurs. Hier erschien die erste Tageszeitung, schrieben zahlreiche Literaten, entstanden noch mehr bedeutende Verlage und eine alljährliche große Buchmesse. Jedes deutsche Buch landet in Leipzig – gesammelt von der Deutschen Bücherei. Leipzig zeigt auch, was so viel Bücher-Bildung mit sich bringt: 1519 propagierte Martin Luther hier seine Thesen, 1989 begann eben hier das Volk auf die Straße zu gehen und damit eine – unblutige – Revolution. Leipzig war und ist aufmüpfig. Jedoch immer auch gesellig. Der Student Goethe etwa zechte gerne im traditionsreichen, mittlerweile fast fünfhundertjährigen Auerbachs Keller und machte dann im Faust das Lokal auch zum Schauplatz der lobenden Worte über Leipzig – gesprochen im Rahmen einer sehr feuchtfröhlichen Studentenfeier. Feiern kann man in Leipzig immer noch hervorragend; rund um die Uhr, eine Sperrstunde gibt es nicht – wie es sich für eine quicklebendige Stadt gehört.

## Nikolaikirche

**1** Ein politisches Gotteshaus, das Zeitgeschichte schrieb, gibt es nicht überall: Die Friedensgebete in St. Nikolai führten 1989 zu den Montagsdemonstrationen, die erheblich zum Ende des DDR-Regimes beitrugen. Im 12. Jh. als romanischer Bau begonnen, wurde Leipzigs älteste Kirche bis 1525 im spätgotischen Stil vergrößert – pünktlich zur Reformation: Luther predigte hier. Hauptturm und -portal entstanden im Barock, als Johann Sebastian Bach Kantor der Thomaskirche war (1723–1750) und auch in St. Nikolai großartige Oratorien uraufführte. Friedensgebete finden übrigens auch heute noch jeden Montag in der Nikolaikirche statt.
*Nikolaikirchhof 3*
*www.nikolaikirche.de*

**Vor der Nikolaikirche erinnert eine mit Palmwedeln gekrönte Säule (links) an den Ausgangspunkt der Leipziger Montagsdemonstrationen.**

## Notenspur

**2** Leipzigs Reichtum an Musikgeschichte ist enorm. Als begehbarer Leitfaden führt die Notenspur anschaulich zu all den bedeutenden Komponisten und Musikern, die hier lebten: Bach, Mendelssohn Bartholdy, Robert und Clara Schumann, Wagner, Reger u. v. m. Natürlich spielen auch Gewandhausorchester und Thomanerchor eine Rolle. Die Notenspur ist 5,3 km lang,

### ANREISE

| | |
|---|---|
| Berlin | 2:40 h |
| Frankfurt | 3:35 h |
| München | 4:20 h |
| Zürich | 7:30 h |
| Wien | 6:20 h |

für jede ihrer 23 Stationen wurden erklärende Hörszenen und Klangbeispiele produziert (abrufbar für unterwegs: siehe Website). Leipzigs musikalisches Vermächtnis wird so zum reizvollen akustischen Erlebnis im Freien.
*www.notenspur-leipzig.de*

Einst Industrieunternehmen, heute angesagtes Künstlerquartier – die Spinnerei.

## Panometer

**3** Vor Erfindung des Kinos boten Panoramen spektakuläre Bilder auf riesigen Flächen. Ihren Reiz haben sie auch heute nicht verloren, eher im Gegenteil: Wenn ein Künstler wie Yadegar Asisi sich ans Werk macht, die Rundwände im früheren Gasometer mit 360°-Panoramen (Länge 105 m, Höhe 35 m) zu versehen, ist das Staunen so groß wie das Dargestellte. Ob Mount Everest, Titanic oder das antike Rom – man steht, 3D-Analog, mitten im Geschehen (wechselnde Ausstellungen).
*Richard-Lehmann-Str. 114*
*www.asisi.de*

## Passagensystem

**4** Im Mittelalter wurde für die Leipziger Bauten am Marktplatz ein System von Durchhöfen ausgeklügelt: mit Ein- und Ausfahrten versehen und ausschließlich in eine Richtung befahrbar, da Pferdefuhrwerke in der Enge nicht wenden konnten. Im barocken Barthels Hof von 1750 lässt sich das System noch bestens erkennen. Der prachtvoll sanierte Gebäudekomplex ist heute eine noble Einkaufspassage, die den Glanz der alten Messestadt Leipzig spiegelt. Barthels Hof kam, wie unweit die Mädlerpassage, 1994/95 beim Konkurs des Immobilienunternehmers Jürgen Schneider in die Schlagzeilen, dessen Firma die Sanierungsarbeiten durchgeführt hatte.
*Hainstr. 1, www.barthelshof.de*

### REISEZEIT

Jede mögliche Bühne wird zu »Leipzig liest« während der Buchmesse Mitte März »belesen«. Das Sommertheater zieht von Juni bis August Besucher an: Dann präsentieren Leipzigs Schauspielhaus, die freien Theater und Studenten ihre Kunst unter freiem Himmel.

## Leipziger Baumwollspinnerei

**5** Ein Hotspot der deutschen Kunstszene ist die einstige Baumwollspinnerei. Im Jahre 1884 gegründet, war sie zeitweilig die größte kontinentaleuropäische Fabrik der Branche, samt Werkswohnungen auf einem Gelände von 10 ha. 1650 Mitarbeiter verloren den Job, als der Betrieb 1993 eingestellt wurde. Doch nach und nach zogen nun Künstler ein, 2004 fand die erste Werkschau statt. Viele Maler der Neuen Leipziger Schule, darunter beispielsweise Neo Rauch, Tom Fabritius oder Tilo Baumgärtel, haben hier ihr Atelier. Zudem findet man ein Dutzend Galerien wie die renommierte Eigen + Art des Kunsthändlers Gerd Harry Lybke.
*Spinnereistr. 7, www.spinnerei.de*

## ÜBERNACHTUNGEN

### LODGE-LEIPZIG

Wer, statt Hotel, eher ein Apartment für ein paar Nächte bevorzugt, findet hinter der schmucken Fassade dieses Gründerzeithauses vier pfiffig eingerichtete 2-Zimmer-Küche-Wohnungen von 70 bis 90 qm. Am Südrand der Altstadt gelegen, sind viele Sehenswürdigkeiten zu Fuß rasch erreicht.

*Magazingasse 4, www.lodge-leipzig.de*
*Tel. +49 151 20 46 05 95*
*DZ ab €€*

### GALERIE HOTEL LEIPZIGER HOF

Auffallend ruhig und dennoch zentral, Hotel und Galerie im Doppelpack: Im Gründerzeitviertel Neustädter Markt gelegen, zeigt das Haus rund 500 Werke der Leipziger Schule. Selbst in den komfortablen Zimmern verbringt man die Nacht mit einem echten Tübke, Mattheuer oder Rauch.

*Hedwigstr. 1–3*
*www.leipziger-hof.de*
*Tel. +49 341 697 40*
*DZ ab €–€€*

### TOWNHOUSE LEIPZIG

Im historischen Renaissancegebäude direkt an der Thomaskirche mit 52 stilvollen Zimmern und Apartments trägt das Notenband der Bach-Kantate »Jauchzet Gott in allen Landen« als Wandtapete stimmungsvoll in den Schlaf. Stets präsent ist der Komponist auch beim Blick aus dem Fenster auf das Bach-Museum oder die Thomaskirche, in der er als Kantor wirkte.

*Thomaskirchhof 13/14*
*www.vagabondclub.com/leipzig*
*Tel. +49 341 49 61 40*
*DZ ab €€*

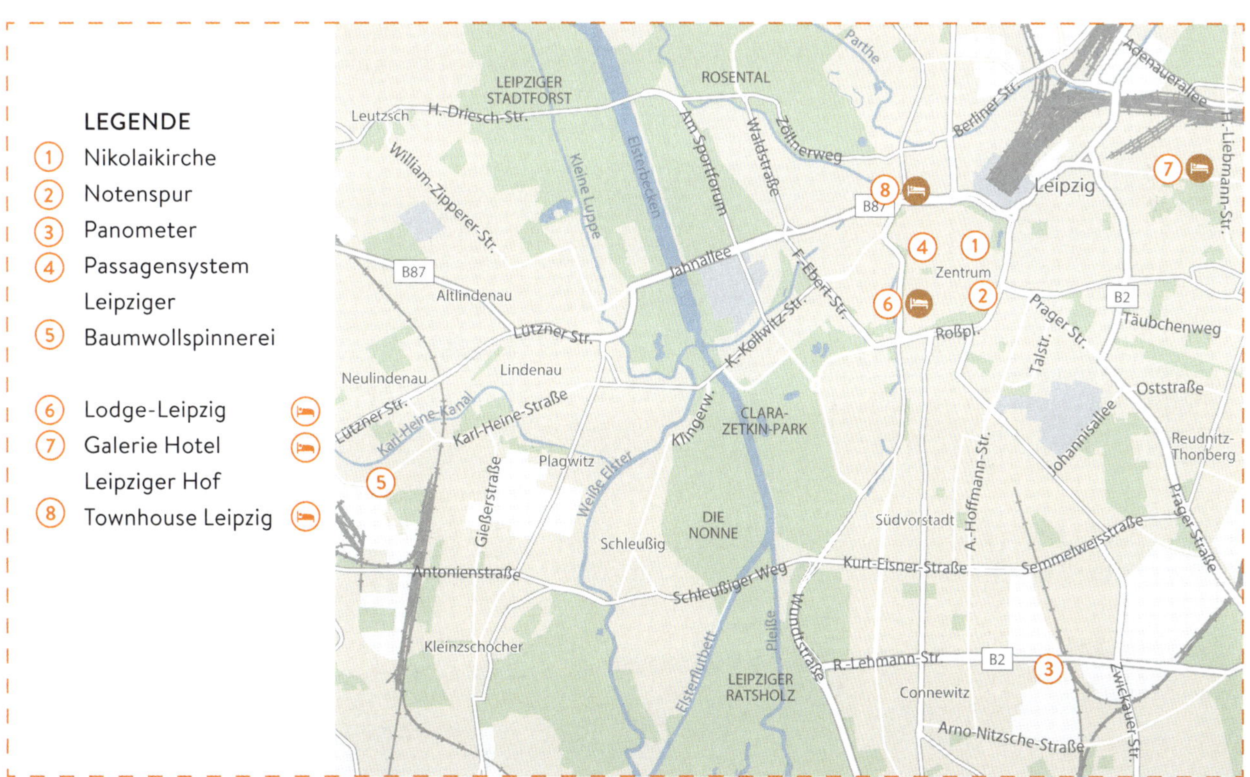

# 21

# Dresden

DRESDEN AN DER ELBE: Ruhig und stetig fließt der Fluss, gesäumt von breiten Wiesen. Die so malerisch an beiden Ufern gelegene Stadt verkörpert das wechselvolle Auf und Ab der Geschichte wie kaum eine andere. Im Feuersturm des Zweiten Weltkriegs ging die Pracht des barocken »Elbflorenz« unter, Jahrzehnte später sind alte und neue Schönheit wieder entstanden. Dresden ist Tradition und Neubeginn zugleich. Die Landeshauptstadt Sachsens trumpft nicht nur mit den geretteten und wiedererstandenen Schätzen der Ver-

**Stadtansichten von Dresden, wie sie Canaletto ab 1747 malte, kommen auch heute noch gut an.**

gangenheit auf, sondern auch als aktuelle Kultur- und Lifestyle-Metropole. Natürlich muss man die architektonischen und musealen Highlights der Altstadt gesehen haben, etwa die Frauenkirche, den Zwinger mit seiner Porzellansammlung, das Residenzschloss mit dem Grünen Gewölbe und seinen Preziosen oder die Gemäldegalerie Alte Meister. Doch auch die »andere Seite« sollte man erleben, z. B. am rechten Ufer der Elbe: Die Äußere Neustadt ist das bunte Szeneviertel, das quirliges Amusement bis zu ambitionierter Gegenwartskultur bietet. Dresden ist immer in Bewegung. Dass ihrer Stadt ein Welterbe-Titel von der UNESCO erst verliehen und dann aufgrund eines Brückenneubaus wieder entzogen wurde, können die Dresdner daher verschmerzen.

## Brühlsche Terrasse

**1** Im 16. Jh. zur Stadtverteidigung angelegt, bietet die im 19. Jh. umgebaute Terrasse im Stadtzentrum seither als »Balkon Europas« dem Müßiggang 500 m Auslauf mit viel Elbeblick und einigen Skulpturen. Die Freitreppe vom Schlossplatz herauf zieren Allegorien der vier Tageszeiten. An der Ostseite liegt der Brühlsche Garten mit dem Delphinbrunnen, einem Denkmal für Porzellanpionier Johann Friedrich Böttger und eine Installation, die den Maler Caspar David Friedrich ehrt (1990). Werke des Letzteren zeigt die bedeutende Galerie Neue Meister im Albertinum (direkt am Garten); ebenso Gemälde von Max Liebermann, Lovis Corinth, Vincent van Gogh und vielen weiteren Künstlern des 19. und 20. Jhs.
*Terrassenufer*

## Frauenkirche

**2** Dresdens Zerstörung durch die Luftangriffe zwischen dem 13. und 15. Feb. 1945 entging auch die Frauenkirche nicht. Das 1743 posthum vollendete Meisterwerk von George Bähr blieb jahrzehntelang eine (vom DDR-Regime als Mahnmal gewollte) Ruine am Neumarkt. Nach der Wende sorgten ab 1994 Spenden aus aller Welt und Privatinitiativen, etwa des Dresdner Trompeters Ludwig Güttler, für den Wiederaufbau unter Verwendung vieler Originalsteine. Als Symbol der Versöhnung ergänzt der prächtige Kuppelbau seit 2005 wieder das Weichbild der Stadt, fast wie es Canaletto im 18. Jh. so fein festhielt.
*Neumarkt*
*www.frauenkirche-dresden.de*

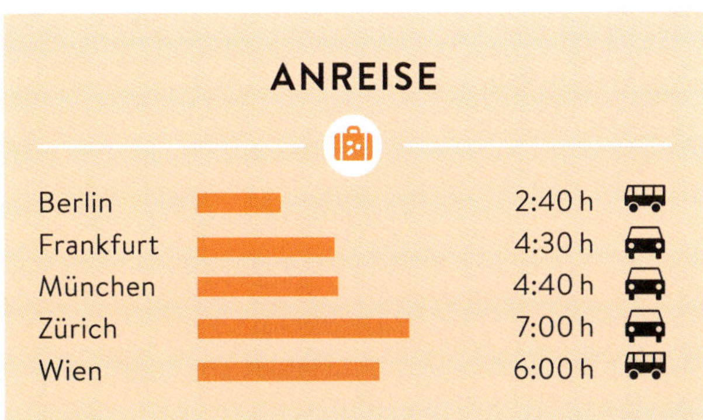

### ANREISE

| Ort | Dauer |
|---|---|
| Berlin | 2:40 h |
| Frankfurt | 4:30 h |
| München | 4:40 h |
| Zürich | 7:00 h |
| Wien | 6:00 h |

Ein Hingucker ist der Kunsthof, fünf von Künstlern gestaltete Hofpassagen in der Görlitzerstraße.

## Semperoper

**3** Gottfried Semper (1803–1879) zählt zu den wenigen Baumeistern, nach denen Gebäude benannt sind. In der klaren Formensprache italienischer Frührenaissance gelang ihm sein Hauptwerk: das 1841 eröffnete Königliche Hoftheater, damals Schauspielhaus und Oper. 1869 brannte es nieder. 1871 erhielt Semper erneut den Auftrag für das Gebäude, das 1878 unter Bauleitung seines Sohnes Manfred als Variante des Vorgängers fertig war. Beim Luftangriff 1945 brannte auch diese zweite Oper größtenteils aus. Nur die Wandelgänge blieben erhalten. Erst 1985 restauriert, hält der prächtige Sandsteinbau drinnen, was er draußen verspricht – zumal musikalisch, als Spielort der 1548 gegründeten Sächsischen Staatskapelle Dresden, dem ältesten durchweg bestehenden Orchester der Welt.
*Theaterplatz*
*www.semperoper.de*

### REISEZEIT

Die Filmnächte am Elbufer locken von Ende Juni bis Ende August mit ihrem vielseitigen Filmangebot und Konzerten bekannter Künstler vor der traumhaften Silhouette der Altstadt. Ein Dresden-Klassiker ist der Striezelmarkt im Advent.

## Zwinger

**4** Die feudale Anlage (1709–1739) mit zauberhaftem Nymphenbad rahmen opulente Barockgebäude. Einst als Vorhof eines Schlossneubaus für August den Starken geplant, blieb das ursprüngliche Konzept nach dem Tod des Kurfürsten unvollendet und das Areal zur Elbe hin offen. Den Abschluss des Ensembles bildete erst der 1854 ergänzte Semperbau. Heute zeigt dort die Galerie Alter Meister u. a. Raffaels »Sixtinische Madonna« (1512/13) und Vermeers »Briefleserin am offenen Fenster« (1657/59). Sehenswert sind auch: Porzellanpavillon (Sammlung aus China, Japan, Meissen) und Mathematisch-Physikalischer Salon (historische Messinstrumente, Globen).
*Theaterplatz*
*www.der-dresdner-zwinger.de*

## Neustadt

**5** Die Augustusbrücke führt zum Neustädter Markt, wo der Goldene Reiter steht. Das Standbild (1734) gibt August den Starken wieder, hoch zu Ross, Rittrichtung Polen–Litauen, dessen König er ab 1697 zugleich war. Die Neustadt ließ er nach dem Stadtbrand 1685 errichten. Einst gespickt mit Barockpalästen, gibt etwa das Japanische Palais (1715, nun Völkerkundemuseum) noch einen Eindruck davon. Unweit, am Hotel Bellevue, zeigt der Canaletto-Blick, von wo der Künstler seine berühmteste Stadtansicht malte. In den barocken Bürgerhäusern der Hauptstraße 9–19 haben sich die Kunsthandwerkerpassagen zu einem Publikumsmagnet entwickelt. Die Dreikönigskirche (1739, restauriert 1990) steht an der sehr barocken Königstraße, heute Dresdens vornehmste Einkaufsstraße. Sie führt zum Albertplatz mit dem Erich-Kästner-Museum. Das Gründerzeitviertel Äußere Neustadt grenzt nördlich an und ist heute das Quartier der Alternativszene. Im kunterbunten Kunsthof (Görlitzerstr. 25) ist stets was los.

*Nördlich der Elbe*

*www.neustadt-ticker.de*

**LEGENDE**

1. Brühlsche Terrasse
2. Frauenkirche
3. Semperoper
4. Zwinger
5. Neustadt
6. Aparthotel am Zwinger
7. Gewandhaus Dresden
8. Hotel Taschenbergpalais Kempinski

## ÜBERNACHTUNGEN

### APARTHOTEL AM ZWINGER

Wohnen statt übernachten: Sehr zentral und nur wenige Minuten von den wichtigsten Sehenswürdigkeiten entfernt, kann der Gast wählen zwischen 36 gut ausgestatteten Zimmern und Apartments von »klein« (40 m²) bis »groß« (86 m² mit tollem Südbalkon) im schmucken Gründerzeitensemble, das sich auf drei Häuser verteilt.

*Maxstr. 3–7, www.aparthotel-zwinger.de*
*Tel. +49 351 89 90 01 00*
*DZ ab €€*

### GEWANDHAUS DRESDEN

Neu herausgeputzt und jüngst umfangreich renoviert, so zeigt sich das ehemalige Gewandhaus heutzutage. Die charmanten Zimmer sind edel mit Designermöbeln eingerichtet, und nicht zuletzt deren »Bekleidung« erinnert an die Ursprünge des Hauses. Unschlagbar auch die Lage in der Inneren Altstadt.

*Ringstr. 1, www.gewandhaus-hotel.de*
*Tel. +49 351 49 49-0*
*DZ ab €€*

### HOTEL TASCHENBERGPALAIS KEMPINSKI

1708 ein Präsent von Sachsens Kurfürst August dem Starken an seine Mätresse Gräfin Cosel, erstrahlt das prunkvolle Palais nach Zerstörung und Wiederaufbau seit 1995 als erstes 5-Sterne-Luxushotel und erste Adresse in Dresden.

*Taschenberg 3, www.kempinski.com/dresden,*
*Tel. +49 351 491 20*
*DZ ab €€*

22

# München

Der älteste Bauteil der Residenz, das Antiquarium, beeindruckt wie eh und je.

VIELE VORZÜGE WERDEN MÜNCHEN nachgesagt: die Lage am Alpenrand, die bayerische Gemütlichkeit, die Kunst- und Kulturtempel, die grünen Oasen, erfolgreiche Wirtschaft und Wissenschaft, der Freizeitwert, nicht zu vergessen das süffige Bier und der weißblaue Himmel … Das Beste daran: Alles stimmt! Zwar werden den Einheimischen nicht nur Vorzüge zugeschrieben – sie seien grantig, widerborstig und neigten dazu, über die Stränge zu schlagen, heißt es. Doch das tut der weltweiten Liebe für diese Stadt keinen Abbruch: Münchens Anziehungskraft ist international und wirkt ganzjährig, nicht nur während des Oktoberfests. Der Faszination sollte man auch nicht auf der »Wiesn« nachspüren, sondern indem man durch die geschichtsträchtigen Straßen spaziert. Die Altstadt innerhalb der einstigen Stadtmauern – zwischen Stachus, Isartor, Sendlinger Tor und Feldherrnhalle – ist das kraftvoll schlagende Herz der Millionenstadt geblieben. Die großen Bauten und Plätze, die man »gesehen haben muss«, stehen oder liegen dort unübersehbar im Weg: Marienplatz, Alter Peter und Viktualienmarkt, die Frauenkirche … Man kann sie gar nicht übersehen. Dazu kommt als Gegenpol zur »bürgerlichen« Altstadt die majestätische Residenzstadt der Wittelsbacher, die von hier aus mit Glanz und Gloria ganz Bayern regierten, sich die Stadt aber stets mit den selbstbewussten Bürgern teilen mussten. Eben das macht bis heute Münchens Reiz aus: »Kleine Leut« und »Großkopferte« gehören untrennbar zusammen. Man mag übereinander granteln, sieht aber das Erfolgsrezept und weiß miteinander zu leben. Beobachten lässt sich dieses produktive Zusammenspiel in jedem Biergarten. Dass ein jeder nach seiner Fasson selig werden kann, ist vielleicht Münchens größter Vorzug.

## Altstadt

**1** Nahe dem Viktualienmarkt spendiert der Turm der Peterskirche (13. Jh.) perfekten Altstadtblick, bei Föhn auch bis zu den Alpen. Vom imposanten neugotischen Rathaus (errichtet um 1900) am Marienplatz erklingt mittags das Glockenspiel. Wahrzeichen der Stadt sind die Zwiebeltürme der spätgotischen Frauenkirche.

**Viel los ist im Hochsommer am Schwabinger Bach im Englischen Garten – und vom Westufer hat man den Monopteros von 1836 gut im Blick.**

Die Kardinal-Faulhaber-Straße zeigt barocke Palais, die Theatinerstraße klassizistische Bauten. Königsbau und Nationaltheater (1825, Bayerische Staatsoper) dominieren am Max-Joseph-Platz. Die Maximilianstraße, Münchens teuerstes Pflaster, führt östlich zum Maximilianeum (Landtag). Am Platzl verkürzt das Hofbräuhaus die Wartezeit zum Oktoberfest.
*Zwischen Isartor, Sendlinger Tor, Karlstor und Feldherrnhalle (Odeonsplatz)*

## Englischer Garten

**2** Der Englische Garten ist eine Landschaft mitten in der Stadt. 1792 eröffnet, lag er am Rande Münchens, das heute vierzigmal so viele Einwohner hat. Gestaltet

### ANREISE

| | | |
|---|---|---|
| Berlin | 5:40 h | Auto |
| Frankfurt | 3:20 h | Bahn |
| Zürich | 3:45 h | Bus |
| Wien | 3:55 h | Bahn |

In seinen letzten Lebensjahren war Karl Valentin in München fast vergessen, doch seit 1953 wird er mit einem Brunnen am Viktualienmarkt geehrt.

wurde der 130 ha große Park von Friedrich Ludwig Sckell (1750–1823), ebenso bis 1804 dessen nördliche Erweiterung, die Hirschau (245 ha). Im Südteil ergibt sich vom Monopteros (1831), der auf einem künstlichen Hügel steht, ein feiner Blick zur Innenstadt. Labsal findet man im riesigen Biergarten am Chinesischen Turm (1790) und im Seehaus am Kleinhesseloher See (8,6 ha). Beliebt sind auch die Liegewiesen am Schwabinger Bach (der sommers quasi zum Freibad mutiert) und der rasend schnelle Eisbach (seiner Surfwelle wegen).
*Eisbachsurfer: Prinzregentenstr.*

### REISEZEIT

Die Wiesn, das größte Volksfest der Welt, endet nach 16 Tagen immer am ersten Sonntag im Oktober. Ein Fest für alle Sinne, das man erlebt haben sollte. Zu allen anderen Zeiten ist ein München-Besuch natürlich wesentlich erschwinglicher und mindestens ebenso reizvoll.

## Lenbachhaus

**3** Franz von Lenbach (1836–1904) porträtierte fleißig prominente Zeitgenossen. Allein Bismarck malte er achtzigmal. Lenbachs Villa (1891) stünde auch in Florenz gut da. Seit 1926 Museum, sind hier viele seiner Gemälde zu sehen, darüber hinaus auch eine reiche Auswahl Münchner Maler. Überragend ist die Werksammlung der Künstlergruppe Blauer Reiter (wie Wassily Kandinsky, Franz Marc, August Macke, Paul Klee). Wechselausstellungen widmen sich zeitgenössischer Kunst. Seit 2013 ergänzt Norman Fosters Anbau das Museum, das auch im Kunstraum der direkt davor gelegenen U-Bahn-Station Königsplatz ausstellt.
*Luisenstr. 33, www.lenbachhaus.de*

## Residenz

**4** Zwischen Hofgarten und Max-Joseph-Platz liegt Münchens Stadtschloss: ein ausgedehntes Architekturensemble mehrerer Epochen, von Renaissance bis Klassizismus, gruppiert um zehn Innenhöfe. Die Schauräume des Residenzmuseums bieten eine Überfülle an Prunk und Pracht hocharistokratischer Wohnkultur, seien es die »Reichen Zimmer« oder Kaisertreppe und Kaisersaal. Die festlichen Säle werden heute für Empfänge und Konzerte genutzt, im Herkulessaal etwa spielt regelmäßig das Symphonieorchester des Bayerischen Rundfunks. Doch nichts übertrifft den ältesten Raum, das Antiquarium: ein 66 m langer Renaissancesaal (1568/1571), ausgestaltet mit Fresken und Skulpturen bis ins Detail. Die Residenz riegelt am Max-Joseph-Platz der Königsbau (1835) ab, einst Domizil von König Ludwig I. Leo von Klenze zitierte damit gekonnt den Florentiner Palazzo Pitti.
*Residenzstr./Max-Joseph-Platz 2*
*www.residenz-muenchen.de*

## Viktualienmarkt

**5** Ein Reich der Genüsse liegt rund um den Maibaum, der ganzjährig über die insgesamt 110 Stände ragt. 1807 eröffnet, seit 1890 in heutiger Größe (2 ha), reicht die Marktfläche L-förmig vom Petersbergl über den

Biergarten und dem Ganserlmarkt bis zur Frauenstraße. Früchte, Trüffel, Fisch: Es gibt alles, was die Saison bietet, Italien liegt nah. Südlich des Karl-Valentin-Brunnens zieht es Schlemmer nicht nur bei unwirtlichem Wetter in die schnieke Schrannenhalle.
*Altstadt (Süd), www.viktualienmarkt.de*

## ÜBERNACHTUNGEN

### CORTIINA

Zentral zwischen Oper, Marienplatz und Viktualienmarkt liegt das Designhotel, dem man von außen das ästhetische, durchgestylte Innere nicht ansieht – es gilt daher als offener Geheimtipp bei Insidern. Ein Muss: die Bar mit feinen Weinen und fachkundigem Personal.
*Ledererstr. 8, www.cortiina.com*
*Tel. +49 89 242 24 90*
*DZ ab €€–€€€*

### GÄSTEHAUS ENGLISCHER GARTEN

Aus den Fenstern im Osten kann der Blick direkt im Englischen Garten verweilen, und nach wenigen Schritten aus der charmant-nostalgischen Herberge ist auch man selbst dort. Das sorgsam von Roselinde und Michael Zankl geführte, familiäre Hotel ist das laut Gästebuch auch bei Künstlern beliebt. Gemütliche, einfache Zimmer teils ohne eigenes Bad.
*Liebergesellstr. 8*
*www.hotelenglischergarten.de*
*Tel. +49 89 383 94 10*
*DZ ab €–€€*

### HOTEL BLAUER BOCK

Das 1297 erstmals urkundlich erwähnte Haus, im zentralen Angerviertel, unweit des Viktualienmarkts gelegen, wurde 1814 zum Gasthof. Aufwendig saniert, bietet das heutige Hotel komfortable Zimmer mit modischen Bock-Konterfeis an den Wänden; teilweise mit Gemeinschaftsbad. Großzügiges Frühstücksbüfett.
*Sebastiansplatz 9, www.hotelblauerbock.de*
*Tel. +49 89 23 17 80*
*DZ ab €€*

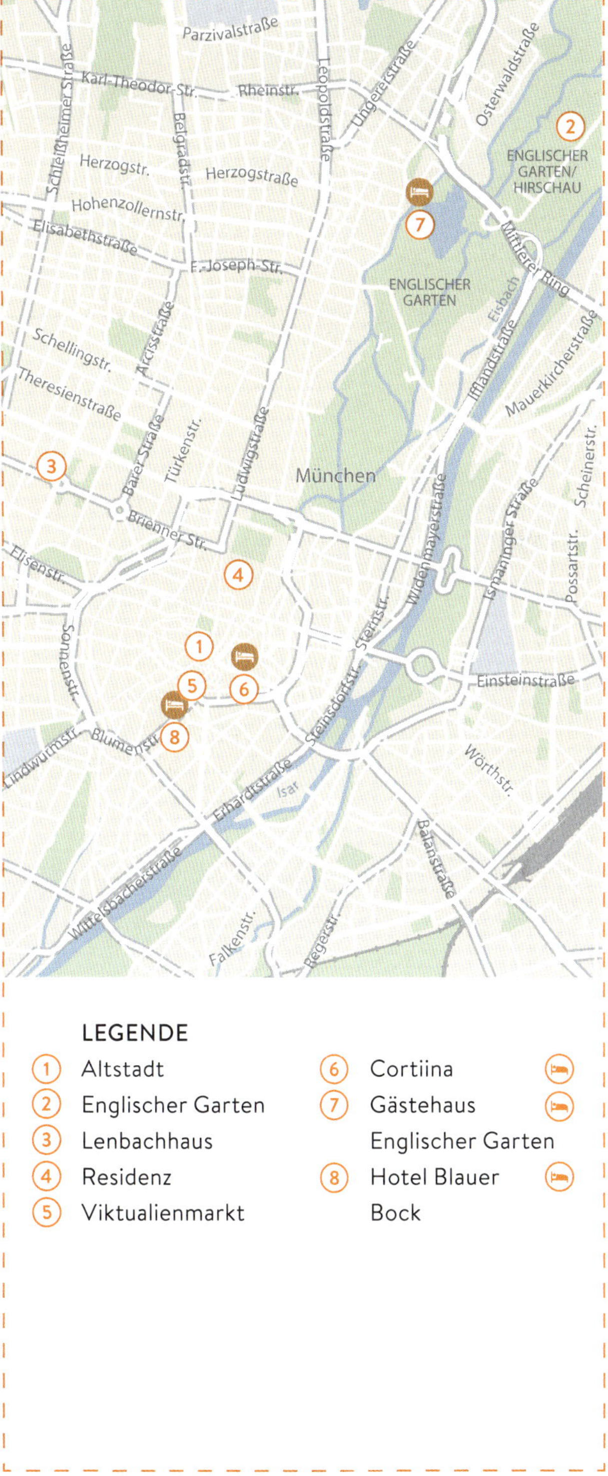

23

# Bodensee

IM HEGAU NEIGT SICH DAS GELÄNDE zum Wasser hin, an klaren Tagen steuert die Schweiz großes Alpenpanorama bei. Von Norden kommend, stellt sich schon auf der Bodenseeautobahn Vorfreude ein – auf Uferspaziergänge, Fahrten mit der Fähre und eine riesige Menge Kultur. Auf das Welterbe zum Beispiel, das im Pfahlbaumuseum Unteruhldingen vom Leben in prähistorischer Zeit erzählt. Unweit davon, in Meersburg, thront über dem Ort die mittelalterliche Burg, in der die Dichterin Annette von Droste-Hülshoff

Nachbauten steinzeitlicher Seehäuser zeigt das Pfahlbaumuseum in Unteruhldingen.

(1797–1848) zuletzt lebte. Mit dem Schiff hinüber zur Insel Mainau begibt sich der Besucher zum barocken Anwesen der Familie Bernadotte samt subtropischem Park. Ebenfalls per Schiff kann es dann weitergehen nach Konstanz, wo am Hafen die reizvolle Statue »Imperia« des Bildhauers Peter Lenk an die sinnesfreudigen Aspekte des Konstanzer Konzils (1414–1418) erinnert, als drüben im Münster zwei Päpste und ein König (und späterer Kaiser) tagten. Im Sommer schaukeln 30 000 Jollen und Jachten auf dem See. Zwischen Juni und August füllen sich die Gartenlokale von Wasserburg bis Lindau. Es wird knifflig, noch Karten für die Bregenzer Festspiele zu ergattern, und auf den Schiffen der Weißen Flotte ist man kaum allein. Stille findet, wer entlang der Hegauer Vulkankegel streift.

## Burg Meersburg

**1** Der Sage nach hat der Merowingerkönig Dagobert I. das Gemäuer anno 628 erbauen lassen, das heute als älteste bewohnte Burg Deutschlands gilt. Nach wechselnden Besitzern zog mit Joseph von Laßberg 1838 ein Freiherr und Schriftsteller ein. Auch seine Schwägerin, die Dichterin Annette von Droste-Hülshoff (»Der Knabe im Moor«), weilte über Jahre in der Burg, widmete ihr ein Gedicht und verstarb dort 1848. Der Gang durchs mittelalterliche Anwesen zeigt rund 30 Räume samt Königssaal, Waffen- und Folterkammer – und eine Droste-Führung auch Privatbereiche der Künstlerin.
*Schlossplatz 10*
*www.burg-meersburg.de*

## Insel Mainau

**2** Wer das blühende Eiland betritt, mag sich in Italien wähnen, so betörend duftet der italienische Rosengarten mit seinen 1200 Sorten. Die Wurzeln des Kleinods sind Badens Großherzog Friedrich I. zu verdanken, der die Mainau im 19. Jh. zum Sommersitz machte und das Arboretum mit teils seltenen Gehölzen anlegen ließ. 1932 ging der – in der Zwischenzeit verwilderte – Besitz an Lennart Graf Bernadotte (1909–2004) über und wuchs unter dessen Regie zum Besucherparadies. Auch in der NS-Zeit erlebte die Insel eine zweifelhafte Blüte, heute ist das unrühmliche Kapitel jedoch aufgearbeitet. Jährlich rund 1,2 Mio. Besucher erfreuen sich an prächtigen Blumen, einem Schmetterlings- und Palmenhaus.
*Inselbesuch ganzjährig tagsüber möglich*
*www.mainau.de*

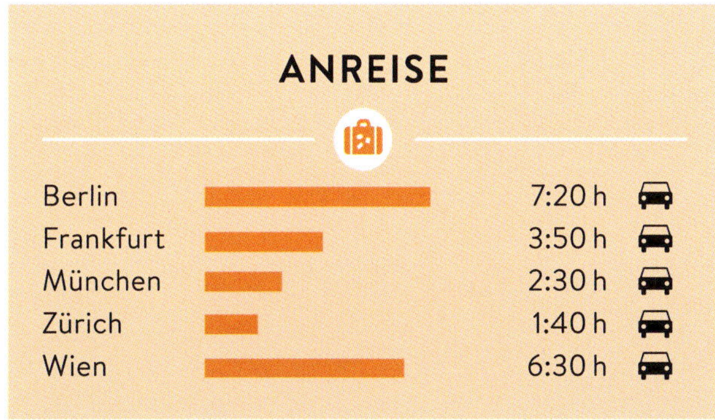

Bunte Tulpen, duftende Rosen, Dahlien ... Fast das ganze Jahr hindurch ist die Blumeninsel Mainau mit einer einmaligen Blütenpracht bedeckt.

## Konstanzer Münster

**3** Von außen beeindruckt der blockhafte Turmkörper, das Innere birgt wahre Schätze. Wie die Krypta, die mit ihren vier originalen Goldscheiben (11./12. Jh.) glänzt. Kurios: Bereits 1052 stürzte das um 1000 erbaute karolingische Langhaus wieder ein, ein neues folgte unverzüglich und überdauerte mehrfach überbaut. In eben diesen Wänden wurde der Reformator Jan Hus 1415 zum Tode verurteilt. Weniger düster, sondern sehr schön ist der weit reichende Blick vom Münsterturm.
*Münsterplatz*

### REISEZEIT

Im Sommer steigt die Temperatur am Bodensee selten über 25 Grad. Im Winter verhindert die Wasserfläche extrem niedrige Temperaturen. Frühjahr und Herbst sind aufgrund der ausgleichenden Wirkung des Sees gute Reisezeiten.

## Pfahlbaumuseum Unteruhldingen

**4** Im Bodenseewasser verborgen liegt eine besondere Stätte des Weltkulturerbes: prähistorische Pfahlbauten, wie sie dank der ab 1922 nachgebauten Dörfer im Freilichtmuseum für Besucher wieder sichtbar werden. Die Reise in die Vergangenheit startet mit der Multimediashow »Archaeorama«, ehe es zu Fuß über urige Holzstege zu den sechs Stelzendörfern aus drei Jahrtausenden geht: Wie Bauern, Fischer und Händler in der Jungsteinzeit und Bronzezeit gelebt haben, verraten dort Gegenstände des täglichen Lebens. Im Steinzeitparcours legen Gäste selbst Hand an.
*Strandpromenade 6, www.pfahlbauten.de*

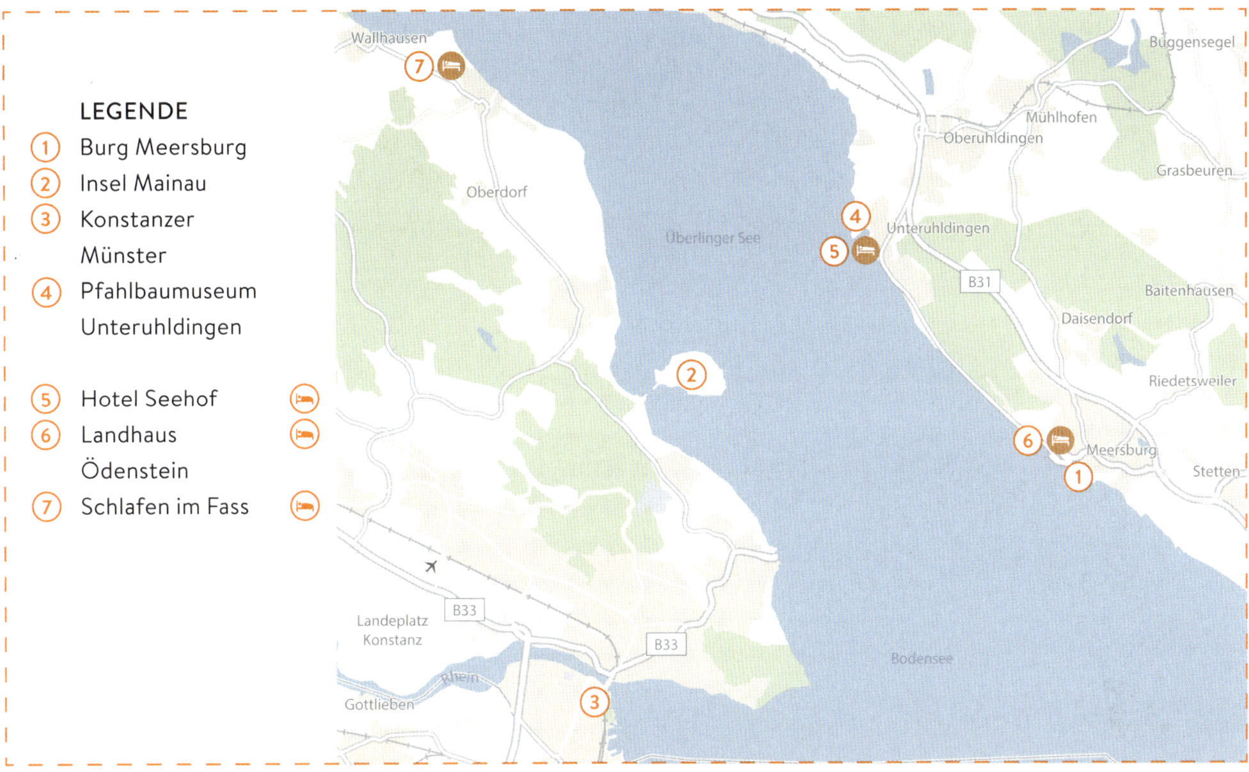


## ÜBERNACHTUNGEN

### HOTEL SEEHOF

Wer mag, kann sogar per Schiff anreisen: Das Hotel liegt direkt an der Anlegestelle und dem Jachthafen. Auf den kann man von manchen der hellen, stilvoll und frisch renovierten Zimmer blicken – ebenso wie von der Restaurantterrasse, wo natürlich fein zubereitete Bodenseefelchen auf die Teller kommen.

*Seefelder Str. 8, Uhldingen-Mühlhofen*
*www.hotel-seehof.com*
*Tel. +49 7556 929 30*
*DZ ab €€*

### LANDHAUS ÖDENSTEIN

Die einstige Künstlervilla bietet nett eingerichtete Zimmer mit prima Seeblick und (meist) Balkon. Schön sind auch der offene, üppige Garten und die Lage im Weinberg, zugleich die Nähe zur Meersburger Altstadt.

*Droste-Hülshoff-Weg 25, Meersburg*
*www.oedenstein.de*
*Tel. +49 7532 61 42*
*DZ ab €€*

### SCHLAFEN IM FASS

In den Zeiten des Konstanzer Konzils anno 1414 bis 1418 platzte die Stadt aus allen Nähten, und Schlafplätze waren so rar, dass manche sogar in Weinfässern schliefen. Auf dem Campingplatz Klausenhorn in Dingelsdorf, dicht am See gelegen, kann man das noch heute tun, allerdings in nagelneuen, recht komfortabel ausgestatteten Fässern mit Fichtenholzduft und Doppelbettmatratze.

*Hornwiesenstr. 40/41, Konstanz-Dingelsdorf*
*www.camping-klausenhorn.de*
*Tel. +49 7533 63 72*
*DSF ab €*

24

# Zürich

Der See glitzert im Mondschein, die Füße baumeln im Wasser – schöner geht ein Sommerabend, hier im Seebad Enge, kaum.

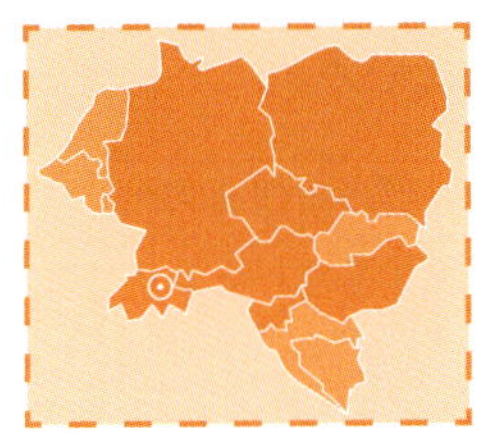

IM WELTWEITEN RANKING DER Metropolen zur Lebensqualität erhielt Zürich mehrmals in Folge den Spitzenplatz. Eine Art Museum des besseren Lebens findet man zwischen Grossmünster, Rathaus und Fraumünster links und rechts der Limmat – ein Gewusel aus Gassen, kleinen Plätzen, unzähligen Restaurants, Apéro- und Sektbars sowie noblen Geschäften. Alle paar Minuten bimmelt eine blau-weiße Tram vorbei. Wo sonst in der Welt fahren Investmentbanker damit ins Büro? Auf den ersten Blick wirkt Zürich einfach nur schön und sauber, bei Sonnenschein gar zauberhaft. Mit der Uetlibergbahn auf den 400 m über dem Zürichsee gelegenen Hausberg zu fahren mag den Eindruck bestätigen. Und doch treffen in der größten Schweizer Stadt Postkartenidyll und Realität aufs Kurioseste zusammen. Jenseits der Sihl zeigt die Business-Stadt einen anderen Charakter: weniger idyllisch, doch ungezähmt-interessant. In Aussersihl, wo einst die Zürcher Sozialdemokratie entstand, ließen sich im 19. Jh. viele Gastarbeiter nieder. Wer gute italienische oder spanische Lokale sucht, wird sie hier finden. Und nur wenig weiter geben sich in der Trendmeile Zürich-West Kunst, Kultur und Clubbing die Hand.

## Grossmünster

**1** Das romanische Münster (1100–1220) hatte zunächst ungleiche Türme. Im 15. Jh. wurden sie schließlich angeglichen, nun gotisch, wie auch der spitze Dachreiter aus jener Zeit. Nach einem Blitzschlag brannte 1763 der Nordturm aus, beide Türme erhielten bis 1787 die Hauben, die man bis heute sieht. Die grandiose Aussicht (in 50 m Höhe) vom Südturm lohnt den Aufstieg. Dass das Bauwerk außen wie innen so karg an Figuren und Kirchenkunst ist, liegt an Huldrych Zwingli (1484–1531). Seit 1519 Priester des Münsters, löste er hier die Reformation der Deutschschweiz aus. Der Bildersturm (1524) war in Zürich eher zivilisiert, Kunstwerke und Reliquien wurden nicht zerstört, nur entfernt und ausgelagert. Umso sehenswerter: Die großen Weihnachtsfenster im Chor (1933, Augusto Giacometti), auf die sich Sigmar Polkes Glaskunst bezieht (2009, Westseite). In der Krypta hütet

**Blick von der Quaibrücke auf Fraumünster links und Grossmünster rechts der Limmat.**

einsam Karl der Große als Sitzfigur verblichene Fresken zur Legende der Stadtpatrone Felix und Regula (Märtyrer der Thebäischen Legion, anno 303). Deren Gebeine soll einst Karls Pferd gewittert haben, weshalb das Münster genau an dem Platz steht, wo es steht.
*Grossmünsterplatz*
*www.grossmuenster.ch*

## Lindenhof

**2** Im Jahr 15 v. Chr. zählte das Gebiet um den Zürichsee zu Roms Imperium, repräsentiert u. a. von einer Zollstation nebst Militärposten am Südufer der Limmat. Der Grabstein eines Lucius Urbicus (Ende 2. Jh., Kopie in der Pfalzgasse) lässt Zürichs Ersterwähnung als STAtionis TURICensis erkennen. Auf der heute so aussichtsreichen Terrasse mit ihren Linden stand im 4. Jh. ein römi-

Wer frühmorgens zum Lindenhof kommt, kann die Sonne über der Limmat aufgehen sehen.

sches Kastell. Quasi für die Nachfolger, also die Kaiser des Heiligen Römischen Reiches wurde im Mittelalter zunächst eine karolingische, dann eine ottonische Pfalz auf den Hügel gebaut, die allerdings im 13. Jh. geschleift wurde. Danach war der Lindenhof auch ein Versammlungsort Zürichs, das seit 1351 der Eidgenossenschaft angehörte. 1798 wurde auf dem Lindenhof die Verfassung der kurzlebigen Helvetischen Republik beschworen, die in der Folge der Französischen Revolution entstanden war. Fein ist der Blick zum Limmatquai am Rathaus und dem Grossmünster dahinter.
*Lindenhof*
*www.zuerich.com*

## REISEZEIT

Jedes Jahr am 3. Montag im April wird beim Sechseläuten der Winter in Form eines mit Knallkörpern versehenen Strohmanns verbrannt und ein großes Volksfest gefeiert. Ansonsten ist Zürich am schönsten im Sommer zur Badi-Zeit.

## See- und Flussbadis

**3** Summer in the City: Das auch an Wasser reiche Zürich bietet sechs Strandbäder am Zürichsee und fünf Flussbäder an der Limmat, die von den Einwohnern liebevoll »Badis« genannt werden. Und mit dem Sonnenuntergang muss der Spaß nicht aufhören: Das Seebad Enge mutiert abends zur coolen Bar, das Flussbad Unterer Letten wird im Juli zum Freiluftkino (www.filmfluss.ch). Unüblich gar ist das Freibad Letzigraben von 1949, das von Max Frisch konzipiert wurde (der ja nicht nur Schriftsteller, sondern auch Architekt war). Ein Ausstellungsraum erzählt hier davon.
*www.stadt-zuerich.ch (unter: Sommerbäder)*

## Zürich-West

**4** Gleisanlagen, Betonbrücken, Fabrikbauten, der Stadt höchster Büroturm: Nicht gerade heimelig, aber Züri-West ist hip wie kein zweites Viertel in der Schweiz. Seit den 1990er-Jahren mutiert das Industriegelände zum Spielfeld der Kreativszene. Die Kunsthochschule zog in eine umgebaute Molkerei, das Schauspielhaus macht eine frühere Werft zur Bühne. In einer alten Brauerei zeigen Kunsthalle und Migrosmuseum, was die Avantgarde heute treibt. Und Restaurants, Bars, Clubs sorgen fürs sehr urbane Nachtleben.
*Rund um die Hardbrücke, www.kulturmeile.ch*

## Uetliberg

**5** Auf Zürichs 870 m hohen Hausberg (der Ü-etliberg ausgesprochen wird) kann man bequem vom Hauptbahnhof mit der S-Bahn fahren. Der von der Bergstation dann nach kurzem Fußmarsch erreichte Gipfelturm belohnt das Erklimmen mit sattem Blick auf die Stadt, den See und die Alpen. Reizvoll ist auch der 6,5 km lange Planetenweg, der im Maßstab eins zu einer Milliarde die Größenverhältnisse unseres Sonnensystems wiedergibt und vom Modell der Sonne (Bahnhof) zum Zwergplaneten Pluto am Felsenegg (810 m, Seilbahn nach Adliswil) führt – samt wunderbarer Panoramen unterwegs.
*Uetlibergbahn S 10 ab Zürich Hbf., www.uetlibergverein.ch*

## ÜBERNACHTUNGEN

### B2

Design trifft Industriegeschichte: Das ehemalige Sud- und Maschinenhaus einer Brauerei beherbergt 51 hochwertig eingerichtete Zimmer und Suiten. Hotelgäste haben verbilligten Eintritt zu Thermalbad und Spa. Traumhaft: der Blick vom Dachterrassenpool auf Zürich.

*Brandschenkestr. 152*
*www.b2boutiquehotels.com*
*Tel. +41 44 567 67 67*
*DZ ab €€€*

### HOTEL GREULICH

Allergiker dürften im Designhotel, wenn die Birkenpollen unterwegs sind, nicht glücklich werden, alle anderen schon: Im schicken 4-Sterne-Haus, stylish und dennoch schlicht, gibt es im Hof eine idyllische, kleine Birkenwald-Oase. Entspanntes Ambiente herrscht im Café samt Bar und Terrasse. Tolle Lage mitten im quirligen Viertel Aussersihl.

*Hermann-Greulich-Str. 56*
*www.greulich.ch*
*Tel. +41 43 243 42 43*
*DZ ab €€*

### KAFISCHNAPS

»Kafischnaps« – so nennt man im Schweizerdeutschen einen Kaffee mit einem Schuss Schnaps. So originell wie der Name ist auch das Konzept: Züricher Designer haben schöne Gästezimmer im wohnlich-modernen Mix kreiert – zwar mit geteiltem Bad, aber für die preislichen Verhältnisse vor Ort bezahlbar.

*Kornhausstr. 57*
*www.kafischnaps.ch, Tel. +41 44 215 40 40*
*DZ ab €*

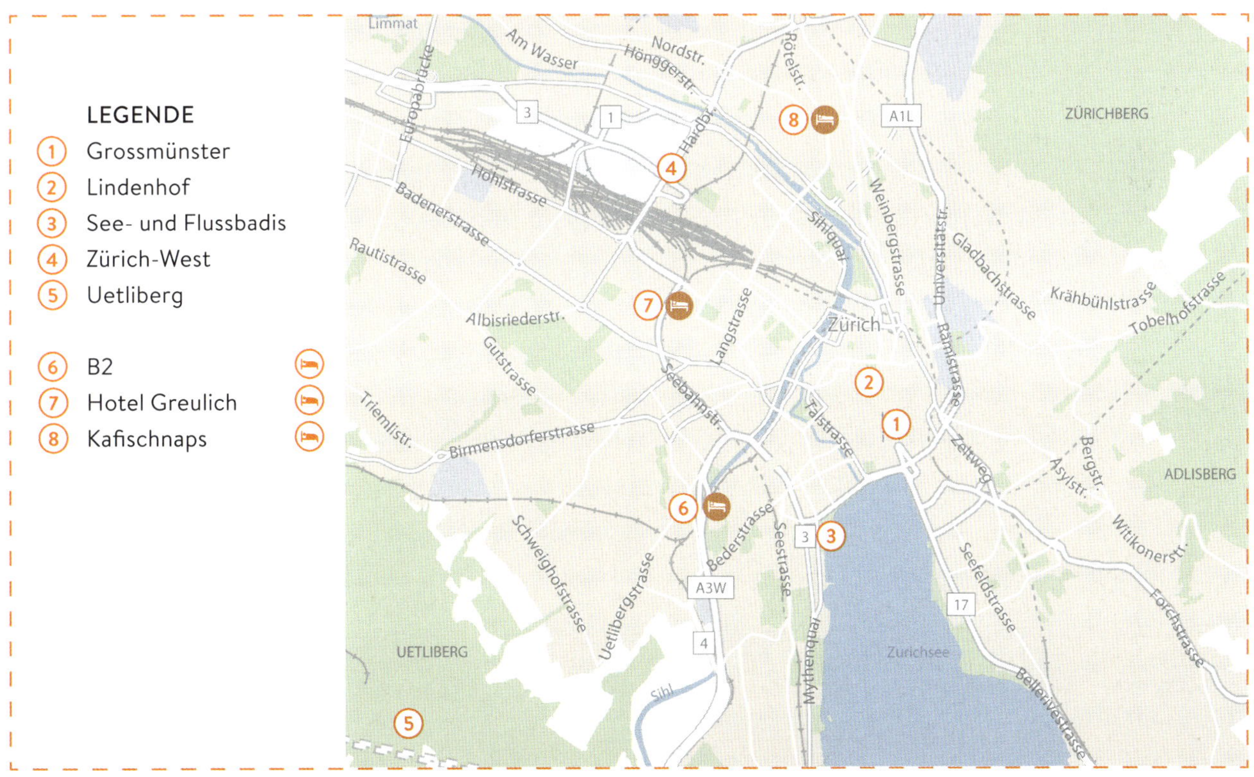

25

# Genfer See

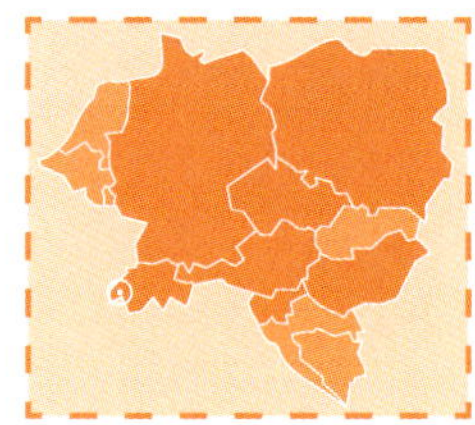

DAS SÜDUFER GEHÖRT FRANKREICH, der restliche Lac Léman der Schweiz, die hier eine ihrer schönsten Regionen hat. Außer einem Streifen zwischen Rhonezufluss und französischer Grenze, der zum Wallis gehört, teilen sich zwei Kantone den See: im Südwestzipfel der Kanton Genf, mit seiner international geprägten Hauptstadt, und als größter Anrainer der Kanton Waadt, dessen Hauptort Lausanne am Nordufer liegt. Der »waadtländischen Riviera« verleihen Orte wie Montreux und Vevey südländisches Flair. Auf

Früher Gefängnis, heute Idyll pur: Schloss Chillon.

einer winzigen Insel am Ostende des Sees steht Schloss Chillon, eine uralte Wasserburg, in die Lord Byron seinen Namen ritzte, bevor er ihr ein Poem widmete. Schaurig-schön wirkt das Verlies mit Kreuzrippengewölbe, beeindruckend ist der Blick zu den Weinbergterrassen des Lavaux, die Welterbe sind. In Genf befindet sich der Europasitz der UN im Palast der Nationen, wie viele andere internationale Organisationen an der Avenue de la Paix gelegen. Einen Besuch lohnen auch Rousseaus Geburtshaus und das Mamco, eine der besten Schweizer Sammlungen zeitgenössischer Kunst. Interessant ist außerdem das Musée international de la Réforme, das die Geschichte des Protestantismus erzählt, zu der Calvin in Genf beitrug. Unübersehbar: der Jet d'eau, der 140 m hohe Wasserstrahl im See.

## Flon, Lausanne

**1** Im Herzen der Altstadt liegt das Flon, ehemals gemieden, heute hippes Quartier: Um 1740 war es die am Fluss gelegene Gerberei, welche die Lausanner die Nase rümpfen ließ. Heute liegt Leben in der Luft, denn aus dem Industrieviertel mit riesigen Lagerhallen entstand ein modernes Stadtquartier mit Künstlerateliers und Boutiquen, Werkstätten und Büros, Restaurants sowie Clubs. Im Zentrum, auf der Esplanade du Flon, finden kulturelle und saisonale Feste statt.
*Rund um den Bahnhof Flon*
*www.flon.ch*

## Notre-Dame, Lausanne

**2** 1275 geweiht, streckt sich mit der Kathedrale von Lausanne ein Glanzstück gotischer Baukunst gen Himmel, und von einem der Türme ruft jede Nacht zwischen 22 und 2 Uhr ein Nachtwächter die Stunden aus. Zu den Schätzen drinnen zählen die filigrane Fensterrose (13. Jh.), alte Fresken und die neue Orgel von 2003, die mit 6737 Pfeifen und 98 Registern beeindruckt.
*Place de la Cathédrale 13, Lausanne*
*www.lausanne-tourisme.ch*

## Schloss Chillon

**3** Trutzig erhebt sich die Wasserburg Chillon (11. Jh.) vor imposanter Kulisse aus dem Genfer See, bietet sagenhaftes Futter für die Augen – und Lesestoff. Lord Byron, schwer beeindruckt vom Schlossgefängnis, widme-

### ANREISE

| | |
|---|---|
| Berlin | 1:40 h (Flugzeug) |
| Frankfurt | 6:00 h (Bahn) |
| München | 5:50 h (Auto) |
| Zürich | 2:40 h (Bahn) |
| Wien | 1:35 h (Flugzeug) |

Das 12 m hohe Mahnmal »Broken Chair« am Platz der Nationen in Genf soll an die Opfer von Personenminen erinnern.

te 1816 dem während der Reformationszeit eingekerkerten François Bonivard (1496–1570) ein Gedicht. Noch heute sieht man beim Rundgang den Eisenring, an den der Freiheitskämpfer im 16. Jh. sechs Jahre lang gekettet war.
*Avenue de Chillon 21, Veytaux*
*www.chillon.ch*

## REISEZEIT

Durch die mediterranen Einflüsse auf das Klima regnet es im Sommer relativ viel, optimales Wetter bringt der September, der zudem die Zeit der Weinlese ist. Musikalisches Highlight ist das Montreux Jazz Festival im Juni.

## Weinterrassen des Lavaux

**4** Mönche machten im 12. Jh. die Steilhänge urbar, legten Terrassen an, pflanzten Rebstock an Rebstock. Heute gehören die 805 ha Weinberge am Nordufer zwischen Lausanne und Vevey zum Weltkulturerbe. Angebaut wird vor allem Chasselas, eine alte Rebsorte, die hier per Hand gelesen wird. Manche Winzerfamilie arbeitet schon seit 20 Generationen in dieser traumhaft schönen Lage.
*Zwischen Lausanne und Schloss Chillon,*
*www.lavaux.ch*

## Mamco, Genf

**5** Große Räume, große Fenster und der Schweiz größtes Museum für moderne Kunst: das Musée d'art moderne et contemporain ist eines der Superlative. 1994 eröffnet, beherbergt es gut 2000 Werke der 1960er-Jahre bis heute, etwa von Robert Filliou, Allan McCollum, Christo. Parallele Wechselausstellungen bringen dem Besucher die Irritationen der Avantgarde auf spannende Weise näher.
*Rue des Vieux-Grenadiers 10, Genf, www.mamco.ch*

## Platz der Nationen, Genf

**6** Spritzig-frisch mit Wasserspiel zeigt sich der Platz der Nationen – bis man den 12 m hohen »Broken Chair« erblickt, dem ein halbes Bein fehlt. Der Genfer Künstler Daniel Berset schuf ihn 1997 als Fanal für ein Streuwaffen- und Landminenverbot. Einige Schritte weiter haben die Adressaten des Appells, die Vereinten Nationen, ihren europäischen Sitz: Im 600 m langen UN-Palast wird in 34 Konferenzräumen und 2800 Büros Politik gemacht und versucht, die Welt zusammenzuhalten.
*UN-Palast, Avenue de la Paix 14, Genf,*
*Führungen Mo–Fr: siehe Website, www.unog.ch*

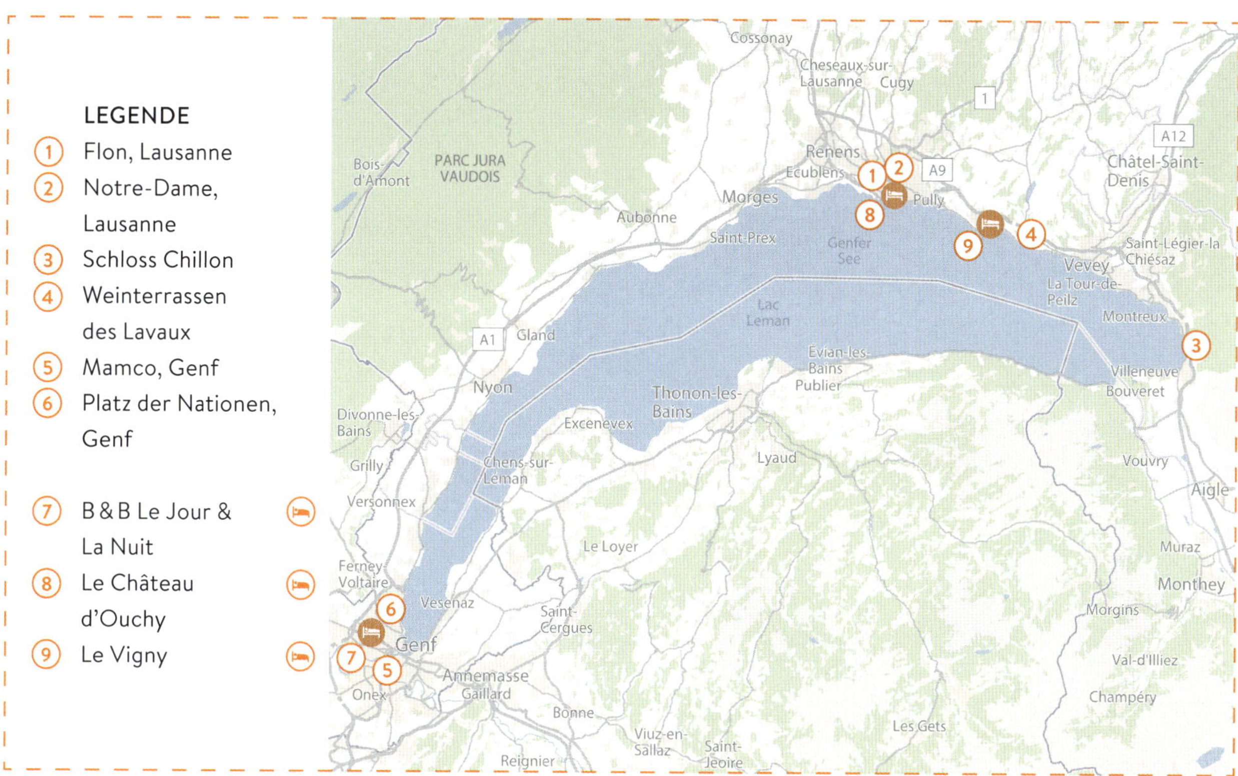


## ÜBERNACHTUNGEN

### B & B LE JOUR & LA NUIT

Charmantes B & B mit schönem Garten und stilvoll-eleganten Zimmern hinter historischer Fassade. Ruhige Lage, nur etwa 2 km von der Genfer Innenstadt entfernt und mit guter Anbindung durch öffentliche Verkehrsmittel.
*Avenue du Mervelet 8, Genf*
*www.lejouretlanuit-bnb.com*
*Tel. +41 79 214 73 87*
*DZ ab €€*

### LE CHÂTEAU D'OUCHY

In Lausanne, direkt am Ufer des Genfer Sees, thront das renovierte mittelalterliche Schloss mit originalem Turm. In den Zimmern, teils mit herrlichem See- und Alpenblick, verbindet sich das historische Ambiente mit dem geschmackvoll-modernen Komfort eines 4-Sterne-Hotels.
*Place du Port 2, Lausanne*
*www.chateaudouchy.ch*
*Tel. +41 21 331 32 32*
*DZ ab €€*

### LE VIGNY

Übernachten wie zu Omas Zeiten: Zwischen Lausanne und Montreux schläft der Gast inmitten der Lavaux-Weinterrassen im gemütlichen Winzerhaus, Bad und WC im Flur. Oder ohne fließend Wasser und Strom, aber mit See und Alpen direkt vor der Nase entweder im urigen Winzerhüsli oder im Hühnerhüsli in Strohbetten. Mit den Hühnern aufstehen muss aber keiner.
*Chemin du Vigny 10, Cully*
*www.levigny.ch*
*Tel. +41 21 799 38 12*
*DZ ab €–€€, Winzerhütte und Hühnerhüsli ab €*

26

# Salzburg

Der Blick über den Mirabellgarten schweift zur Festung Hohensalzburg.

EINEM EINZIGARTIGEN FREILICHTMUSEUM GLEICHT die Altstadt von Salzburg: mit dem Dom, dem Stift St. Peter, der über allem hinausragenden Festung Hohensalzburg und engen Gassen, in denen sich nostalgische Kaffeehäuser und Konditoreien, Traditionsläden und Edelboutiquen aneinanderreihen. Südlich des Festungsbergs steht seit 1615 das fürsterzbischöfliche Schloss Hellbrunn in italienischem Stil. Dorthin führt, kilometerlang und autofrei, die älteste Allee Europas. Das prachtvolle Schloss samt Park und den berühmten Wasserspielen stammt aus einer Epoche, lange bevor Salzburg österreichisch wurde (1816). Eine Zeit, in der auch der Stadt berühmtester Sohn lebte. Obwohl Wolfgang Amadeus Mozart Salzburg 1781 nur zu gern verließ, wird er heute hier umso inniger verehrt: in der Getreidegasse, wo in seinem Geburtshaus ein viel besuchtes Museum eingerichtet ist, mit einem Platz samt Denkmal, mit renommierter Musikhochschule, Stiftung, Festspielhaus. Und mit feinen Marzipankugeln, die – ebenso wie der Flughafen – seinen Namen tragen dürfen. Zwischen all dem bietet die Stadt an den Ufern der Salzach urbanes Flair, ein kulturelles Angebot vom Allerfeinsten und eine Hotellerie, die – abgesehen von Wien – sonst keine andere österreichische Stadt in dieser Güte parat hat. Die Promidichte ist hoch, ganz besonders während der Salzburger Festspiele, wenn sich bei Mozartklängen und dem obligatorischen »Jedermann« auf dem Domplatz auch im Publikum berühmte Künstler tummeln.

## DomQuartier Salzburg

**1** Alljährlich im Sommer kommt Hugo von Hofmannsthals »Jedermann« auf dem Domplatz zur Aufführung. Die Bauten rundum waren lange Zeit keineswegs für jedermann zugänglich. Seit 2014 bilden sie ein Museumsensemble, das einen Rundgang durch 15 000 m2 Barockarchitektur mit gut 2000 Exponaten aus 1300 Jahren bietet. In der Residenzgalerie etwa lassen sich alte Meister des Barock wie Brueghel, Rubens oder Rembrandt betrachten, zudem österreichische Künstler des 19. Jh. (Amerling, Waldmüller u. v. m.). Die Residenz selbst verheimlicht nicht, wie reich die Salzburger Fürsterzbischöfe waren: Allein der Carabinierisaal misst 600 m2, der Audienzsaal ist an Prunk kaum zu übertreffen. Immerhin trat hier im Jahr 1775 auch Mozart auf. Der Rundgang führt u. a. zum Domschatz, auf die Domorgelempore, durch die Lange Galerie und in eine Kunst- und Wunderkammer.

*Residenzplatz 1, www.domquartier.at*

**Die Lange Galerie im Domquartier war eine der ersten Gemäldegalerien dieser Art nördlich der Alpen.**

## Festung Hohensalzburg

**2** Wie eine Wolke aus Stein schwebt die Festung 120 m über der Stadt, auf die sich von hier aus bestens blicken lässt. Wobei die Aussicht ins alpine Hinterland,

### ANREISE

| | |
|---|---|
| Berlin | 6:50 h (Auto) |
| Frankfurt | 5:10 h (Zug) |
| München | 1:40 h (Zug) |
| Zürich | 4:40 h (Auto) |
| Wien | 2:25 h (Zug) |

**Viele Geschäfte in der Getreidegasse machen mit prächtigen, schmiedeeisernen Schildern auf sich aufmerksam.**

die bis zum Tennengebirge (2430 m) und Göllmassiv (2522 m) reicht, nicht minder reizvoll ist. Romanisch ab 1077 unter Erzbischof Gebhard begonnen, um 1500 (in der Zeit Erzbischofs Leonhard von Keutschach) gotisch ausgebaut, ist Hohensalzburg bis heute eine Wucht als Burg geblieben und noch dazu bestens erhalten. So mögen sich beim Besuch Ritterfantasien der Minnelyrik einstellen, nach Durchschreiten von Keutschachbogen und Bürgermeistertor, vom Schlangengang zur Rosspforte und hinauf zur Schleuderpforte auf den großen Burghof. Hier ist Mittelalter pur.
*Mönchsberg 34*
*www.salzburg-burgen.at*

### REISEZEIT

Die Salzburger Festspiele (Mitte Juli–Ende August) sind der kulturelle Höhepunkt des Jahres. Eine günstige Alternative sind die Salzburger Kulturtage: In den letzten beiden Oktoberwochen stehen Konzerte und Ballett auf dem Programm.

## Getreidegasse

**3** Ganz schön eng ist die 500 m lange Prachtstraße. Und wer Salzburg besucht, möchte die weltberühmte Getreidegasse natürlich unbedingt sehen, also ist sie auch entsprechend voll. An den pittoresken Fassaden der Geschäfte und Lokale prangen fein geschmiedete Schilder, viele davon sind Werbemittel aus anderer Zeit. Altehrwürdige Kaffeehäuser finden sich hier, wie das Café Mozart oder die Schatz-Konditorei. Letztere zählt zu den sogenannten Durchhäusern. Da es keine Querstraßen gibt, ermöglichen sie den raschen Weg – hier zum Universitätsplatz (wohin zehn Durchgänge führen), dort zur Griesgasse bzw. Salzach (vier). Einige der Passagen nehmen ihren Weg durch lauschige Innenhöfe und Arkaden. Die heutige Bebauung reicht teilweise bis in das 13./14. Jh. zurück, beispielsweise der Niederleg-Hof, einst eine Mühle. Das Haus, das aber tatsächlich Menschen aus aller Welt anzieht, hat die Nr. 9. Hier wurde am 27. Januar 1756 Wolfgang Amadeus Mozart geboren, hier wuchs er auf. Ein Museum erzählt vom Leben des Ausnahmekomponisten.
*Zwischen Bürgerspitalgasse und Rathaus*

## Mozart-Wohnhaus

**4** Als es in der Getreidegasse zu eng wurde, zogen die Mozarts (auch Vater Leopold und Schwester Nannerl waren Musiker) 1773 in die 8-Zimmer-Wohnung dieses Hauses. Wolfgang Amadeus komponierte hier u. a. die Krönungsmesse (1779). 1781 zog er nach Wien. Das Museum führt exzellent in Mozarts Leben, Werk und Familie ein (mit riesigem Tonarchiv).
*Makartplatz 8*
*www.mozarteum.at*

## Schloss Hellbrunn

**5** An der verschwenderischen Pracht des Absolutismus kann sich heute jedermann erfreuen, nicht mehr nur Fürsten und Könige. Hellbrunn ließ Fürsterzbischof Markus Sittikus von Hohenems gleich nach Amtsantritt (1612) errichten. Als Architekten zog er Santino Solari

zurate, der zugleich mit dem Neubau des Salzburger Doms beauftragt war. Der riesige Park mit seinen Wasserspielen, Dutzenden von Skulpturen, den Brunnen und Grotten (auch im Schlossfundament) hätte selbst römische Kaiser beeindruckt.
*Fürstenweg 37, www.hellbrunn.at*

## ÜBERNACHTUNGEN

### BLAUE GANS, »ARTHOTEL«

Mitten in Salzburgs bekannter Getreidegasse gelegen, hat sich die Blaue Gans den Charme aus Jahrhunderten bewahrt, verbindet sie historisches Ambiente mit moderner Ausstattung und zeitgenössischer Kunst. Mehr als 120 Werke zieren das Haus mit angenehm ungekünstelten, schlichten und fast schon spartanischen Zimmern. Prima sitzt man im Schani-Gastgarten unter Feigen und Palmen.
*Getreidegasse 41–43*
*www.blauegans.at, Tel. +43 662 842 49 10*
*DZ ab €€–€€€*

### KASERERBRÄU

Eine gelungene Mischung aus Stilepochen der vergangenen 600 Jahre finden sich in den mal modern, mal mit antikem Mobiliar ausgestatteten, komfortablen Zimmern. Das Altstadthotel beherbergt auch das Mozartkino, das schon seit 1907 Filme zeigt und damit zu den weltweit ältesten Kinos zählt.
*Kaigasse 33*
*www.kasererbraeu.at, Tel. +43 662 84 24 45*
*DZ ab €–€€*

### SCHLOSS MÖNCHSTEIN

Sehr edel nächtigten schon Tom Cruise und Cameron Diaz 2009 während der Dreharbeiten zu »Knight and Day« im 5-Sterne-Haus. Bald kam ein Superieur-S dazu, und zwei Renovierungen später wurde es 2017 bei den World Luxury Hotel Awards zum weltweit besten Schlosshotel gekürt.
*Mönchsberg Park 26*
*www.monchstein.at, Tel. +43 662 848 55 50*
*DZ ab €€€*

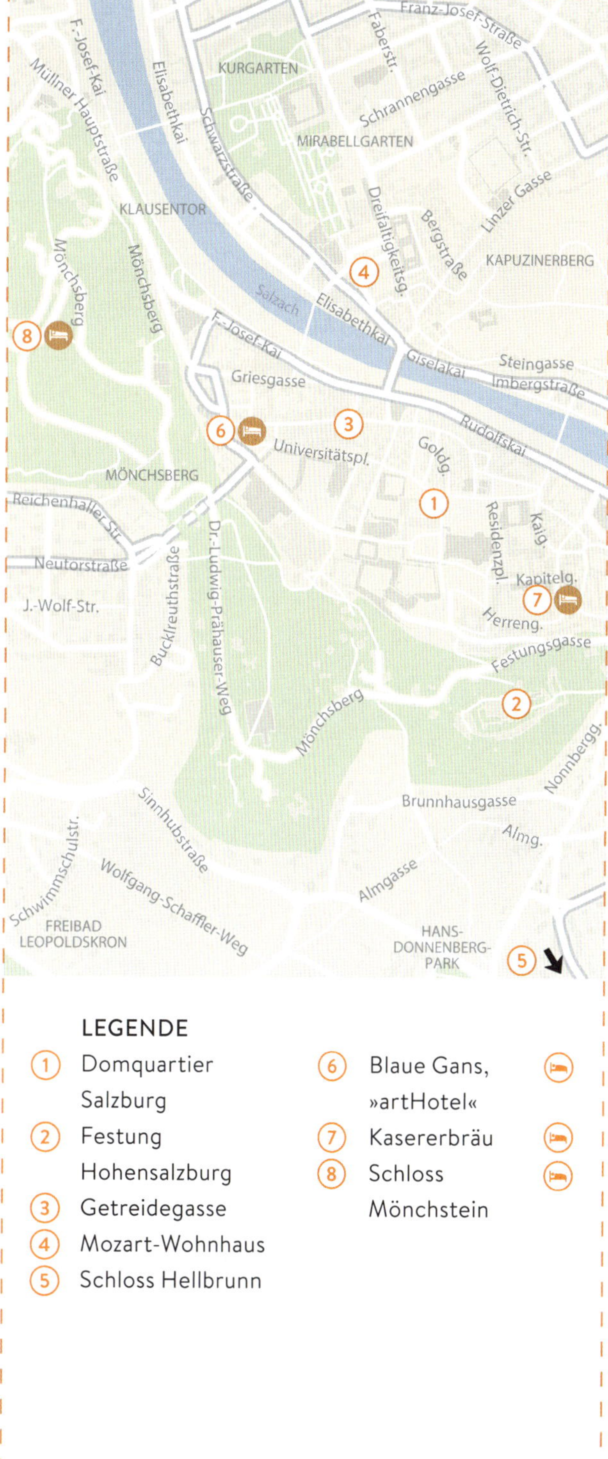

27

# Wien

»DRAH DI NET UM, der Kommissar geht um«, sang Falco Anfang der 1980er-Jahre und setzte damit Wien und Österreich zum ersten Mal auf die Weltkarte des Pop. Sein »Kommissar« war sogar in den USA ein Hit. Das rote Wien, wie es hieß, hatte für sozialen Ausgleich und kleinbürgerliche Sicherheit gesorgt, aber von Glamour war das alles weit entfernt gewesen. Irgendwie veränderte sich in den folgenden Jahren alles. Wien hat sich von einer Metropole mit morbidem Charme zu einer modernen Weltstadt mit Flair ge-

Im MuseumsQuartier wird die Winterreitschule von Leopold Museum und mumok eingerahmt.

wandelt. Sie ist heute neben London, Paris, Berlin oder Madrid eine der lebhaften Hauptstädte Europas und ein Knotenpunkt wichtiger Verkehrswege zwischen Ost und West, Nord und Süd. Das Zentrum des alten »Mitteleuropa« hat wieder eine wirtschaftliche und politische Bedeutung. Die wichtigsten Universitäten und Ausbildungsstätten Österreichs sind hier situiert, wie das als Schauspielschule weltbekannte Max-Reinhardt-Seminar oder die Akademie für Angewandte Kunst. Walzerseligkeit und Sisi-Verehrung sind nur das Sahnehäubchen auf einer Sachertorte namens Wien. Ständig entdeckt man Neues: Trendige Lokale, coole Shops und Showrooms junger Wiener Designer wachsen allerorts aus dem Boden. Und doch lohnt sich noch immer ein Besuch im altehrwürdigen Café Sperl: Der Oberkellner ist zwar heute eine Kellnerin, doch »granteln« kann auch sie. Die Melange hat Klasse, die Sperl-Schnitte als »Zubiss« veredelt den kulinarischen Genuss. Wien bleibt eben doch Wien, wie es schon Johann Schrammel, der legendäre Erfinder der Schrammelmusik, in seinem berühmten Marsch dichtete.

## Albertina

**1** Dürers weltberühmter »Feldhase« (1502) ist im Palais des Herzogs Albert von Sachsen-Teschen zu bestaunen. Als Schwiegersohn Maria Theresias hoch aufgestiegen, brachte er hier seine mithilfe der vermögenden Gattin Maria Christina aufgebaute Sammlung unter: 14 000 Zeichnungen, 200 000 Drucke, der Grundstock des Museums. Mit der Sammlung Batliner (Monet, Kandinsky, Picasso u. v. m.) kam 2007 die Klassische Moderne hinzu.
*Albertinaplatz 1 und Karlsplatz 5 (Albertina Modern)*
*www.albertina.at*

## Hofburg

**2** Habsburgs lange Herrschaftszeit (1278–1918) machte die Hofburg zum komplexen Ensemble aus Gebäuden aller Epochen: 2600 Räume, 18 Trakte, 19 Höfe. Bundespräsident und Nationalbibliothek teilen sich die Neue Hofburg (um 1900), die älteren Bauten nutzen mehrere Museen. Dank Romy Schneider zieht das Sisi-Museum in den Kaiserappartements der Amalienburg (um 1600) die meisten Besucher an. Vis-à-vis heißt die Alte Burg seit dem 18. Jh. Schweizertrakt und beherbergt die Kaiserliche Schatzkammer. Östlich liegt der Michaeler-

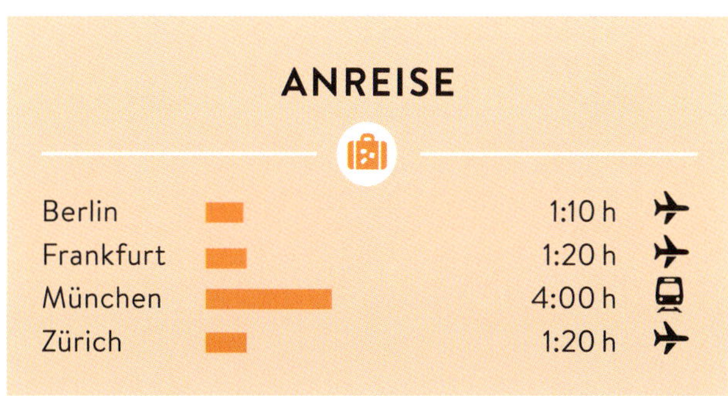

**ANREISE**

| | | |
|---|---|---|
| Berlin | 1:10 h | ✈ |
| Frankfurt | 1:20 h | ✈ |
| München | 4:00 h | Zug |
| Zürich | 1:20 h | ✈ |

**Obst und Gemüse und noch viel mehr: Auf dem Naschmarkt werden kulinarische Delikatessen, frische Lebensmittel und ausgefallene Gewürze angeboten.**

trakt (18. Jh.) mit herrlichem Platz davor und Spanischer Hofreitschule darin (Lipizzanertraining: tgl. außer Mo). Prächtigst ist die Hofbibliothek (1726), makaber die Herzgruft (Augustinerkirche) mit 54 Habsburgerherzen.
*Zugang vom Heldenplatz, Michaelerplatz, Josefsplatz*
*www.hofburg-wien.at*

## MuseumsQuartier

**3** Das an Kunstschätzen so reiche Wien hat seit 2001 beim Naturhistorischen Museum und dem überragenden Kunsthistorischen Museum (1891, Alte Meister) ein zentrales Quartier: Hier finden sich nun weitere Adressen von internationalem Rang, wie das mumok (moderne Kunst) und das Leopold Museum (Schiele, Klimt). Jüngere dürfte das Zoom Kindermuseum interessieren.
*Museumsplatz 1, www.mqw.at, www.khm.at*

### REISEZEIT

Die Wiener Festwochen (Mai/Juni) bringen internationale Theater- und Musikproduktionen auf die Bühne. Lauschig sind die Heurigen im Herbst, etwa in Grinzing (mit prominentem Friedhof: Thomas Bernhard, Gustav Mahler ...).

## Naschmarkt

**4** Wien ist auch eine kulinarische Stadt. Kostproben jeder Art – ob Marillen, Bergkäse oder Steirisches Kürbiskernöl – bieten die 170 Standl des Naschmarkts. Während man Gaumen und Augen labt, werden die Ohren reichlich mit Wiener Dialekt versorgt.
*Zwischen Linker und Rechter Wienzeile,*
*500 m südlich vom MuseumsQuartier*

## Stephansdom

**5** Vollendet wurde nur der Südturm (136 m), der jedoch 1433, noch vor der gotischen Kathedrale (1474). Die Arbeit am Nordturm wurde 1511 eingestellt, dafür trägt er die größte Glocke. Viel Ornamentik zeigt das Hauptportal (1250), das Innere zahlreiche Kapellen und Grabmale; bemerkenswert: die Kanzel (1515) und der barocke Hochaltar mit Steinigung des Stephan.
*Stephansplatz, www.stephanskirche.at*

## ÜBERNACHTUNGEN

### ALTSTADT VIENNA

Im 1902 erbauten Stadtpalais haben renommierte Designer und Architekten gewerkelt und 45 Zimmer und Suiten individuell gestaltet. Nun beherbergt das Boutiquehotel nicht nur Künstler und Kreative, sondern mit Warhol, Hundertwasser & Co. auch die ansehnliche Kunstsammlung des Besitzers. Gute Lage nahe dem MuseumsQuartier.

*Kirchengasse 41*
*www.altstadt.at*
*Tel. +43 1 522 66 66*
*DZ ab €€–€€€*

### THE GUESTHOUSE VIENNA

»Raum ist der größte Luxus unserer Zeit« – nach diesem Motto hat der britische Designer Terence Conran die eleganten Zimmer mit viel Platz zum Ausbreiten und gemütlichen Sitzen gestaltet. Entspannend: der Blick aus den Loungefenstern mit Aussicht auf die Staatsoper und das Stadtzentrum.

*Fürichgasse 10*
*www.theguesthouse.at*
*el. +43 1 512 13 20*
*DZ ab €€€*

### HOTEL JOSEFSHOF AM RATHAUS

Zentral am Rand der City, in ruhiger Nebenstraße des beliebten Wohn- und Ausgehviertels Josefsstadt gelegen, bietet dieses gepflegte Hotel individuelle Altbauzimmer, dezent modern möbliert, teils mit Parkettböden. Hübscher Garten im Innenhof, Frühstück bis 12 Uhr (!).

*Josefsgasse 4–8*
*www.josefshof.com*
*Tel. +43 1 40 41 90*
*DZ ab €–€€*

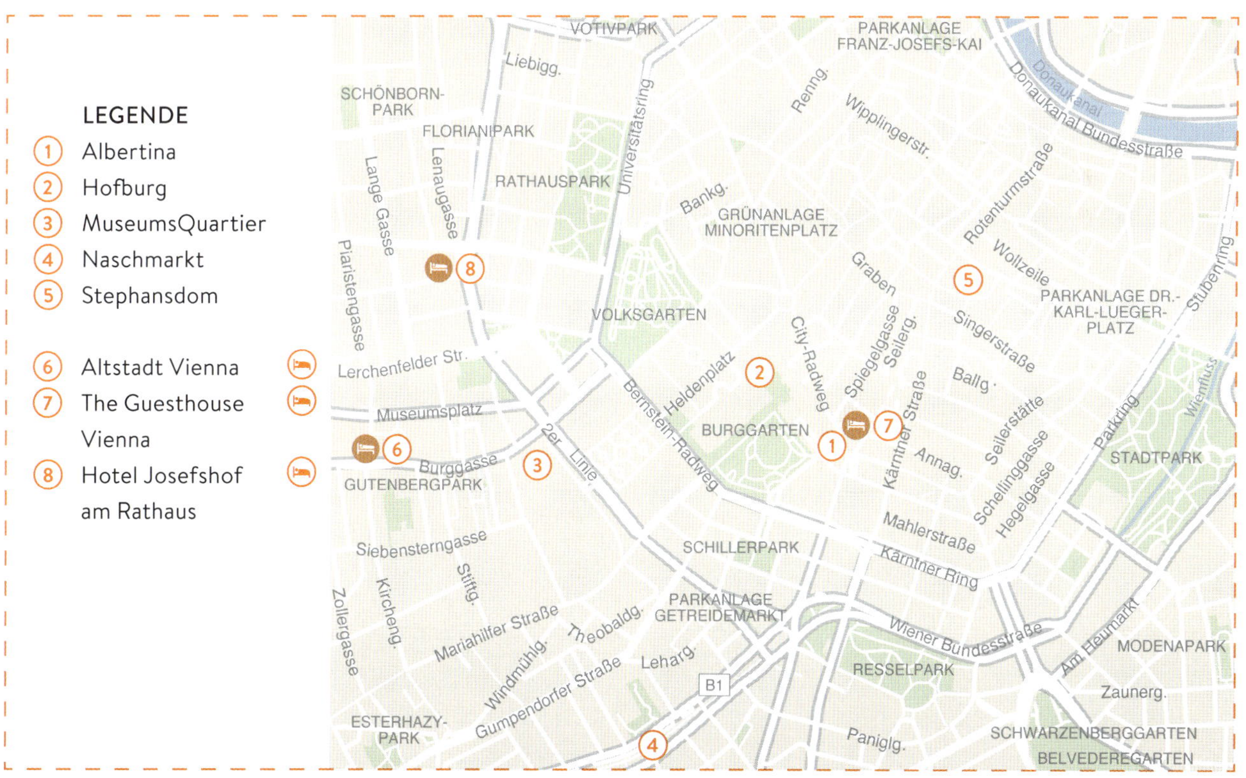

Zentraler Anlaufpunkt: der Altstädter Ring mit Teynkirche.

ZUR »WELTHAUPTSTADT DER FANTASIE« wurde Prag von Dichtern, Musikern, Filmstars und Künstlern erklärt. Und tatsächlich ist die Stadt ein Sehnsuchtsort, der die Sinne verzaubert. Über keine andere Stadt der Welt wurden so viele Bücher geschrieben; Legenden und Mythen, die in Prag ihren Ursprung haben, sind so zahlreich wie die Ehrennamen der Stadt. »Mutter aller Städte« hat sie sich einst selbst genannt. Nicht nur geografisch liegt Prag im Zentrum Europas, hier bündeln sich europäische Traditionen aller Himmelsrichtungen. Deutsche, tschechische und jüdische Geschichte (und Geschichten) sind hier untrennbar miteinander verwoben. Die Weltkriege hat die Altstadt mit ihren kopfsteingepflasterten Gassen fast unversehrt überstanden; sie zeigt noch immer den Grundriss der mittelalterlichen Stadt beidseits der Moldau. Seit sechs Jahrhunderten spannt sich das steinerne Wunderwerk der Karlsbrücke über den Fluss; die Allee der Steinheiligen verbindet den Hradschin, den Prager Burgberg, mit dem altstädtischen Zentrum. Auch wenn hier touristischer Trubel die historische Aura gelegentlich in den Hintergrund treten lässt, gibt es zuhauf versteckte Ecken, Innenhöfe und Winkel, wo die Zeit stehen geblieben zu sein scheint und die Fantasie regiert.

## Altstädter Ring

**1** Prags zentraler Platz besticht mit Bauten aus dem 14. bis 18. Jh.: Gotisch sind die Teynkirche (Türme um 1500) und das Haus zur steinernen Glocke (14. Jh.), in dem Karl IV. vor Vollendung der Burg wohnte. Im prächtigen Palais Kinský (1765, Rokoko) wurde 1846 die Friedensnobelpreisträgerin Bertha von Suttner geboren; später wurde es ein Gymnasium, auf das Schriftsteller wie Franz Kafka, Franz Werfel und Karl Kraus gingen. Das Altstädter Rathaus (14. Jh., Gotik) hat einen 70 m hohen Turm mit astronomischer Uhr. Links davon gefallen die Sgraffiti am Renaissancehaus U Minuty, in dem Kafka seine Kindheit verbrachte. In St. Nikolaus (1735, Barock) wurde 1920 die Hussitische Kirche gegründet; Reformator Jan Hus (1370–1415) ehrt das Denkmal (1915) in der Platzmitte.
*Staroměstské náměstí, Altstadt Mitte*

**Im Goldenen Gässchen Nr. 22 ist heute eine deutschsprachige Buchhandlung untergebracht.**

## Prager Burg, Hradschin

**2** Majestätisch schwebt die Prager Burg (9. bis 18. Jh.) auf dem Hradschin, 70 m hoch über der Moldau. Glanzzeit der Burg war unter Kaiser Karl IV. (14. Jh.), als auch der Bau des gotischen Veitsdoms begann (1344, vollendet 1929). Im Ludwigsflügel warfen am 23. Mai 1618 böhmische Protestanten drei Habsburger Amtsträger aus dem Fenster, was den Dreißigjährigen Krieg auslöste. Habsburgs Sieg in der Schlacht am Weißen Berg (8. November 1621) führte zur Rekatholisierung Böhmens, Flucht (wenn nicht Hinrichtung) vieler Aufständischer und zur Vormacht der deutschen Sprache in Prag (bis ins 19. Jh.). In der an Baustilen, Türmen und Gärten reichen Burg amtiert nun der Präsident der Tschechischen Republik. Reizvoll: die Alte Schlossstiege mit schönem Blick auf Prag, das Goldene Gässchen, wo Kafka 1916/17 in Nr. 22 wohnte, die Burggalerie mit alten Meistern (Rubens, Tizian).
*Pražský hrad, www.hrad.cz*

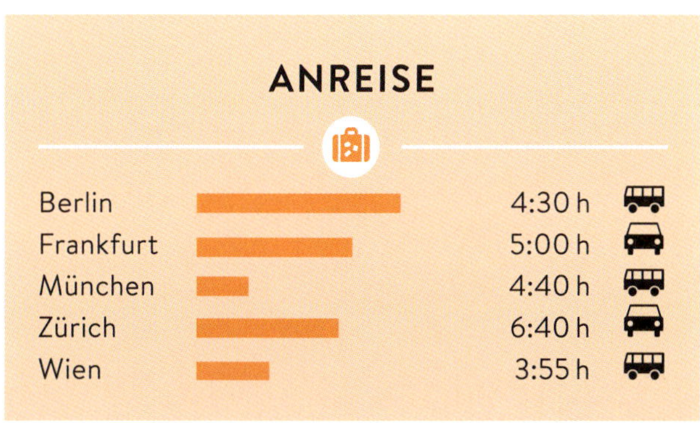

**Die im 14. Jahrhundert erbaute Karlsbrücke ist der schönste Weg über die Moldau – und früh am Morgen auch nicht überfüllt.**

## Josefstadt

**3** Im 13. Jh. entstanden, trägt das jüdische Viertel seit 1850 den heutigen Namen. Er würdigt Joseph II., dessen Toleranzpatent (1781) Minderheiten Freizügigkeit gewährte. In der Nazizeit wurde die Josefstadt (anders als Lidice, 1942) nicht zerstört. Auch das Jüdische Museum von 1906 blieb erhalten, wurde von der SS aber zynisch umgedeutet. Viel besucht ist der verwitterte Alte Jüdische Friedhof (1 ha, bis 1787 belegt). Unter den 12 000 Grabstellen, ist auch die von Rabbi Löw (1520–1609), auf den die mystische Figur des Golem zurückgeht. Unweit liegen die Maisel-Synagoge (1592) und die gotische Altneu-Synagoge (13. Jh., älteste Europas). Ebenso das Jüdische Rathaus (1765) mit rückwärts laufender Uhr.

*Friedhof: Široká 3, Altneu-Synagoge: Červena 2, Maisel-Synagoge: Maiselova 10, www.jewishmuseum.cz*

### REISEZEIT

Zum Prager Frühling (Pražské jaro) im Mai ist alles von Kopf bis Fuß auf Musik eingestellt. Das Programm setzt sich zusammen aus Klassik wie Moderne, interpretiert von Symphonieorchestern oder Kammermusikensembles.

## Karlsbrücke

**4** Elegant, stabil und schon eine Ewigkeit (Baubeginn: 1357) verbindet die Karlsbrücke die Altstadt mit Kleinseite und Burgviertel. 516 m lang, 10 m breit und mit 16 Bögen ist sie tragender, ja zentraler Bestandteil des Weltkulturerbes Prag. Nur Fußgänger dürfen sie überqueren, was aber von morgens bis abends reichlich geschieht. Die 30 filigranen Barockskulpturen links und rechts nehmen es gelassen hin. Wer aber ganz früh aufsteht (oder die Nacht durchmacht), hat mitunter das Privileg, dieses Prachtstück einer Steinbrücke für sich ganz allein zu haben. Dann lässt sich sogar ohne Smetana der Moldau lauschen.

*Karlův most*

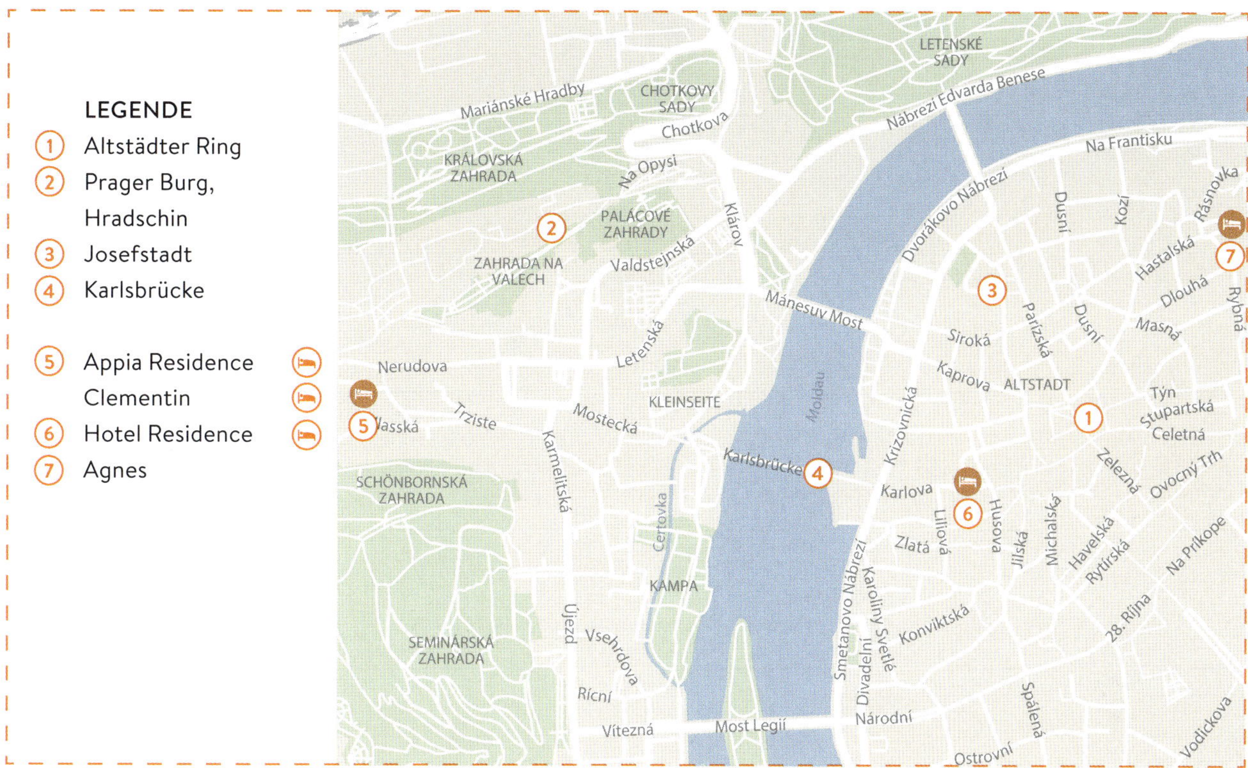


## ÜBERNACHTUNGEN

### APPIA RESIDENCE

Historisches Ambiente schnuppert, wer im liebevoll renovierten Altstadtgemäuer nahe der Burg nächtigt. Insgesamt 22 stilvoll-elegante Zimmer sind mit Marmorbad und Eichenparkett ausgestattet, und Frühstück wird im schönen, original erhaltenen Saal aus dem 12. Jh. serviert.

*Šporkova 3*
*www.appiaresidencesprague.cz*
*Tel. +420 2 57 21 58 19*
*DZ ab €€*

### CLEMENTIN

Hinter hübscher mintgrüner Fassade verbirgt sich das mit 3,28 m (!) schmalste Haus in Prag – und das ist dank dreier Etagen dennoch ein wahres Platzwunder: 20 Betten in neun erstaunlich großen Zimmern mit charmantem Interieur sowie ein Café stehen für Gäste bereit. Gut gelegen ist es obendrein zwischen Altstädter Ring und Karlsbrücke.

*Seminářská 4*
*www.clementin.cz, Tel. +420 2 22 23 15 20*
*DZ ab €–€€*

### HOTEL RESIDENCE AGNES

Behutsam renoviertes historisches 4-Sterne-Haus mit luftig-hohem, lichtdurchflutetem Foyer und komfortablen Zimmern. Gastfreundschaft wird hier großgeschrieben, das überaus zuvorkommende Personal organisiert kostenlosen Limousinen-Fahrservice. Überzeugend ist auch das umfangreiche Frühstücksbüfett.

*Haštalská 19*
*www.residenceagnes.cz*
*Tel. +420 2 22 31 24 17*
*DZ ab €€–€€€*

29

# Krakau

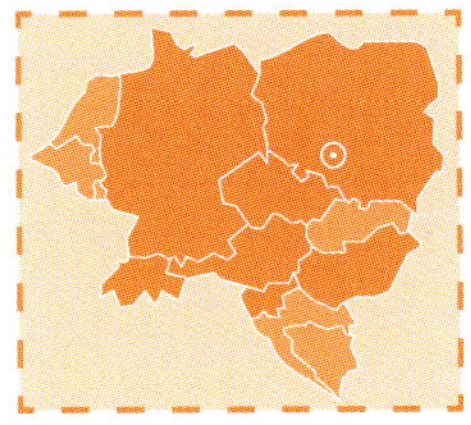

EIN FEUER SPEIENDER DRACHE, ein Schloss und Könige zuhauf – Krakau hat wahrhaft Märchenhaftes zu bieten. Auch wenn der Drache nur aus Bronze ist und die Könige seit Jahrhunderten in ihren Grüften ruhen. Die Schlossanlage auf dem Wawelhügel über der Weichsel war über 500 Jahre lang Krönungs- und Begräbnisstätte der polnischen Könige, Krakau die Hauptstadt ihres Reichs. Seit dem Mittelalter ist die Stadt eines der wichtigsten europäischen Geistes-, Kultur- und Wirtschaftszentren Europas; bis zum

Eine Art polnische Buchstabensuppe: »Miedzy/Between« von Stanislaw Dróżdż im MOCAK.

Zweiten Weltkrieg war sie ein Schmelztiegel der Kulturen. Polen, Deutsche, Juden, Russen, Österreicher (und andere mehr) lebten hier zusammen und schufen eine zweifellos wunderschöne Stadt. Den Zweiten Weltkrieg hat Krakau – äußerlich – unversehrt und den Kommunismus mit katholischer Standfestigkeit überstanden. Auch der Neuanfang nach Ende des Kalten Krieges wurde eindrucksvoll gemeistert. Heute machen die vielen Studenten und Kreativen die Stadt jung und bunt. So schwungvoll, selbstbewusst und international ist keine andere Stadt Polens. Historisches Erbe und kreative Lebenslust verbinden sich zu einer stimmungsvollen Atmosphäre. Der Bronzedrache vom Wawelhügel, der bislang nur alle fünf Minuten einen Feuerstoß von sich gab, legt mittlerweile Extraschichten ein: SMS genügt.

## Hauptmarkt

1 Mit 40 000 m2 ist der Hauptmarkt größer als der Petersplatz in Rom. Eine Größe, die Krakaus Rolle als bedeutender Handelsplatz (Mitglied der Hanse ab 1387) und als Hauptstadt des Königreichs Polen (bis 1596) spiegelt. In der Platzmitte beeindrucken die Tuchhallen (16. Jh., italienischer Renaissancestil), die später neogotische Arkaden erhielten. Wo früher Textilien gehandelt wurden, ersteht man heute Souvenirs. Das Café Noworolski (1910, Parterre), eines der schönsten Krakaus, bietet Jugendstilflair; im Obergeschoss zeigt eine Galerie des Nationalmuseums polnische Gemälde des 19. Jh. Neben den Tuchhallen ist der gotische Turm (70 m) ein Überbleibsel des Rathauses (14. Jh., abgerissen im 19. Jh.). Im Kern uralt ist die kleine Adalbertkirche (11. Jh., barockisiert). In der gotischen Marienbasilika (13.–15. Jh.) mit reicher Innenausstattung imponiert v. a. der geschnitzte Hochaltar (Veit Stoß, 15. Jh). Vom Nordturm bläst seit dem 14. Jh. ein Trompeter zur vollen Stunde Krakaus abrupt endendes Hejnał. Das Adam-Mickiewicz-Denkmal (1898, Ostseite) ehrt Polens Freiheitsdichter. Rund um den belebten Platz laden zahlreiche Lokale zur Einkehr. *Rynek Glówny, Stadtzentrum*

## Kazimierz

2 Krakaus (heutiger) Stadtteil Kazimierz war ab dem 16. Jh. Mittelpunkt jüdischer Kultur in Polen. Mit dem deutschen Einmarsch in Polen 1939 endete das Leben zahlloser Juden auf brutalste Weise. Nach dem Krieg verfiel der nicht zerstörte Stadtteil, dessen Geschichte zu Krakaus Weltkulturerbetitel (1978) beitrug. 1993 drehte

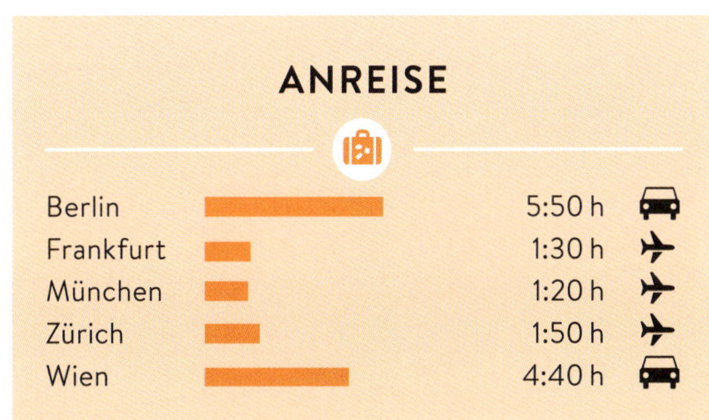

Riesenlettern zu Ehren eines polnischen Ingenieurs am Empfangsgebäude der Nowa Huta.

Steven Spielberg hier Szenen zu »Schindlers Liste«. Längst ist das viel besuchte Viertel saniert. Von sieben Synagogen stammen sechs aus dem 16./17. Jh. Die Alte Synagoge (16. Jh.) ist heute ein Museum.
*Südlich der Altstadt*

### REISEZEIT

Ende Juni kommen Musiker aller Art zum Jüdischen Festival – vom Chor der Großen Jerusalemer Synagoge über Riff Cohen bis zu den Klezmer Small Stars. Rund um das Festival werden diverse Musik-Workshops abgehalten.

## Schindlers Fabrik und MOCAK

**3** 1993 machte Steven Spielbergs Film Oskar Schindler (1908–1974) weltbekannt: Für seine Emaille-Fabrik, die während des Zweiten Weltkriegs Munitionsbauteile herstellte, holte er jüdische Zwangsarbeiter aus dem KZ Plaschau, die er anständig behandelte. Als die Rote Armee nahte und die Fabrik umziehen musste, stellte er eine Liste von Arbeitern auf, die den Umzug begleiten konnten. Unter hohem Risiko rettete Schindler damit 1200 Juden vor dem Vernichtungslager Auschwitz. Das Fabrikmuseum führt in die Geschehnisse ein. Angeschlossen ist ein Museum für zeitgenössische Kunst (MOCAK).
*ul. Lipowa 4, www.mhk.pl*
*www.mocak.pl*

## Nowa Huta

**4** Auch das gehört zu Krakau: ein Stadtteil aus stalinistischer Zeit, in dem heute rund 220 000 Einwohner leben. Er entstand im Jahr 1949 als Standort eines Eisenhütten-Kombinats. Das Arbeiterviertel Nowa Huta setzte im Stil des Sozialistischen Klassizismus mit klotzigen Bauten und breiten Straßen den Kontrapunkt zum mittelalterlichen Stadtkern. Postmodern mutet die Kirche der Mutter Gottes an, der Königin von Polen (1977), für deren umstrittenen Bau sich Krakaus Erzbischof Karol Wojtyla einsetzte, kurz bevor er zum Papst ernannt wurde.
*10 km östlich der Altstadt*

## Wawel

**5** Auf dem Residenzhügel der polnischen Könige findet man eine weitläufige Anlage vor, deren Geschichte 1000 Jahre zurückreicht. Zu den wohl ältesten steinernen Bauwerken gehört die vorromanische Marienrotunde. Das Schloss mit 71 Sälen ist reich an Kunstschätzen. Die im Kern romanische Kathedrale war Krönungskirche und Grablege vieler Könige.
*Wawel*
*www.wawel.krakow.pl*

## ÜBERNACHTUNGEN

### COPERNICUS

Einst soll das Haus, das der Kirche gehörte, den Kanoniker und Astrologen Kopernikus (1473–1543) bei seinen Krakaubesuchen beherbergt haben. Ob er schon damals die kostbaren Malereien und Inschriften aus dem 14. Jh. bewunderte, die noch heute zum noblen Interieur gehören? Ebenfalls nobel: die Spa-Räume mit Pool in den Kellergewölben.

*ul. Kanonicza 16*
*www.copernicus.hotel.com.pl*
*Tel. +48 12 424 34 00*
*DZ ab €€–€€€*

### EDEN

Mitten im alten jüdischen Viertel Krakaus liegt das ehemalige Wohnhaus des Gründers der Isaak-Synagoge aus dem 15. Jh., das jetzt ein gemütliches 3-Sterne-Hotel beherbergt. Kein Wunder also, dass zu den Spa-Einrichtungen des Hauses auch eine Mikwe (rituelles jüdisches Tauchbad) zählt, dazu kommt eine Sauna samt wohltuender Salzgrotte.

*ul. Ciemna 15*
*www.hoteleden.pl*
*Tel. +48 12 430 65 65*
*DZ ab €*

### U PANA GOGITO

In einer ruhigen Wohngegend, nur wenige Gehminuten von der Altstadt entfernt, liegt diese überaus schmucke Villa (erbaut 1890), umgeben von einem hübschen Garten. Das, was die ebenso charmanten wie komfortablen Zimmer erwirtschaften, geht komplett an eine lokale Wohlfahrtsorganisation.

*ul. Bałuckiego 6*
*www.pcogito.pl*
*Tel. +48 12 269 72 00*
*DZ ab €*

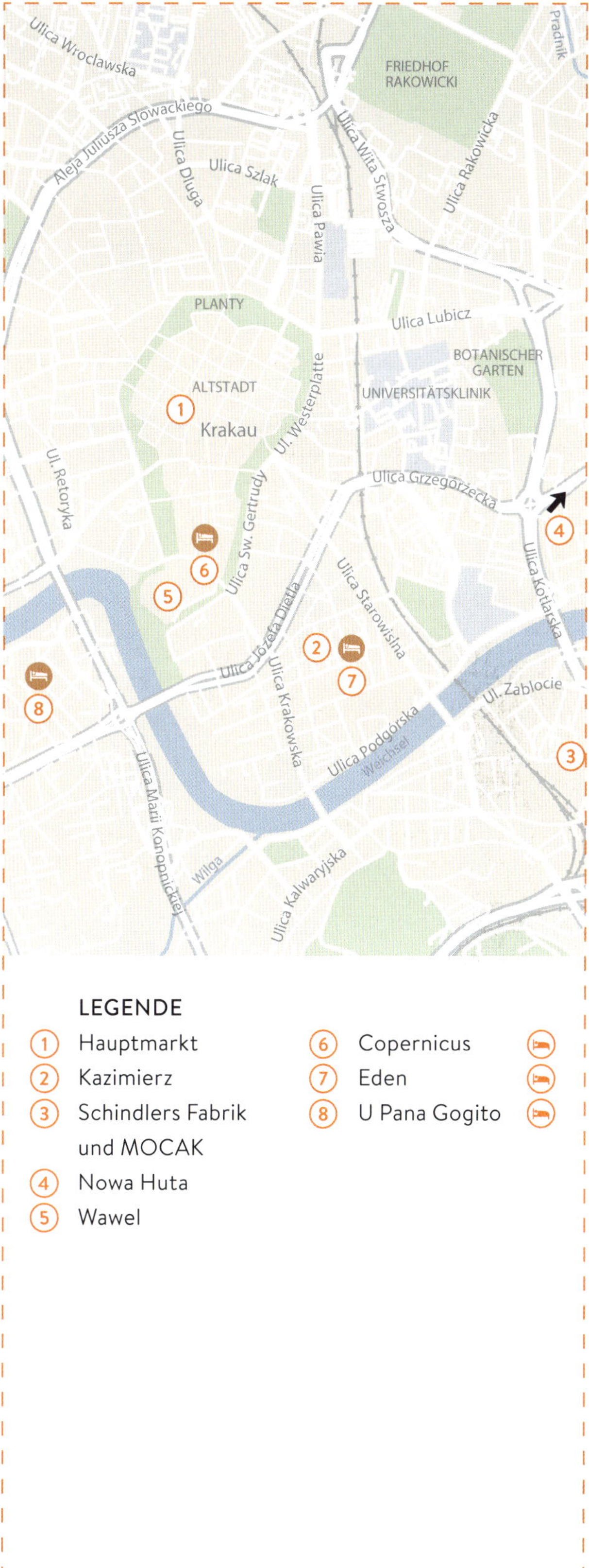

30

# Budapest

Streng blickende Soldatenstatuen wachen über die am nordöstlichen Rand des Burgviertels gelegene Fischerbastei.

SCHON DER NAME VERRÄT, dass Budapest nicht so einfach auf einen Nenner zu bringen ist. Da gibt es »Buda«: hoch über dem Fluss, mit seinen engen Gassen, dem Burgpalast und der Zitadelle. Und da ist – am anderen Ufer – in der weiten Ebene »Pest« mit seinen Prachtstraßen, seiner Basilika, Synagoge und dem Parlament. Dazu kommen ganz unterschiedliche Prägungen vergangener Epochen: ungarische, deutsch-österreichische, jüdische, türkische Traditionen und, nicht zu vergessen, »realsozialistische«. Vielleicht ist es die Donau, die alles zusammenhält. Der Strom verbindet Budapest nicht nur mit Wien im Westen und dem Schwarzen Meer im Osten, sondern verknüpft auch die Stadtteile – ein Dutzend majestätische Brücken überspannt den Fluss. Deutlich werden die verflochtenen Traditionslinien an vielen Stellen der Stadt: Was jeweils einst in türkischer Zeit begonnen hatte, wurde in der K.u.k.-Zeit auf das Prächtigste ausgestaltet und gehört nun unverzichtbar zum ungarischen Selbstverständnis. Schöner als etwa im Café Gerbeaud oder im Gellért-Bad lässt sich kaum der Kaffeehauskultur bzw. den Thermalbadefreuden frönen. Man kann hier der bewegten Geschichte dieser Paläste nachsinnen oder an jenen Oasen der Entspannung inmitten großstädtischer Geschäftigkeit Gefallen finden. Quirligere und zugleich bodenständigere Eindrücke bieten demgegenüber die vielen über die Stadt verteilten Markthallen, von denen die Zentrale Markthalle sicher die schönste ist. Mit allen Sinnen lässt sich hier das Budapester und ungarische Lebensgefühl erspüren, riechen und schmecken: genussvoll und facettenreich – so wie Budapest eben ist.

## Burgviertel

**1** Auf dem Hügel rechts der Donau erhält das Burgviertel viel Besuch. Kein Wunder, bietet das Welterbe (1987) doch feinstes Panorama auf die Széchenyi-Kettenbrücke (1849) und Budapest. Die riesige (oft umgestaltete) Festung wurde ab dem 13. Jh. errichtet, um den Mongolen zu trotzen, die Türken konnten sie jedoch 1541 erobern. Ungarns osmanische Zeit beendeten die Habsburger 1686, die darauf die Burg barockisierten. Die heutige Rekonstruktion war nach der Schlacht um Budapest (1944/45) nötig. Den Palast nutzen nun Historisches Museum und Nationalgalerie (Di–So 10–18 Uhr) mit reichem Fundus ungarischer Kunst, darunter viele Werke des Malers Mihály Munkácsy (1844–1900). Vom Burggarten-Basar (19. Jh., saniert: 2014), ein Schmuckstück mit Park, Galerien, Cafés, führen Aufgänge zur Burg. Hinauf fährt auch Europas älteste Standseilbahn (1870). Oben locken die Fischerbastei nebst Matthiaskirche (beide um 1900), deren konische Türme das Stadtbild mitprägen.

*Zwischen Bécsi kapu (Wiener Tor) im Norden und dem Budavári palota (Burgpalast) im Süden*

## Gellért Fürd (Gellértbad)

**2** Aus den Tiefen des Gellértbergs (235 m) kommt bis zu 38 °C warmes Wasser. Das ist in Budapest nichts Seltenes, gilt die Metropole dank ihrer 120 Thermalquellen, die 21 Bäder speisen, auch als Kurbad. Eine Besonderheit stellt das Gellértbad dar, dessen Quellen seit dem 15. Jh. genutzt werden. Entstanden mit dem (ehemals) opulenten Jugendstil-Hotel Gellért von 1918, hat das an Mosaiken, Säulen und Skulpturen reiche Bad seinen besonderen Charme bewahrt. 2008 renoviert, findet man heute acht Becken vor.

*Kellenhegyi út 4, www.gellertbad.hu*

## Große Synagoge

**3** Europas größte Synagoge zeigt sich im maurischen Stil (1859, Ludwig Förster). Das Hauptportal flankieren zwei über 40 m hohe, achteckige Türme mit vergolde-

### ANREISE

| | | |
|---|---|---|
| Berlin | 1:25 h | Flugzeug |
| Frankfurt | 1:35 h | Flugzeug |
| München | 7:15 h | Zug |
| Zürich | 1:35 h | Flugzeug |
| Wien | 3:00 h | Zug |

**So leer ist es nicht immer: Wer das Gellért-Bad in Ruhe auf sich wirken lassen möchte, sollte es in den frühen Nachmittagsstunden probieren.**

ten Kuppeln. In einem Anbau befindet sich das Jüdische Museum; draußen, an der Rückseite der Synagoge, ehrt ein Denkmal den schwedischen Diplomaten Raoul Wallenberg, der in den Jahren 1944/45 das Leben Tausender Juden rettete. Daneben gemahnt Imre Vargas metallene Trauerweide in Echtgröße mit eingravierten Namen an den Holocaust in Ungarn.

## REISEZEIT

Budapest ist im Frühling am schönsten, wenn die Natur zu sprießen beginnt. Zwischen Ende Mai und Ende August kann es sehr heiß werden. Spätestens ab Oktober muss mit Regen, Schnee oder auch Stürmen gerechnet werden.

*Dohany utca 2*
*www.jewishtourhungary.com*

## Parlament

4 Monumental ist das Parlament des eher kleinen Ungarn. 268 m lang, 123 m breit: Für Imre Steindls (1839–1902) neogotisches Bauwerk am linken Donauufer stand Westminster Palace in London Pate. Begonnen 1885 (zwölf Jahre nach der Vereinigung von Buda und Pest), dauerte die Fertigstellung bis 1904. Raffiniert ausgetüftelt war die Klimaanlage mittels wassergekühlter Luftzirkulation, im sommerlich heißen Budapest keine schlechte Idee. Auf der 96 m hohen Kuppel des Gebäudes prangte 1950 bis 1990 weithin sichtbar ein roter Stern. Von den nur 199 Abgeordneten des Parlaments stellt seit der Wahl 2022 Viktor Orbáns Fidesz-Partei allein 135.
*Kossuth Lajos tér, www.parlament.hu*

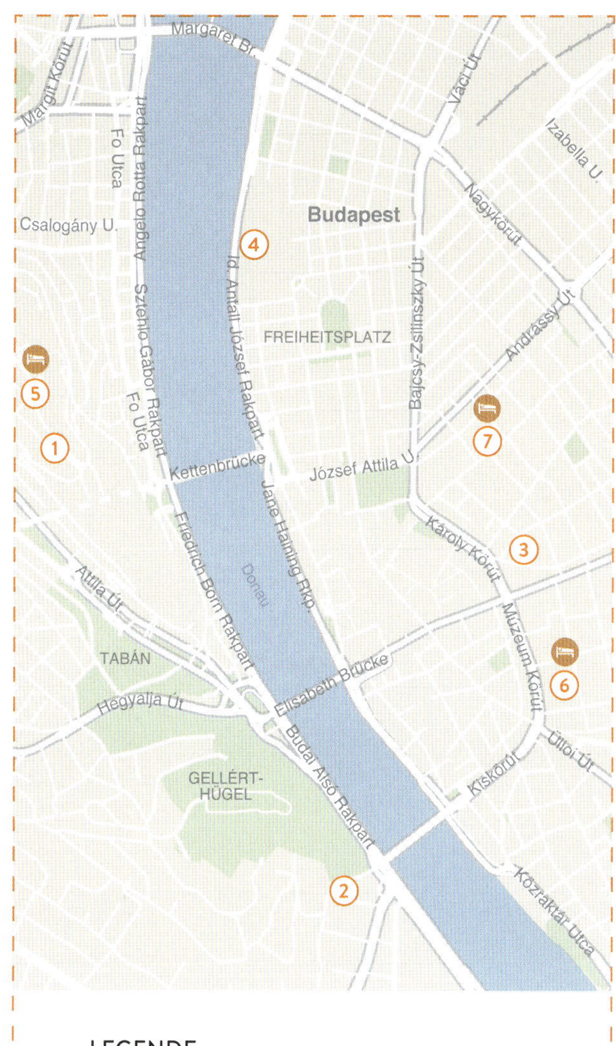


LEGENDE

1. Burgviertel
2. Gellért Fürdő (Gellért-Bad)
3. Große Synagoge
4. Parlament
5. Buda Castle Hotel
6. Bródy House
7. Casati Budapest Hotel

## ÜBERNACHTUNGEN

### BUDA CASTLE HOTEL

Der Name ist kein leeres Versprechen, das recht günstige 4-Sterne-Haus befindet sich im Burgviertel: keine fünf Fußminuten zur Matthiaskirche und zur Fischerbastei, von der sich trefflich auf die Kettenbrücke blicken lässt. 24 Zimmer, groß, hell und schick eingerichtet, auch als Maisonette unterm Dach. Frühbucher sparen zehn Prozent.

*Úri utca 39*
*www.budacastlehotel.com/en*
*Tel. +36 30 283 81 71*
*DZ ab €–€€*

### BRÓDY HOUSE

Das 1896 erbaute Palais in der Innenstadt hat eine Gruppe von Künstlern als kreativen Spielplatz genutzt und zehn einzigartige Hotelzimmer in prächtigem Shabby-Look geschaffen: Unverputzte Wände treffen auf edles Interieur unter teils 4 m hohen Stuckdecken. In der Honesty-Bar schreibt jeder auf, was er getrunken hat.

*Bródy Sándor utca 10*
*www.brody.house*
*Tel. +36 1 550 73 63*
*DZ ab €–€€*

### CASATI BUDAPEST HOTEL

Mögen Sie es lieber klassisch elegant, trendig cool, himmlisch licht oder natürlich bequem? Dieses Boutiquehotel in einem historischen Gebäude aus dem 18. Jh. stellt einen vor die Qual der Wahl zwischen diesen vier Stilen. Allen Räumen gemeinsam aber ist die gehobene Ausstattung, die mit Werken ungarischer Künstler fein auf die Einrichtungslinie abgestimmt ist, und das Augenmerk auf umweltfreundliches Wohnen.

*Paulay Ede utca 31*
*www.casatibudapesthotel.com*
*Tel. + 36 1 343 11 98*
*DZ ab €€*

31

# Ljubljana

DER JUNGE STAAT SLOWENIEN und seine geschichtsträchtige Hauptstadt werden gelegentlich unterschätzt (oder wie im Falle George W. Bushs mit der Slowakei verwechselt). Wer genauer hinsieht, entdeckt zwischen Alpen, Adria und Balkan eine mitteleuropäische Perle. Mit weniger als 300 000 Einwohnern verbindet Ljubljana auf faszinierende Weise kleinstädtischen Charme mit den Vorzügen einer Metropole. Das kulturelle Angebot ist enorm: Herausragende Theater- und Konzertbühnen, ungewöhnliche Galerien und

Eine schöner als die andere: Jože Plečniks Brücken, hier die Čevljarski most (Schusterbrücke).

hochkarätige Museen buhlen um die Gunst eines verwöhnten lokalen Publikums. In wohl keiner anderen Stadt begegnet man auf so kleinem Raum so vielen künstlerisch ambitionierten Menschen: Schon seit dem Mittelalter ist die Stadt mit zahlreichen Akademien, Werkstätten und Fachschulen ein Kulturzentrum von europäischem Rang. Der 1701 gegründeten Philharmonie gehörten u. a. Haydn, Beethoven, Brahms und Mahler an. Laibach hieß die Stadt damals und war insgesamt fast 600 Jahre Teil des Habsburgerreichs (bis 1918). Das altösterreichische Erbe verbindet sich im Stadtbild auf das Harmonischste mit der romantisch-verspielten Eleganz der frühen jugoslawischen Jahre (1920er/30er), geprägt von dem bedeutenden slowenischen Architekten Jože Plečnik, dem Ljubljana quasi zur Muse wurde. In der kleinen kulturbeflissenen Metropole beidseits des Ljubljanica-Flusses geht es heute angenehm gelassen zu, wobei auch Muße und Genuss keineswegs zu kurz kommen: schmucke Parkanlagen, zahlreiche bunte Märkte, entspannte Straßencafés, fröhliche Bars und gemütliche Restaurants – hier herrscht eine Atmosphäre unaufgeregter Lebensfreude. Ja, Ljubljana ist eine Perle, klein, schillernd und exquisit.

## Altstadt

**1** Überschaubar, verträumt und dennoch sehr lebendig: Zwischen Burghügel und Fluss liegt die autofreie Altstadt, gesegnet mit dem architektonischen Erbe farbenfroher Bauten aus Renaissance, Barock und Jugendstil. Mediterrane Leichtigkeit ist in den hübschen Gassen und luftigen Plätzen zu Hause, und in kleinen Geschäften und Straßencafés, zwischen prächtigen Baudenkmälern, grünen Flecken und Brücken geht es ebenso belebt wie entspannt zu. Das Tor zur Altstadt ist der Prešeren-Platz mit seinem rosafarbenen Hingucker, der Franziskanerkirche Mariä Verkündigung (17. Jh.). Ein Baudenkmal zu Füßen hat, wer den Fluss Ljubljanica über die Drei Brücken (Tromostovje) des Architekten Jože Plečnik (1872–1957) überquert, der Ljubljana nach dem Vorbild des antiken Athen modellieren wollte und überall seine Handschrift hinterließ. Auf dem Stadtplatz steht das Rathaus und mit dem Robba-Brunnen der drei Kreiner Flüsse eines der schönsten Barockdenkmäler Europas. Nur einen Katzensprung weiter gelangt man zum sonnengelben romanisch-barocken Dom St. Nikolaus und von dort zur viel fotografierten Drachenbrücke. Übrigens: Wem der Spaziergang zu anstrengend gerät, der kann

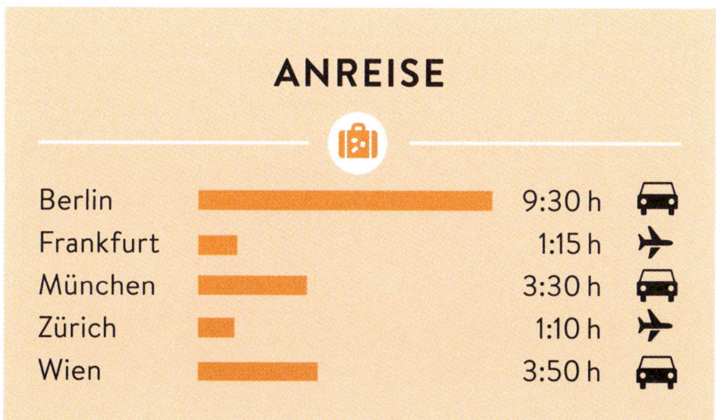

in eines der vier grünen Elektroautos namens »Kavalir« steigen, die auf Handzeichen halten und einen kostenlos durch die Altstadt kutschieren.
*www.visitljubljana.com*

## Ljubljanski grad

2 Trutzig thront die Burg als Wahrzeichen oberhalb der Stadt, auf einem markanten, schon in der Eisenzeit angelegten Hügel. Dort haben einst schon die Illyrer, Kelten und schließlich die Römer gebaut. Anno 1144 wird die Burg erstmals als Sitz der Spanheimer (Herzöge von Kärnten) erwähnt. Im 17. Jh. erweitert, diente sie später nur noch als Festung und Kerker. Von der Altstadt gelangt man per Seilbahn oder zu Fuß zur Burg, und oben angekommen, führt im Museum ein virtueller Spaziergang durch die Jahrhunderte. Das historische Gemäuer bietet verschiedene Ausstellungen, dazu (Erlebnis-)Führungen, ein Puppenhausmuseum, drei Gastronomiebetriebe sowie einen Jazzclub im Felsensaal. Der Aussichtsturm gewährt grandiose Blicke bis zu den Julischen Alpen und den Karawanken.
*Grajska planota 1, www.ljubljanskigrad.si*

**Gegen den Drehschwindel: In der Burg Ljubljanski grad führt eine doppelläufige Wendeltreppe auf den historischen Aussichtsturm.**

## Tivoli-Park

3 Eine einzige große Spielwiese für Einheimische wie Touristen ist der Tivoli-Park, der im westlichen Stadtzentrum beginnt und sich über mehr als 500 ha erstreckt: Hohe Bäume, Skulpturen und Blumenfelder verschönern weite Rasenflächen, Wasserspiele plätschern, und Kunstausstellungen sind auf der Jakopič-Promenade zu sehen. Hinzu kommen ein tropisches Gewächshaus, ein Spielplatz, Sporthallen und im hinteren Teil gar ein ganzer Zoo. Entstanden ist die grüne Oase als Park rund um das Tivoli-Herrenhaus, das Kaiser Franz Joseph 1852 seinem Feldmarschall Radetzky auf Lebenszeit überließ. Im Anwesen logiert heute das Internationale Zentrum für Graphische Kunst, u. a. Schauplatz der Grafik-Biennale. Und im Palais Cekinov findet man das Museum für zeitgenössische Geschichte.
*Westlich der Altstadt*
*www.botanicni-vrt.si, www.muzej-nz.si, www.mglc-lj.si*

### REISEZEIT

In ungeraden Jahren findet von September bis November die Grafik-Biennale in Ljubljana statt, mit rund 500 Künstlern aus 50 Ländern die weltweit größte und zugleich eine der international meistbeachteten Veranstaltungen auf diesem Gebiet.

## Vodnikov trg

4 »Ist halt ein Gemüsemarkt …?« – Keineswegs: Unter freiem Himmel kaufen Ljubljanas Bürger nicht nur ein, sie treffen sich, plaudern am Denkmal des Poeten Valentin Vodnik mit Freunden und Bekannten. Farbenfroh liegen Obst und Gemüse aus, hier gibt es Blumen ebenso wie Kleidung, und nebenan, in den von Jože Plečnik entworfenen Markthallen, gehen leckere Wurst, feiner Käse, Brot und Delikatessen über die Theke.
*Südlich der Fleischerbrücke (Mesarski most)*
*www.visitljubljana.com/de/poi/zentraler-marktplatz*

## ÜBERNACHTUNGEN

### ANTIQ PALACE

Der ehemalige Adelssitz aus dem 16. Jh. hat sich trotz einer gründlichen Renovierung seinen historischen Charme bewahrt. Noch heute finden sich originale Fresken an den Decken. Die großzügigen Zimmer und Suiten sind in klassisch-antikem Flair gehalten, und die größte unter den Suiten mag mit rund 130 m² manche heimische Wohnung übertreffen. Schön ist auch der Garten im Innenhof, perfekt die Lage mitten im alten Stadtzentrum.
*Vegova 5a*
*www.antiqpalace.com*
*Tel. +386 838 96 700*
*DZ ab €€-€€€*

### CELICA

Gefangen nimmt einen heute nur noch der Charme des ehemaligen Militärkerkers (19. Jh.), stattdessen genießt man die Freiheit, in schicken Zellen hinter Gittern geruhsam zu schlummern. In jedem der 20 Zellenzimmer und allen acht Schlafräumen haben internationale Künstler Hand angelegt – und dem Celica den Ruf eines hippen Hostels eingebracht.
*Metelkova 8*
*www.hostelcelica.com*
*Tel. +386 1 230 97 00*
*DZ ab €*

### HOTEL NOX

Schon die futuristisch anmutende »vernetzte« Fassadengestaltung zeigt, in was man eintritt: In allen 36 von slowenischen Designern gestalteten Räumen kommen Farben, Möbel und Materialien individuell zusammen. Man nächtigt in der Themenwelt seiner Wahl.
*Celovška cesta 469*
*www.hotelnox.com, Tel. +386 1 200 95 00*
*DZ ab €€*

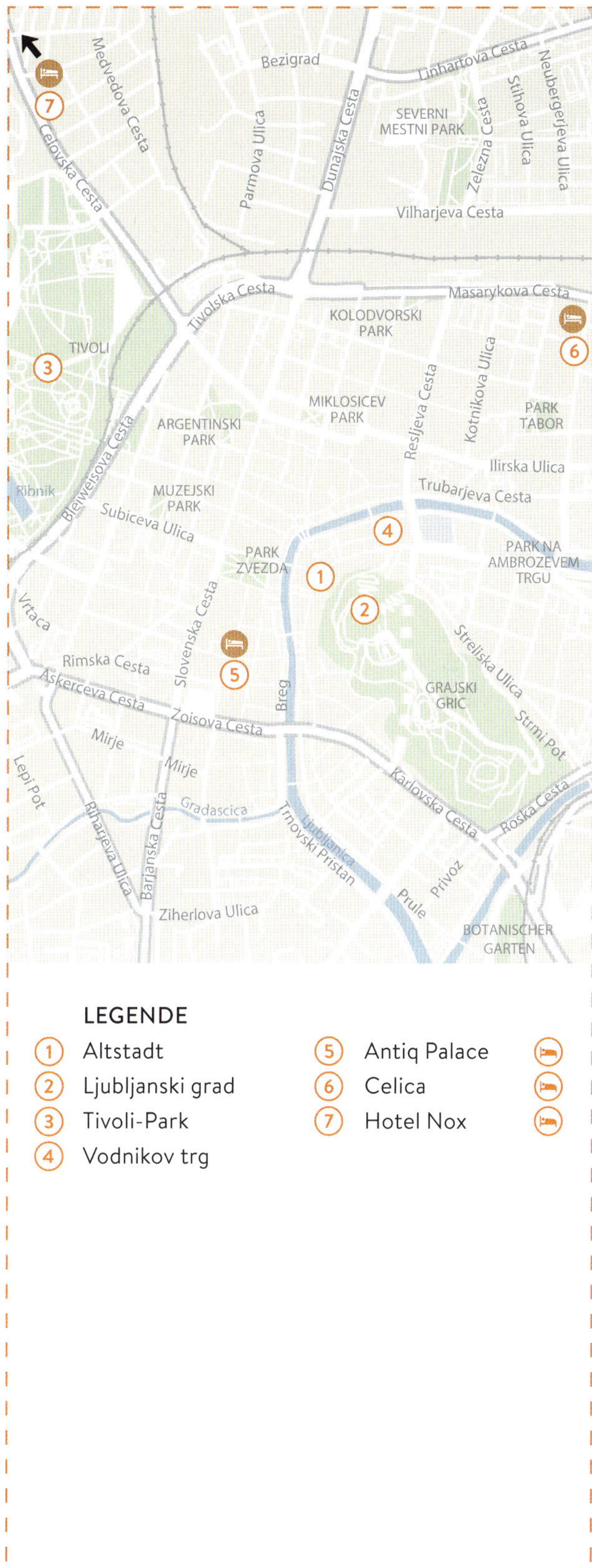

# SÜDWEST EUROPA

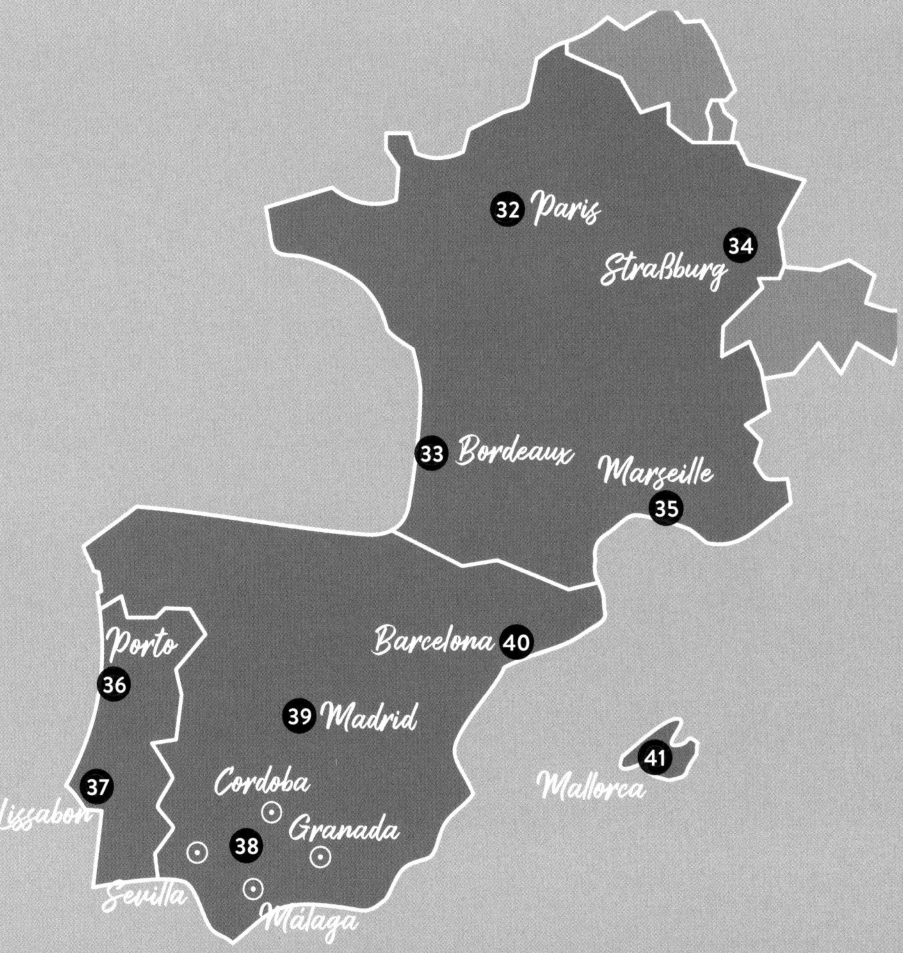


Paris ist zu jeder Jahreszeit eine Reise wert, doch auch Bordeaux oder Straßburg müssen sich mit ihrer mondänen Eleganz und entspannten Leichtigkeit nicht hinter der Hauptstadt verstecken. Städte wie Lissabon und Porto, in deren engen, bunten Gassen kunstvolle Azulejo-Fliesen das Auge erfreuen, faszinieren ebenso wie die unvergleichlichen Spuren, die Antoni Gaudí in Barcelona hinterlassen hat. Von den mächtigen Toren der Alhambra über die Lavendelfelder in der Provence bis zu den malerischen Gassen in Palma: Frankreich, Spanien und Portugal verzaubern mit einem einzigartigen mediterran-südländischen Flair.

Sevilla ist nicht nur seiner Altstadt und des maurischen Erbes wegen eine Reise wert. Die kühne Architektur des Metropol Parasol auf der Plaza de la Encarnación setzt einen beeindruckenden modernen Kontrapunkt.

32

# Paris

Hoch über den Dächern wachen die Wasserspeier der Notre-Dame auch nach deren Brand über die »Stadt der Liebe«.

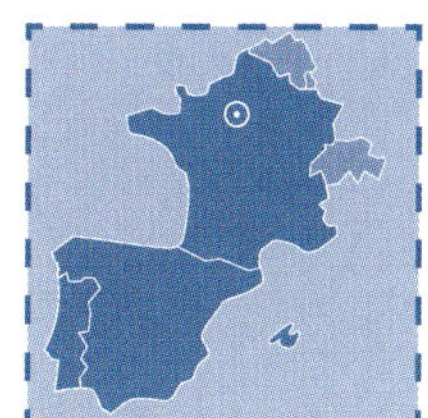

MYTHOS PARIS: KEINE ANDERE Stadt ist so mit Sehnsucht aufgeladen, so verführerisch und zeitlos schön. Millionen Menschen aus aller Welt strömen an die Seine. Sie haben Bücher über Paris gelesen, Filme von Truffaut, Chabrol, Louis Malle gesehen, sind Kommissar Maigret in die Pariser Unterwelt gefolgt. Sie lieben die Chansons von Edith Piaf, Georges Brassens und Charles Aznavour. Bei Montmartre fällt ihnen Toulouse-Lautrec ein und dass Picasso 1907 in einem Waschhaus nahe Sacré-Cœur mit sieben nackten Frauen den Kubismus begründete. Am Sehnsuchtsziel angekommen, fragen sie sich: Wo beginnen? Ganz klar, trotz Andrang: bei den Hauptsehenswürdigkeiten! Notre-Dame gehört dazu, die gotische Kathedrale, in der sich Napoleon 1804 zum Kaiser krönte. Dann der Eiffelturm, 324 m hoch: 1889 als scheußlich gescholten, ist er heute aus dem Stadtbild nicht wegzudenken. Und natürlich als Lebensader die Seine. Sie teilt Paris in zwei Hälften, *rive gauche* und *rive droite*, das linke und das rechte Ufer. Links der Seine im legendären Kulturviertel Saint-Germain-des-Prés liegen zwei berühmte Literatencafés, das Café de Flore und das Café Les Deux Magots, links auch das ehemalige Handwerkerviertel Montparnasse, in das um 1900 die Boheme zog und das heute mit großen Cafés, kleinen Museen und einem schönen Friedhof glänzt. Am rechten Ufer liegen der Louvre, die Oper, die Prachtmeile Champs-Élysées, die Place de la Concorde, der Arc de Triomphe und noch unendlich viel mehr.

## Musée du Louvre

**1** Im Film (1964 Godard, 2003 Bertolucci) schafften die Hauptfiguren den Louvre in kaum 10 Minuten. Dabei hat er mehr Zeit verdient. Königsresidenz bis 1682 (dann Umzug nach Versailles), wurde der Barockbau in der Französischen Revolution 1793 zum Museum. Das heute meistbesuchte Museum der Welt betritt man durch Ieoh Ming Peis Glaspyramide von 1989. Der Louvre zeigt Kunst von der Antike bis zum 19. Jh., darunter da Vincis *Mona Lisa* und Delacroix' *Die Freiheit führt das Volk*.
*Pl. du Louvre*
*www.louvre.fr*

Sacré-Cœur ist ein Besuchermagnet, nicht zuletzt wegen seiner Lage auf dem Montmartre-Hügel.

## Notre-Dame

**2** Seltsam, dass das frühgotische Meisterwerk (12.–14. Jh.) nicht Frankreichs Krönungskirche war. Nur Napoleon setzte sich darin die Kaiserkrone auf (2. Dez. 1804). Wer aber denkt nicht an Quasimodo, den Glöckner, der, schaurig wie ein Wasserspeier, hier die schöne Esmeralda vorm Galgen retten will? Victor Hugos Roman (1831) machte Notre-Dame weltberühmt.
*Pl. du Parvis-Notre-Dame*
*Infolge des Brandes von 2019 vorerst noch geschlossen*
*www.notredamedeparis.fr*

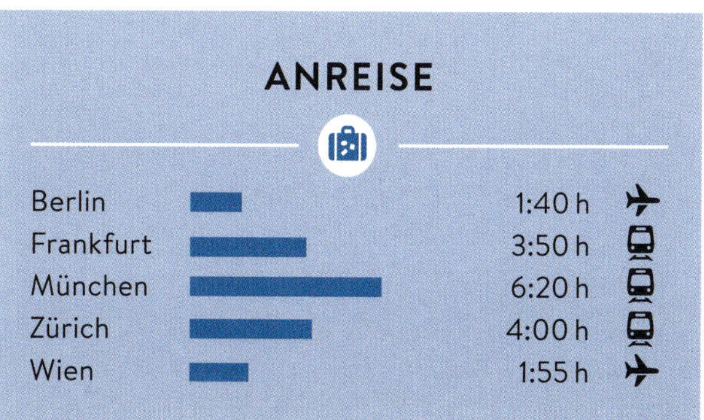

Alt und Neu vereint: Von den Arkaden des Palais Richelieu fällt der Blick auf die moderne Eingangspyramide des Louvre.

## Sacré-Cœur de Montmartre

**3** Die weiße Basilika auf dem Montmartre gehört zum Stadtbild von Paris wie der Eiffelturm. Neobyzantinisch-neoromanisch wurde Sacré-Cœur nach 39 Jahren Bauzeit 1914 vollendet, doch erst nach dem Ersten Weltkrieg geweiht (1919). Der Montmartre-Hügel ragt 100 m über die Stadtebene und bietet ganz großes Panorama. Das umgebende Viertel bewahrte sein Flair der Boheme: Hier wirkten namhafte Avantgardisten des 19. und 20. Jh., darunter Picasso, Satie, Zola und viele mehr.
*35, rue du Chevalier de la Barre*
*www.sacre-coeur-montmartre.com*

### REISEZEIT

Im Mai, wenn es warm wird, wenig Regen fällt und die Touristenbusse die Seine-Metropole noch nicht erobert haben, ist es in Paris am schönsten. Für Kulturbegeisterte ist der Herbst wegen der vielen Neuinszenierungen und musikalischen Events interessant.

## Paris-Plages

**4** Von Juli bis Anfang September lockt es viele zum Sonnenbad an die Seine. Gesperrte Schnelltrassen wandeln sich in Promenaden mit Liegeflächen und allerlei Kurzweil. Einst nur an der Rive droite (rechtes Ufer), nun auch an der Rive gauche. Schwimmen in der Seine ist jedoch verboten.
*Zwischen Pont de Sully und Pont des Arts bzw. Pont Royal und Pont de l'Alma*

## Tour Eiffel

**5** Die scharfe Kritik am Eisenturm des Ingenieurs Gustave Eiffel wich binnen 27 Monaten, je höher er wurde. Eröffnet zur Weltausstellung im Jahr1889, blieb nur Staunen. Eiffels Turm ist seither ein Publikumsmagnet. Und aus Paris nicht wegzudenken, das er symbolisiert wie sonst kein anderes Bauwerk. Einst 312 m (seit 2022: 330 m) hoch, war der Turm 41 Jahre lang das höchste Gebäude der Welt: eine Architekturikone par excellence.
*Champ de Mars*
*www.toureiffel.paris*

## ÜBERNACHTUNGEN

### L'ABBAYE

Eine Garteninsel in Saint Germain-des-Prés ist das hübsche »Abtei«-Hotel, das dort steht, wo sich noch im 18. Jh. ein Kloster befand: In der Junior-Suite winden sich Blumengirlanden auf edlen Textilien und Möbeln und scheinen ihr passendes Pendant im blumen- und grün bewachsenen Innenhof zu finden.
*10, rue Cassette*
*www.hotelabbayeparis.com*
*Tel. +33 1 45 44 38 11*
*DZ ab €€€*

### HÔTEL DES MARRONNIERS

Etwas versteckt, im Innenhof mit namensgebenden Kastanienbäumen, liegt das 3-Sterne-Haus nur wenige Gehminuten vom Louvre und von Notre-Dame entfernt. Sehr französische, im plüschigen Retro-Stil gehaltene Zimmer mit kleinen Bädern, aber großem Schlafkomfort. Wunderbar entspannen lässt es sich im romantischen Hinterhofgarten.
*21, rue Jacob*
*www.hoteldesmarronniers.com*
*Tel. +33 1 43 25 30 60*
*DZ ab €€-€€€*

### HÔTEL DES GRANDES ÉCOLES

Anfang des 20. Jh. noch Pension für Akademiker und Studenten, ist das familiengeführte Haus im französischen Landhausstil heute ein Kleinod im Quartier Latin geblieben. Charmante Zimmer und ein traumhafter Innenhof machen das Hotel zur beliebten Adresse.
*75, rue du Cardinal Lemoine*
*www.hotel-grandes-ecoles.com*
*Tel. +33 1 43 26 79 23*
*DZ ab €€-€€€*

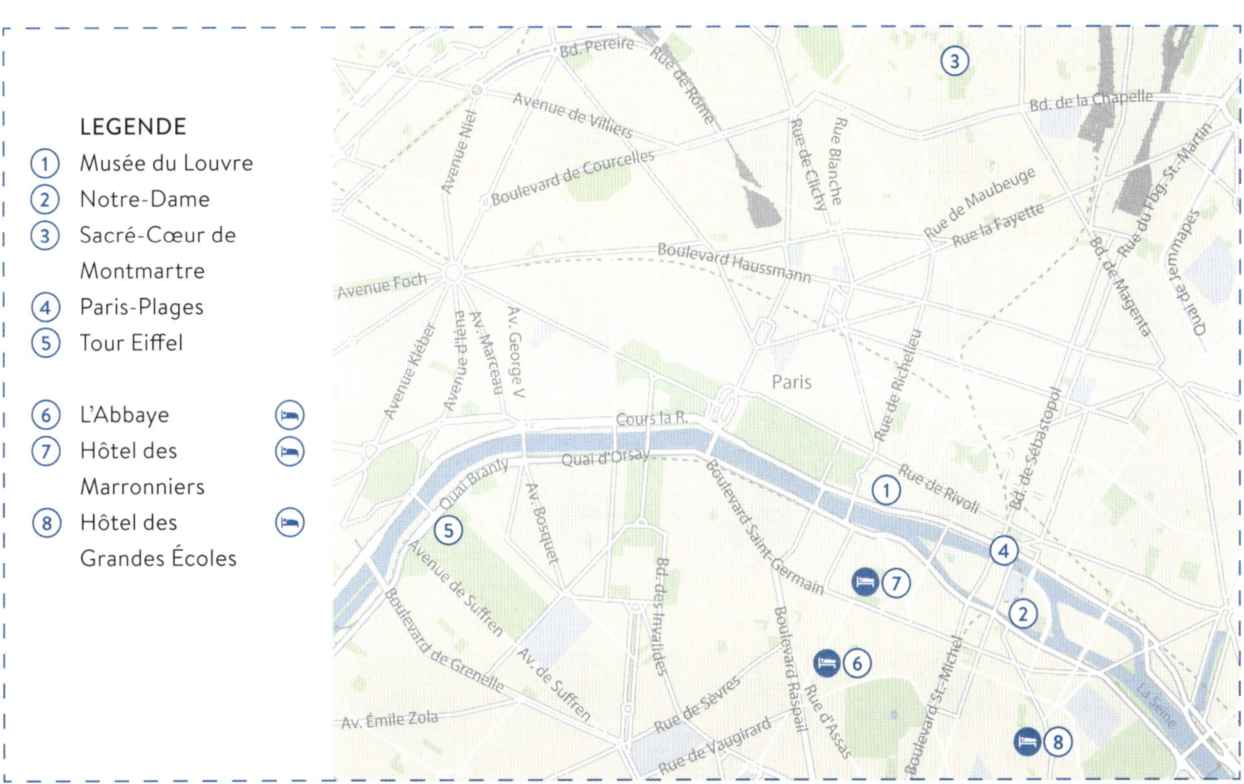

33

# Bordeaux

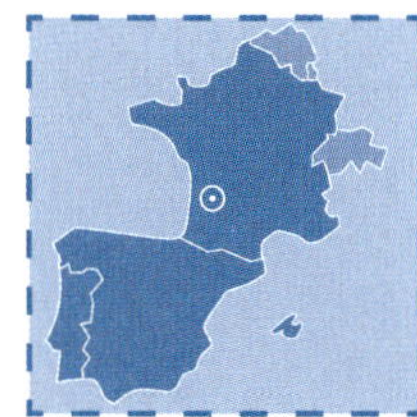

WOHL KEIN ZWEITER STADTNAME lässt, wenn er fällt, jeden sofort an Wein denken. Sogar Zeitgenossen, die partout keinen Tropfen trinken. Doch steht Bordeaux nicht nur für große Winzerkunst. Die Stadt selbst empfiehlt sich als hochkarätiges Reiseziel, mit einem historischen Zentrum, das elegant dem Bogen der Garonne folgt – und UNESCO-Welterbe ist. Monumentale Bauten, wie das Grand Théâtre, Prachtstraßen, ein pralles Kulturangebot und die feine Gastronomie verleihen Bordeaux, der Hauptstadt der Region Aqui-

Nicht nur der Blick nach oben beeindruckt im Konzertsaal des Grand Théâtre von Bordeaux.

taine und Präfektursitz des Départements Gironde, den Glanz einer Großstadt mit südfranzösischem Flair. Einem Flair unter den Bedingungen des nahen Atlantik, die Bordeaux in seiner Geschichte zu nutzen wusste: als prosperierende Hafen- und Handelsstadt, in der ein liberaler Geist wehte. Kein Wunder, mit einem Philosophen wie Montaigne als einstigem Bürgermeister (1581–1585). Und auch Montesquieu, der große Aufklärer, war ein Sohn der Stadt. Beide Denker stehen als Denkmal auf der Place des Quinconces, einem der größten Plätze Europas. Unweit davon, den breiten Strom der Garonne im Rücken, beeindruckt die Place de la Bourse mit der barock-palastartigen Alten Hafenbörse, die sich seit 2006 in einem riesigen Reflexionsbecken, dem Miroir d'eau (3450 m²), wirkungsvoll spiegelt.

**Die große Glocke von Bordeaux hängt seit 1775 in ihrem Turm, der einmal ein Stadttor war.**

## Grand Théâtre

**1** 1780, wenige Jahre vor der Französischen Revolution, lief die repräsentative Architektur noch einmal zur Hochform auf. In italienisch-klassizistischem Stil gelang dem Pariser Baumeister Victor Louis eines der schönsten Theater des 18. Jh., damals auch Frankreichs größtes. Über der Eingangsfassade mit zwölf korinthischen Säulen stehen ebenso viele prominente Damen der antiken Mythologie: die neun Musen und die Göttinen Venus, Juno und Minerva. Die Skulpturen schuf Pierre-François Berruer. Das marmorne Treppenhaus setzt die Anmutung eines Tempels der Kunst fort, und im opulenten Großen Haus (1100 Plätze) dominieren seit 1991 wieder die ursprünglichen Farben Blau und Gold. Das Drei-Sparten-Theater, in dem große Namen von Franz Liszt bis Cecilia Bartoli auftraten (und in Kriegszeiten die Nationalversammlung tagte), ist auch Sitz des renommierten Orchestre National Bordeaux Aquitaine.
*www.opera-bordeaux.com*

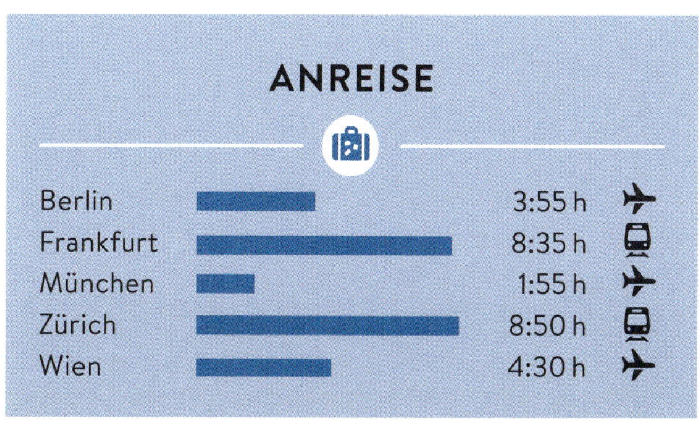

**ANREISE**

| | | |
|---|---|---|
| Berlin | 3:55 h | Flugzeug |
| Frankfurt | 8:35 h | Zug |
| München | 1:55 h | Flugzeug |
| Zürich | 8:50 h | Zug |
| Wien | 4:30 h | Flugzeug |

## Musée d'Aquitaine

**2** Das Geschichtsmuseum präsentiert mit zahlreichen Exponaten Stadt und Region von gallo-römischer Zeit bis heute. Die Abteilung des 18. Jh. zeigt jene Epoche, als die Hälfte des französischen Kolonialhandels über Bordeaux lief, worunter auch die Sklaverei fiel *(traite des noirs)*. In den Räumen des 16. Jh. findet man Michel de Montaignes Ehrenmal, das zu berühren Studenten Erfolg versprach. Der geistreiche Erfinder des Essays (1533–1592) war ab 1581 vier Jahre Bürgermeister der einflussreichen Stadt. Der spätere König Henri IV., ein Hugenotte, holte sich regelmäßig beim Katholiken Montaigne Rat.
*20, Cours Pasteur*
*www.musee-aquitaine-bordeaux.fr*

## Place de la Bourse

**3** Am Miroir d'eau nicht zu fotografieren kann eigentlich nur schaffen, wer keine Kamera dabei hat. Zu vielfältig sind die Motive, die der Wasserspiegel – eine enorme, 3450 m2 große Granitplatte mit hauchdünnem Wasserfilm oder auch Sprühnebel – seit 2006 ermöglicht. Dabei wäre der Platz auch ohne diese Attraktion ansprechend: mit dem neckischen Drei-Grazien-Brunnen (1869) inmitten des Halbrunds, welches das klassizistische Palais de la Bourse (1755) bildet. Der Börsenpalast entstand in dem für Bordeaux so lukrativen 18. Jh., als der Überseehandel florierte und noch keine Revolution die Sklaverei aufgehoben hatte (s. a. Musée d'Aquitaine). Im Südflügel des Palais befindet sich heute das Zollmuseum.
*Quai du Maréchal Lyautey*

### REISEZEIT

Ende Juni zieht die Fête le Vin am Flussufer mit Feuerwerk, illuminierten Gebäuden, Konzerten und natürlich Wein an – auf einer 2 km langen Route kann man sich über den kulinarischen Fixstern der Region informieren und viel probieren.

**Der Miroir d'eau ist eines der verspieltesten Fotomotive in Bordeaux.**

## Grosse Cloche de Bordeaux

**4** Der Glockenturm stammt im Baukern noch aus der Ära englischer Herrschaft (1154–1453). Die Porte Saint-Éloi (13. Jh.), einst ein Stadttor, wurde im 15. Jh. zum Sockel des Doppelturms (41 m) mit seiner Glocke, der nun markanter Belfried des (später entfernten) Rathauses war. Geläutet wurde im Brandfall und zur Weinlese. Seit dem 18. Jh. schlägt die heutige »dicke Glocke« (7,8 t, nur fünfmal jährlich zu hören) und zeigen die schmucken Turmuhren an, wie spät es gerade ist.
*Rue Saint-James*

## Saint-Michel und La Fleche

**5** Bis zu den Weinlagen Premières Côtes und Médoc lässt sich vom pfeilartigen, La Fleche genannten sechseckigen Glockenturm blicken. Insgesamt 114 m hoch (Aussichtsetage auf 47 m Höhe), steht er wie ein eleganter Solist leicht abgerückt von seiner etwas schlichter anmutenden Basilika. Doch St. Michel (14. bis 16. Jh.) hat innere Werte: feinste Schnitzereien, eine üppige Barockorgel und Max Ingrands moderne Fenster.

*Place Meynard*
*www.bordeaux-tourismus.de/sehenswuerdigkeiten-und-denkmaeler*

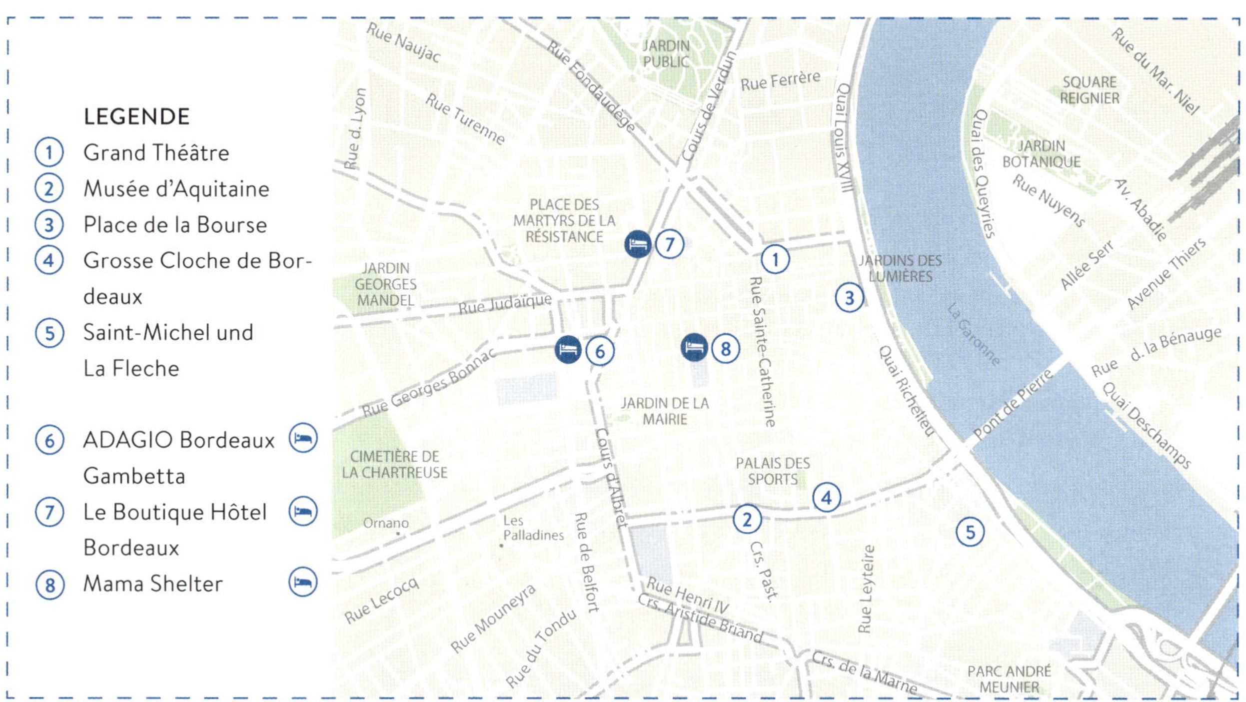


## ÜBERNACHTUNGEN

### ADAGIO BORDEAUX GAMBETTA

Große Apartments mit guter Ausstattung und modern-zweckmäßig eingerichteten Zimmern erwarten den Gast in zentraler Lage am Rande der Altstadt, die sich fußläufig prima erkunden lässt. 4-Sterne-Haus mit Fitnessraum, Sauna und Hamam.
*40, rue Edmond Michelet*
*www.adagio-city.com, Tel. +33 5 57 30 47 47*
*DZ ab €-€€*

### LE BOUTIQUE HÔTEL BORDEAUX

In der Altstadt von Bordeaux liegt die liebevoll renovierte Stadtvilla aus dem 18. Jh. Hinter der Neorenaissance-Fassade verbergen sich luxuriös gestaltete Zimmer und Suiten, in denen klassisch-elegante Designermöbel von Starck & Co. auf Steinwände und originales Parkett treffen. Schöne Weinbar mit einladender grüner Terrasse und Wintergarten.
*3, rue Lafaurie de Monbadon*
*www.hotelbordeauxcentre.com*
*Tel. +33 5 56 48 80 40*
*DZ ab €€-€€€*

### MAMA SHELTER

Trendiges Designhotel mit schicken, farbenfrohen Zimmern mitten in Bordeaux. Im Sommer das Höchste: Tischkickern, Chillen, Essen und Trinken auf der großzügigen Dachterrasse mit fantastischem Blick auf die Stadt.
*19, rue Poquelin Molière, www.mamashelter.com*
*Tel. +33 5 57 30 45 45*
*DZ ab €€*

34

# Straßburg

AUCH WER NICHT SCHWINDELFREI IST, sollte auf die Plattform des Münsters steigen. Sind die 323 Stufen erst einmal genommen, liegt einem die Stadt zu Füßen, ihre Gassen, Prachtstraßen und Kanäle, mit den Vogesen und dem Schwarzwald als Hintergrund. Straßburg ist weltpolitisch kein Machtzentrum. Aber im Gebilde Europas ist es eine Hauptstadt, die durch ihre Geschichte prädestiniert dafür ist wie keine zweite. In den Zerreißproben zwischen Deutschland und Frankreich musste Straßburg viermal die Seiten wechseln:

Idyll pur: das Viertel Petite France mit seinen vielen Cafés.

nach dem deutsch-französischen Krieg 1871, mit dem Vertrag von Versailles 1919, nach dem Einmarsch der Wehrmacht 1940 und schließlich im November 1944, als die Trikolore auf dem Straßburger Münster den Sieg über das nationalsozialistische Joch verkündete. Auf den Trümmern des Zweiten Weltkriegs entstand das moderne Europa, in dessen Geschichte Straßburg eine Hauptrolle spielt. Auf dieser Geschichte ist Straßburgs kulturelle Vielfalt und Offenheit gebaut, die am Rande des zentralistischen Frankreichs nicht selbstverständlich ist. Die Kulturszene der Stadt schaut über die Grenzen. Am Théâtre National de Strasbourg, einziges Staatstheater in Frankreichs Provinz, helfen deutsche Untertitel beim Verständnis. In Straßburg sind viele Sprachen zu hören, schon der Europaparlamentarier wegen.

## Barrage Vauban

**1** Die 1690 fertiggestellte Schleusenbrücke nach dem Entwurf des legendären Festungsbaumeisters Vauban (1633–1707) gehört zwar nicht zu den zwölf Welterbestätten in Frankreich, die als *Festungsanlagen von Vauban* in die UNESCO-Liste aufgenommen wurden. Sehenswert ist das 120 m lange Bauwerk aber allemal. Bei der Belagerung Straßburgs 1870 wurden die Schleusen geschlossen, wodurch der aufgestaute Fluss Ill das Angriffsfeld im Süden unter Wasser setzte – allerdings letztlich vergebens. Später aufgestockt, gibt nun die Dachterrasse einen klasse Blick auf das Viertel Petite France und zum Münster frei.
*Pl. du Quartier Blanc*
*www.visitstrasbourg.fr/de*

## Cathédrale Notre-Dame

**2** Das Straßburger Münster ist ein monumentales Meisterwerk der Gotik. Zwar wurde nur der Nordturm vollendet, der aber ragt seit 1439 enorme 142 m in die Höhe. Die Westfassade und das skulpturenreiche Hauptportal sind eine Wucht, die seit Jahrhunderten Betrachter in Staunen versetzt. Die Heiliggeistglocke (8,5 t) ist die älteste (1427) im Geläut. Noch älter ist der Prospekt (1385) der Schwalbennestorgel (Instrument: 1981). Als technisches Wunder gilt die Astronomische

**Die Fensterrose am Straßburger Münster besitzt einen Durchmesser von stattlichen 15 m.**

Uhr (1574, erneuert 1842) im südlichen Querhaus. Dort symbolisiert der Engelspfeiler (13. Jh.) das Weltgericht. Kunstfertigkeit zeigen auch die Figuren außen: die Ecclesia (Südpforte links) als stolze Verkörperung des Christentums und, die Augen verbunden, abgewandt, die Synagoge als abwertende Allegorie des Judentums – so die Sicht des Mittelalters.
*Pl. de la Cathédrale*
*www.cathedrale-strasbourg.fr*

## Musée Tomi Ungerer

**3** Die Villa Greiner führt in das umfangreiche Œuvre des (in Straßburg geborenen) ebenso genialen wie ironischen Zeichners Tomi Ungerer (1931–2019) ein.

### ANREISE

| | |
|---|---|
| Berlin | 6:25 h (Bahn) |
| Frankfurt | 2:00 h (Bahn) |
| München | 3:45 h (Auto) |
| Zürich | 2:40 h (Bahn) |
| Wien | 7:45 h (Auto) |

Der »Tempel der Liebe« im Parc de l'Orangerie.

Zu sehen sind u. a. Originale aus seinen Kinderbüchern (wie *Crictor, die gute Schlange*) als auch seine bizarren erotischen Werke *(Das Kamasutra der Frösche, Fornicon, Tomi Ungerer's Erzählungen für Erwachsene).*
*2, av. de la Marseillaise*
*www.musees.strasbourg.eu*

## Parc de l'Orangerie

**4** 26 ha mit Gärten und Wiesen, einem See, alten Bäumen und einem kleinem Zoo (Affen, Vögel): Straßburgs sehr beliebter und ältester Park wurde 1801 vermutlich nach den Plänen des Landschaftsgestalters André Le Nôtre (u. a. Schlossgärten von Versailles, 17. Jh.) angelegt. Orangenbäume, die in der Französischen Revolution konfisziert worden waren, kamen in den 1804 gebauten *Pavillon Joséphine*. Im *Buerehiesel,* einem um das Jahr 1600 gebauten Fachwerkhaus, das 1895 für eine Industrie- und Gewerbeausstellung aus einem Elsässer Dorf hierher transportiert wurde, befindet sich heute ein Sternelokal.
*Av. de l'Europe*

### REISEZEIT

Besonders angenehm sind Frühjahr und Herbst, dafür ist in der Ferienzeit mit weniger Verkehr rund um Straßburg zu rechnen. Stimmungsvoll sind auch die Weihnachtsmärkte in der Innenstadt, die kurz vor dem ersten Advent beginnen.

## Petite France

**5** In diesem auch *Quartier des Tanneurs* (Gerberviertel) genannten Teil der Altstadt zeigt Straßburg seine wohl beschaulichste Seite: elsässische Fachwerkarchitektur flankiert von der Ill und ihren Kanälen, in die sie sich flussabwärts der Vaubanschen Schleusenbrücke gabelt. Das im 16./17. Jh. entstandene Handwerkerviertel war ursprünglich nicht so anmutig wie heute: Im Hospice des Vérolés wurde die *maladie française* behandelt. Daher der Name Petite France.
*Rund um den Quai de la Petite France*

## ÜBERNACHTUNGEN

### LE GRAFFALGAR

Tapetenwechsel gefällig? Et voilà: ein Zirkus, ein Freudenhaus oder Piraten auf hoher See – Schäfchen zählen ist passé, im poppig-bunten, komfortabel eingerichteten Graffalgar geht man dank der an die Wände gemalten Kunstwelten auf eine besondere Traumreise. Insgesamt 38 Künstler waren hier am Werk.

*17, rue Déserte*
*www.graffalgar-hotel-strasbourg.de*
*Tel. +33 388 24 98 40*
*DZ ab €€*

### HÔTEL SUISSE

Das ehemalige Herrenhaus aus dem 17. Jh. vereint elsässische Gemütlichkeit mit französischem Charme. Von einigen der individuellen, freundlich eingerichteten Hotelzimmer aus hat man den Münsterturm direkt im Blick. Ein hübsches kleines Café findet sich direkt vor dem Hotel.

*2/4, rue de la Râpe*
*www.hotel-suisse.com*
*Tel. +33 388 35 22 11*
*DZ ab €-€€*

### COUVENT DU FRANCISCAIN

Teils unter Dachschrägen mit Gebälk nächtigt der Gast komfortabel in hübschen, modernen Zimmern im vollklimatisierten Innenstadthotel. Charmant: Zum Frühstücken steigt man in einen Gewölbekeller im Winstub-Stil hinab. Angenehm ruhige Lage am Stadtkern und nahe der Oper.

*18, rue du Faubourg de Pierre*
*www.hotel-franciscain.net*
*Tel. +33 388 32 93 93*
*DZ ab €-€€*

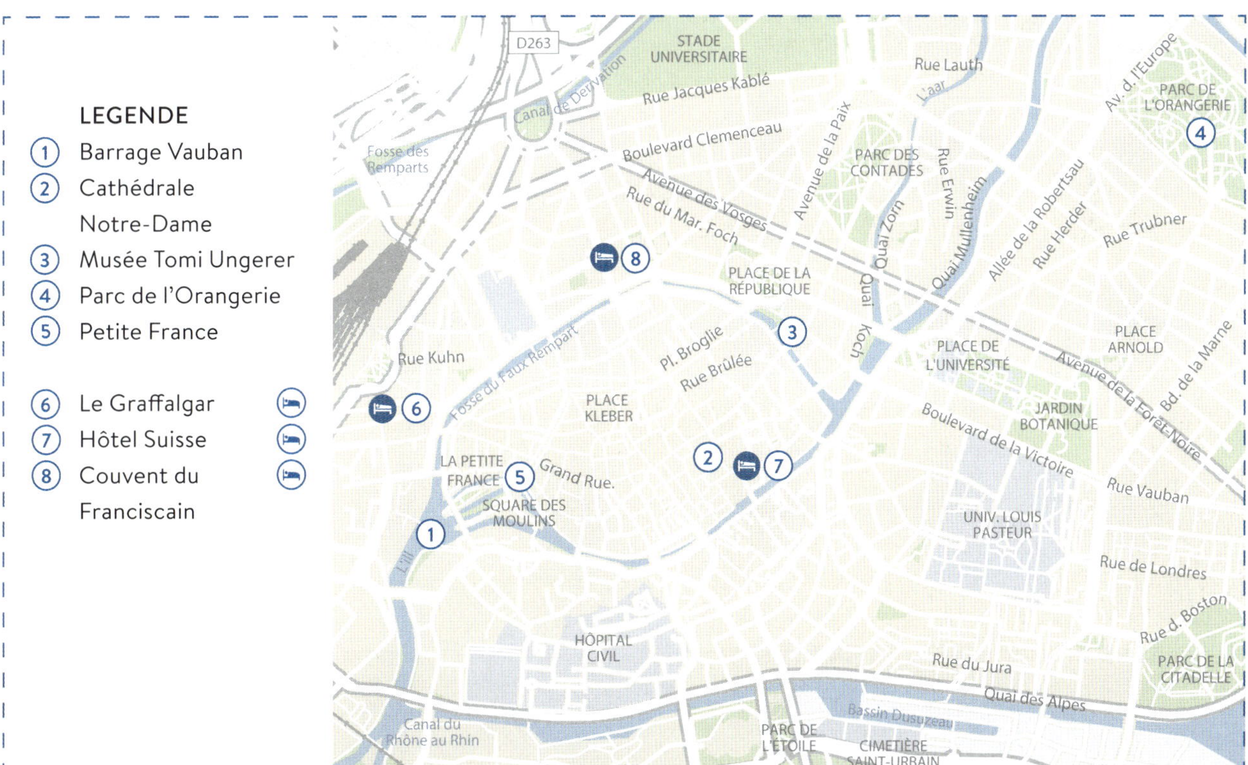

# 35

# Provence

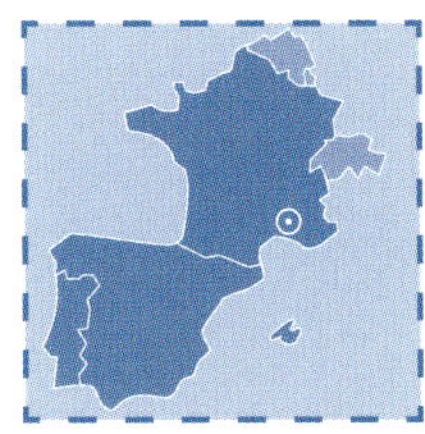

MARSEILLE, DIE LEBENSFROHE HAFENSTADT in der Provence, ist Frankreichs Tor nach Afrika. Am Fuß der Hügel, die diese Metropole umgeben, liegen 57 km Küste. Ihr vorgelagert sind die vier Frioul-Inseln, deren größere wunderbare Strände haben. Das berühmteste Eiland ist wohl die winzige Île d'If, mit der Gefängnisfestung, in der der Titelheld aus Alexandre Dumas' Roman »Graf von Monte Christo« eingekerkert war. Wer in Marseille – 2013 Kulturhauptstadt Europas – Kultur sucht, wird sie reichlich finden, nicht

Die Calanque d'En-Vau zählt zu den schönsten Buchten Südfrankreichs.

zuletzt in zahlreichen Museen. Eines der interessantesten ist das MuCEM in einem supermodernen Gebäudeensemble an der nördlichen Einfahrt des alten Hafens. Frankreichs bislang einziges Nationalmuseum, das nicht in Paris steht, widmet sich den Zivilisationen Europas und des Mittelmeerraums. Einen besseren Standort dafür kann es kaum geben. Ins nähere Umland locken die Calanques, die tiefblauen Felsenbuchten südlich von Marseille, mit ihren abgelegenen Stränden. Oder, völlig gegensätzlich, der Parc Naturel Regional de Camargue, ein Naturschutzgebiet im Rhonedelta, flach ausgedehnt, mit frei lebenden Pferden und Stieren. Unausrottbar scheint übrigens die Mär, man müsse fließend Französisch sprechen, wenn man nach Frankreich reist. Dabei sind viele Franzosen sehr geduldig, wenn man nur geringe Kenntnisse ihrer Sprache hat. Und wer sich – in Marseille oder irgendeinem provenzalischen Dorf – abends mit den Kugeln einem Bouleplatz nähert, erhält auch ohne ein Wort Französisch die Chance, zum Spiel eingeladen zu werden, und wird gerne wiederkommen.

## Calanques

**1** Kurios: Die »Fjorde der Provence« sind nicht nur der einzige französische Nationalpark, der sowohl Land- als auch Meereszonen schützt, sondern sie liegen überdies komplett auf dem Stadtgebiet der Millionenmetropole Marseille. Das etwa 20 km lange Karstgebirge mit seinen schroffen weißen, bis zu 400 m hohen Felswänden, die traumhafte Badebuchten mit türkisblauem Wasser umschließen, gehört ohne Zweifel zu den schönsten Landschaften Frankreichs. Noch heute ist das glasklare Wasser, in dem einst Tauch- und Filmpionier Jacques Cousteau seine ersten Szenen drehte, ein Paradies für Taucher und Segler.
*Zwischen Marseille und Cassis*

## Grand Canyon du Verdon

**2** Auf 2500 m Höhe entspringt in den Seealpen der Fluss Verdon, der in Jahrmillionen währender Arbeit einen spektakulären Abgang machte und sich so tief in den weißen Kalkstein eingrub, dass er eine streckenweise 700 m tiefe Schlucht modellierte. In ihr schlängelt sich smaragdgrünes Wasser: ein Juwel für Kanuten, Kajakfahrer, Kletterer und Wanderer – und den Gänsegeier, der über all dem würdevoll seine Kreise zieht.
*Südöstlich von Moustiers-Ste-Marie*

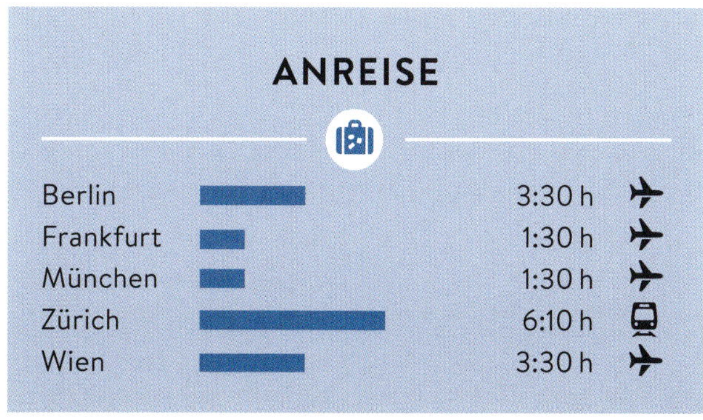

**ANREISE**

| | | |
|---|---|---|
| Berlin | 3:30 h | Flugzeug |
| Frankfurt | 1:30 h | Flugzeug |
| München | 1:30 h | Flugzeug |
| Zürich | 6:10 h | Zug |
| Wien | 3:30 h | Flugzeug |

Der Neubau des MuCEM, den ein Betonsteg mit dem Fort St.-Jean verbindet, ist der architektonische Höhepunkt am alten Hafen von Marseille.

## MuCEM, Marseille

**3** Seit 2013 beherbergt der alte Hafen ein besonderes Museum, das der »Zivilisationen Europas und des Mittelmeers« (MuCEM). Dazu passt der mediterrane Bau von Rudy Ricciotti, der elementar mit Sonne, Wasser, Stein und Wind spielt: ein 72 m langer Glaskubus, ummantelt mit Spezialbeton-Gewebe. Dessen raffiniertes Geflecht gleicht einer sich im Wind kräuselnden Meeresoberfläche im Sonnenlicht. Im Inneren bilden Objekte die Menschheitsgeschichte des Mittelmeerraums bis heute ab, werden Themen aus Religion, Gesellschaft und Kultur in Film, Vortrag und Rede behandelt. Ein spektakulärer Steg über ein kleines Hafenbecken mit Blick aufs Meer führt vom MuCEM zur Ausstellung im Fort Saint-Jean.
*Esplanade du J4, www.mucem.org*

### REISEZEIT

Frühjahrsurlauber sind oft enttäuscht, weil Regen und Mistral bis in den Mai hinein für kühle Temperaturen sorgen können. Ab Pfingsten etwa stellen sich stabile, warme Schönwetterlagen ein, im Hochsommer zuletzt aber auch Hitzerekorde.

## Parc Naturel de Camargue

**4** Eine Naturparkidylle ist das südlich von Arles gelegene Rhonedelta: In der Camargue reihen sich grüne Reisfelder an Sümpfe, Salinen schimmern in Rottönen. Auf den Heiden weiden weiße Pferde und schwarze Stiere einträchtig Seite an Seite. Vogelliebhaber zieht es in den *Parc ornithologique*, um rosa Flamingos zu beobachten.
*www.parc-camargue.fr*

## Plage de Saint-Estève, Marseille

**5** Wer ruhige Badebuchten nahe Marseille sucht, hat es nicht weit: 4 km westlich der Großstadt liegen die Frioul-Inseln, und vom wellengeschützten Plage de Saint-Estève auf Ratonneau trennen einen per Schiff vom alten Hafen aus nur etwa 30 Minuten.
*Schiffe fahren regelmäßig vom Quai de Belges*

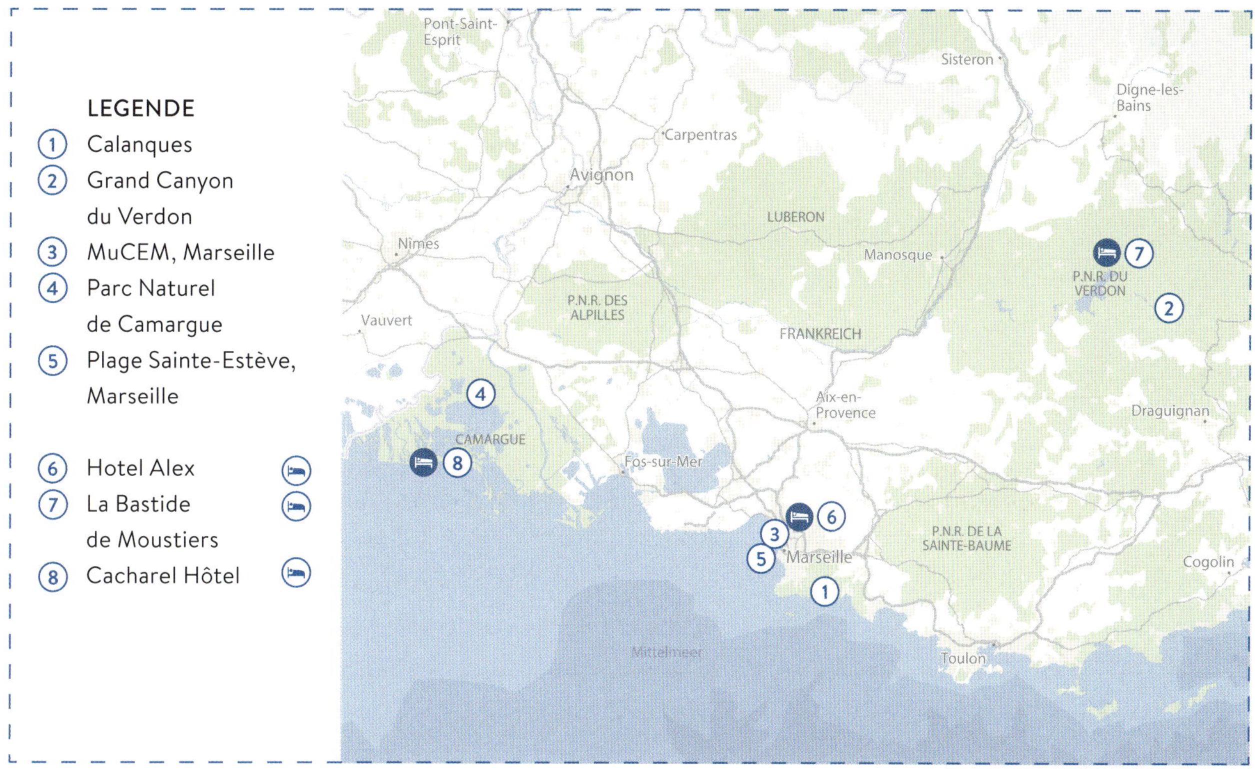


## ÜBERNACHTUNGEN

### HOTEL ALEX

Das 3-Sterne-Boutiquehotel liegt verkehrsgünstig perfekt direkt neben dem Bahnhof Saint-Charles. Innen gleicht keines der Zimmer dem anderen: In den zwar kleinen, aber komfortablen, schicken Räumen setzen farbige Wände Akzente und sorgen hübsche Leuchten und Kissen für Wohlfühlflair.

*13–15, place des Marseillaises, Marseille*
*www.hotelalex.fr*
*Tel. + 33 413 24 13 24*
*DZ ab €€*

### LA BASTIDE DE MOUSTIERS

Inmitten des Naturparks Verdon liegt das restaurierte Landhaus aus dem 17. Jh. Das Interieur ist elegant und geprägt von antiken Möbeln, Holzschnitzereien und Steinböden mit cremefarbenen Teppichen. Ein wahres Kleinod auch der Garten, in dem Lavendel und Olivenbäume wachsen; im Sommer lockt ein Pool. Hauseigenes feines Restaurant.

*Chemin de Quinson, Moustiers-Sainte-Marie*
*www.bastide-moustiers.com*
*Tel. +33 492 70 47 47*
*DZ ab €€€*

### CACHAREL HÔTEL

Als das heutige 3-Sterne-Haus 1954 eröffnete, beherbergten drei Zimmer eher einsame Reiter. Noch heute suchen und finden Gäste in der Weite der Camargue Stille und Entspannung und unter dem Dach des Familienbetriebs eine gediegen-rustikale Herberge. Mit Pool und Reitmöglichkeit.

*Route de Cacharel, Les Saintes Maries de la Mer*
*www.hotel-cacharel.com*
*Tel. + 33 490 97 95 44*
*DZ ab €€*

EIN GRANDIOSES GESAMTKUNSTWERK UND nach wie vor so etwas wie ein Geheimtipp: Porto, die »heimliche Hauptstadt« Portugals. Vom Ufer des Douro, der hier in den Atlantik mündet, zieht sich die Stadt weit hinauf in die Hügel. Alte Trambahnen und gläserne Aufzüge überwinden die Höhenunterschiede. Malerische Bauten, enge Gassen und prachtvolle Plätze bezaubern. Wer die 225 Stufen des barocken Torre dos Clérigos erklimmt, wird mit einem herrlichen Rundblick über die charmante nordportugiesische Stadt belohnt. Mit

Wie bunt durcheinandergewürfelt drängen sich Portos Häuser über dem Cais da Ribeira an den Hang.

der Hauptstadt im Süden rivalisiert man seit Jahrhunderten. Während in Lissabon die politische Macht angesiedelt war (und ist), gaben in Porto Kaufleute und Kirchenherren den Ton an. Die prunkvollsten Häuser der Stadt sind daher der Börsenpalast und die Bischofsresidenz. Noch heute ist der Einfluss alteingesessener Patrizierfamilien groß. Nicht selten hat ihren Wohlstand das »flüssige Gold« der Stadt begründet: »Port«. Der schwere Südwein, der in ganz unterschiedlicher Farbe und Süße produziert wird – von Blassgelb bis Tiefrot, von sehr süß bis extra trocken – ist weiterhin eines der wichtigsten Handelsgüter. Von Porto aus geht er in alle Welt. Doch nirgendwo schmeckt Portwein besser als in der Stadt, die ihm den Namen gibt.

In der Kunst der Herstellung von Azulejos – blau-weiß bemalte Fliesen wie hier im Kreuzgang der Kathedrale Sé – war Portugal führend.

## Bairro da Sé

**1** Das älteste Stadtviertel Portos entdeckt man am besten zu Fuß: enge Gassen, gesäumt von mittelalterlichen Häusern, die sich zu biegen scheinen; vor den Fenstern flattert aufgehängte Wäsche munter im Wind – noch ist der ursprüngliche Charme der als Welterbe gelisteten Altstadt zu spüren. Über allem wacht, auf Granit gebaut, die Kathedrale Sé und gleicht mit den wuchtigen Türmen eher einer Burg als einer Kirche. Der romanische Kern stammt aus dem 12. Jh., der schöne Azulejo-Kreuzgang ist gotisch (14. Jh.), und während des Barocks erfuhr die Sé zahlreiche Überarbeitungen. Beeindruckend sind die Altäre. Der prächtigste ist aus reinem Silber und soll, so die Legende, dank Kalkanstrich vor Napoleons plündernden Truppen bewahrt worden sein – tatsächlich war dies wohl dem Verhandlungsgeschick des Zivilgouverneurs Pedro de Mello Breyner zu verdanken. Wer hinter der Capela Sào Vicente den Kathedralenturm ersteigt, hat einen göttlichen Ausblick auf Stadt und Fluss.
*Kathedrale: Terreiro da Sé, www.visitportugal.com/de/content/se-catedral-do-porto*

## Cais da Ribeira

**2** An der Uferpromenade entfaltet sich das historische Ribeira-Viertel wie eine waghalsig in die Höhe gebaute, farbige Legoklötzchenstadt. In den Cafés und Restaurants am Douro lässt es sich prima sitzen; besonders abends oder an Festtagen scheint die ganze Stadt vorbeizukommen. Elegant spannt sich am Ribeira-Kai, 60 m über dem Douro, die 385 m lange Stahlbrücke Dom Louis I (1881–1886 von Théophile Seyrig, zuvor Kompagnon Gustave Eiffels), getragen von einem 172 m weiten Bogen, dessen Scheitelhöhe großes Panorama bietet. Eine spannende Perspektive unter sechs Brücken hindurch gewährt auch der Douro selbst bei einer Tour vom Cais da Ribeira aus, auf der Route der alten Portweintransportboote.
*Flussrundfahrten: mehrmals tgl. zwischen 10.30 und 18 Uhr*

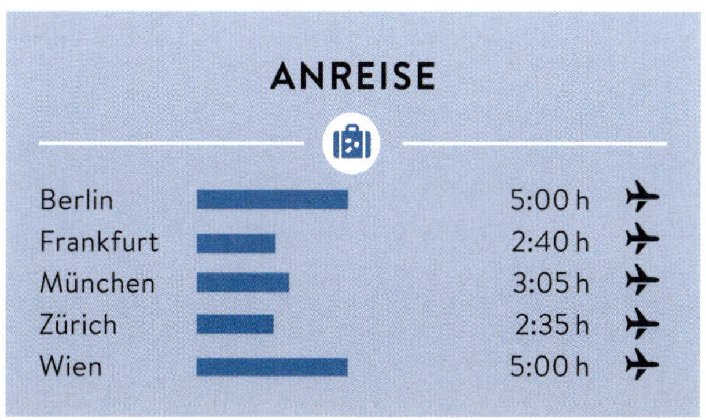

Der als Reiterstatue über dem »Freiheitsplatz« thronende Pedro IV. war vor seiner Rückkehr nach Portugal als Pedro I. (1822-1831) Kaiser in Brasilien.

## Casa da Música

**3** Portos futuristisch anmutende Musikhalle ist optisch wie akustisch ein absolutes Highlight. Der niederländische Architekt Rem Koolhaas konzipierte sie für künstlerische Höhenflüge von Klassik bis Jazz, Elektronik bis Fado. Drei verschiedene Führungen sind wählbar, Backstage-Besuch und Portwein inklusive.
*Avenida da Boavista 604, www.casadamusica.com*

### REISEZEIT

Der Tag des hl. João (24. Juni) wird mit Prozessionen, Feuerwerk, Folkloredarbietungen und einer Regatta der Rabelos, der historischen Portweinboote, begangen. Wer neben Sightseeing im Atlantik baden will, sollte Porto von Juni bis August besuchen.

## Mercado do Bolhão

**4** Glänzende Fischleiber und gackerndes Federvieh, Berge aus Kraut und Rüben, Obst und Blumen geben sich in der schönen alten Markthalle mit offenem Innenhof ein farbenfrohes Stelldichein.
*Zwischen Rua Formosa und Fernandes Tomás*

## Portweinprobe

**5** Auf das rote Gold von Porto stößt man an jeder Straßenecke, aber kein Portwein kommt ohne Prüfung des Portweininstituts auf den Markt. Die Trauben dafür werden ausschließlich im westlich von Porto gelegenen Douro-Tal auf 46 000 ha angebaut. In der »Hauptstadt« der alteingesessenen Portweinhäuser, in Vila Nova de Gaia, erlangt er gegenüber von Porto am südlichen Ufer seine Reife. Dort ist der perfekte Ort, um ihn zu verkosten, etwa in der Weinkellerei Ramos Pinto mit Bibliothek, hauseigenem Museum, Archiv und natürlich Portweinproben.
*Ramos Pinto: Avenida de Ramos Pinto 400*
*www.ramospinto.pt*

## Praça da Liberdade

**6** Trotz zentraler Lage geht es am beliebten Ausgangspunkt für Stadttouren meist entspannt zu. Ob das an König Pedro IV. liegt, der als 10 m hohe Reiterstatue, die Verfassung in den Händen, Respekt einflößt? Manch einen mag auch der Blick nach Norden, die mit Jugendstilbauten gespickte Prachtstraße Avenida dos Aliados entlang, in ruhiges Staunen versetzen; umso mehr, da sie mit einem mächtigen Rathauspalast aus Granit und Glockenturm abschließt. Von dort nicht weit ist es zur Halle des Bahnhofs Porto São Bento, in der Maler Jorge Colaço ein riesiges begehbares Bilderbuch schuf und die Geschichte Portugals auf landestypischen Fliesen bannte.

## ÜBERNACHTUNGEN

### PESTANA PORTO

Exklusiv ist nicht nur die Ausstattung des 5-Sterne-Hauses, sondern auch die Lage im von der UNESCO als Welterbe eingestuften Altstadtensemble in Ribeira, direkt gegenüber dem Rio Douro. Einige der eleganten, stilvollen Zimmer bieten einen traumhaften Blick auf den Fluss, die Bogenbrücke Ponte Dom Luís I und das bunte Treiben auf der Promenade. Feines Frühstück.

*Praça da Ribeira 1*
*www.pestana.com*
*Tel. +351 22 340 23 00*
*DZ ab €€-€€€*

### RESIDENCIAL PÃO DE AÇÚCAR

Traditionelles Hotel mit erstaunlicher Wendeltreppe und gemütlichen Zimmern. Eine originelle Sammlung alter Spielgeräte, darunter Autoscooter, schmückt die Flure. Im Sommer frühstückt man auf der Terrasse mit Blick auf das historische Rathaus.

*Rua do Almada 262*
*www.paodeacucarhotel.pt*
*Tel. +351 22 200 24 25*
*DZ ab €-€€*

### RESIDENCIAL REX

Kleines, in die Jahre gekommenes Stadthausjuwel, jedoch mit teils frisch renovierten Zimmern und schönen architektonischen Details. Beeindruckend: die großen, herrschaftlichen Räume mit Stuck und Deckenmalerei. Gute Lage an der Praça da República mit ihren schönen Gärten.

*Praça da República 117*
*www.hotelrex.pt*
*Tel. +351 22 207 45 90*
*DZ ab €*

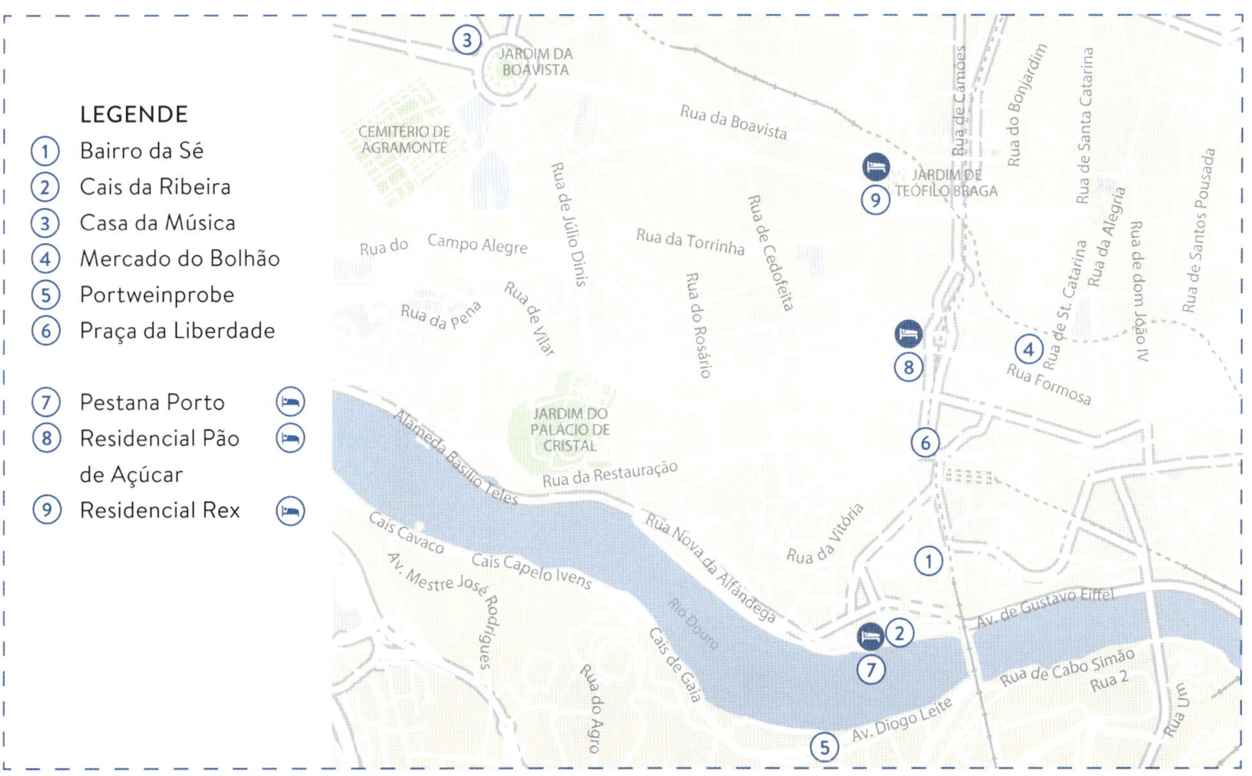

37

# Lissabon

EINE STADT ZUM VERLIEBEN, das ist Lissabon schon auf den ersten Blick. Allein die Lage ist traumhaft. Wo der Tejo in den Atlantik mündet, ziehen sich die Altstadtviertel am Fluss entlang über zahlreiche Hügel und Taleinschnitte. Lissabon, die Schöne, ist eine Verführerin, die ständiges Auf und Ab verlangt. Immerhin überwinden museumsreife Straßenbahnen selbst kühnste Steigungen, verbinden Standseilbahnen und sogar ein spektakulärer Fahrstuhl die Höhenunterschiede. Eine frische Meeresbrise durchweht die Gassen, in denen

Seit 1873 wird Lissabon von Straßenbahnen befahren, seit 1901 elektrisch.

alte Traditionen lebendig geblieben sind und neue Trends geboren werden. Hinter kunstvoll mit Azulejo-Fliesen geschmückten Fassaden erklingt, etwa im Alfama- oder Bairro-Alto-Viertel, allabendlich der melancholische Fado, Lissabons Seele. Dazu gehören inzwischen aber auch die hippen Clubs am Tejo, wo eine quicklebendige, vor Kreativität sprühende Szene die Nächte durchtanzt. Die portugiesische Hauptstadt frönt der Gestaltungsfreude. Für Graffitikünstler hat die Stadt eine ungeheure Attraktivität. Leer stehende Häuser, Mauern, Fabrikwände werden mit Graffitis gestaltet. Sie sind zu einem neuen Markenzeichen der Stadt geworden. Dass Aufbruchstimmung und globale Ambitionen in Lissabon nichts Neues sind, wird im Stadtteil Belém am alten Hafen deutlich. Dort ist man darüber hinaus mit einer süßen Verführung konfrontiert, der nachzugeben sich unbedingt lohnt: sündhaft leckere Blätterteigpasteten in der Pastelaria de Belém. Auch die sind: einfach zum Verlieben!

## Bairro Alto

**1** Lissabon pur erlebt man im Bairro Alto, der Oberstadt. Einen wahrhaft goldenen Blick (Miradouro) spendiert (nach Anfahrt mit dem Elevador de la Gloria) der kleine Park Miradouro São Pedro: spätnachmittags, im Licht der Abendsonne, die Stadt zu Füßen. So inspiriert, locken enge Gassen und kleine Plätze mit vielen Restaurants, Bars und ganz dem Fado gewidmeten Tascas ins Bairro Alto. Nirgendwo in Lissabon ist abends mehr los als hier. Die Oberstadt war einst das Presseviertel, nach Portugals traditionsreichster Tageszeitung ist die Rua do Diario de Noticias benannt. Gleich unterhalb des Miradouro liegt das Museu de São Roque, dessen Kirche (16. Jh.) großartige Fliesenkunst zeigt – unter anderem auch deswegen, weil Bairro Alto das Erdbeben von 1755 überstand. Größter Platz ist die Praça Luís de Camões. An der Statue des Nationaldichters (*Die Lusiaden*, 1572) feierte Lissabon 1974 die Nelkenrevolution.
*Zwischen Rua do Século im Westen und Rua Dom Pedro V im Nordosten*

## Castelo de São Jorge

**2** Vorzüglich ist der Blick von der Maurenfestung (11. Jh.) über die Bucht des Tejo. 1147 fiel sie im Zug der Reconquista an Portugals ersten König, Alfons

**ANREISE**

| Stadt | Flugzeit |
| --- | --- |
| Berlin | 3:40 h |
| Frankfurt | 3:00 h |
| München | 3:10 h |
| Zürich | 2:40 h |
| Wien | 3:35 h |

Der Palácio da Pena, ein farbenfrohes Märchenschloss in Sintra.

den Eroberer. Fortan war sie Königsresidenz bis zum fatalen Erdbeben von Lissabon (1. Nov. 1755). Wie große Teile der Burg wurde danach auch der Torre de Tombo restauriert (Nationalarchiv seit dem 14. Jh.). Interessant sind der archäologische Park und die Ausstellung zur Burghistorie. In den Gärten und an den Mauern lässt sich in traumhafter Lage wandeln.
*Rua de Santa Cruz, www.castelodesaojorge.pt*

## Elevador de Santa Justa

**3** Seit 1902 lässt der stählerne Aufzug elegant von Baixa ins höhere Chiado wechseln, wohin oben ein Steg führt. Den Lift (wie die Standseilbahnen Lavra, Bica und Glória) hatte Raoul Mesnier du Ponsard errichtet, ein Schüler Gustave Eiffels. Von der Plattform (45 m) sieht man, als völligen Kontrast, den Convento do Carmo, dessen gotische Kirchenruine Lissabons imposantestes Relikt des Erdbebens ist.
*Rua Santa Justa*

### REISEZEIT

Eher ungewöhnlich, aber umso stimmungsvoller ist es, die Metropole am Tejo im Winter zu besuchen. Mit ein wenig Glück ist es sonnig klar, mit strahlendem Licht, das die Farben der Hausfassaden leuchten lässt.

## Hieronymuskloster in Belém

**4** Portugals filigranste Architektur entstand in der Epoche König Manuels I. (1495–1521). Herausragendes Beispiel (und UNESCO-Welterbe) ist das 1601 vollendete monumentale Kloster in Belém mit herrlichem Kreuzgang. Der nahe Leuchtturm Torre de Belém steht für den Fernhandel mit Asien, nachdem Vasco da Gama den Weg ums Kap der Guten Hoffnung gefunden hatte.
*Praça do Imperio, www.mosteirojeronimos.pt*

## Sintra

**5** Sintras alte Kulturlandschaft wurde nach dem Erdbeben zum Reiseziel Gebildeter. Anders als in Belém ging der manuelische Stil hier zwar verloren, dafür entstanden neue Paläste und Parks: so etwa der Palácio da Pena (19. Jh.), der Ludwig II. zum Schloss Neuschwanstein inspirierte. Der Park des Palácio Montserrate zeigt auf beachtlichen 15 ha die Botanik der Welt.
*www.parquesdesintra.pt*

## ÜBERNACHTUNGEN

### AVENIDA PALACE

Als erstes Luxushotel Lissabons 1892 erbaut, war es der französische Architekt Lucian Donnat, der den 5-Sterne-Palast Ende des 20. Jh. im romantischen Stil der Belle Époque wiederbelebte. Zentral gelegen, 82 opulente Zimmer und Suiten, wunderschöne Bar, ganz in Holz und rotem Leder.

*Rua 1 Dezembro 123*
*www.hotelavenidapalace.pt*
*Tel. +351 21 321 81 00*
*DZ ab €€–€€€*

### CASA COSTA DO CASTELO

Charmante Pension in einem alten Wohnhaus direkt unterhalb der Burgmauern von São Jorge. Wer sich vom dunklen Stiegenhaus nicht abschrecken lässt, den erwarten im 4. Stock renovierte, gemütlich-geschmackvolle Zimmer. Von drei idyllischen Terrassengärten aus liegt einem Lissabon zu Füßen. Sehr hilfsbereiter Wirt.

*Rua Costa do Castelo 54*
*www.c-c-castelo.com*
*Tel. +351 21 882 26 78*
*DZ ab €*

### LIVING LOUNGE HOSTEL

Portugiesische Künstler haben ein Heim für junge Reisende geschaffen, in dem jeder der freundlichen Räume nach einem anderen farbenfrohen Motto gestaltet ist. Es gibt Doppel- und Mehrbettzimmer, jeweils mit Bad im Flur, sowie Küche und Lounge für alle. Günstig: zentrale Altstadtlage.

*Rua do Crucifixo 116*
*www.livingloungehostel.com*
*Tel. +351 21 346 10 78*
*DZ ab €*

38

# Andalusien

Postkartenreif: die Aussicht vom Mirador de San Nicolas auf die Alhambra, dahinter die schneebedeckten Gipfel der Sierra Nevada.

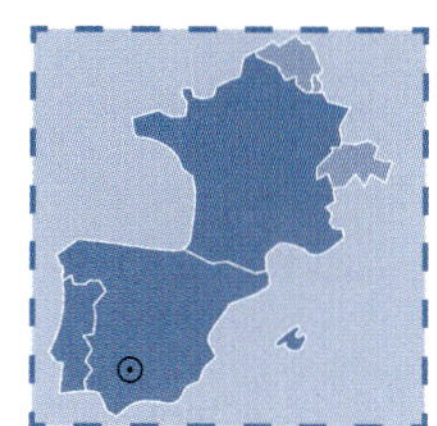

ORIENT UND OKZIDENT – hier sind sie auf einzigartige Weise verschmolzen. Über Jahrhunderte, insbesondere im »Goldenen Zeitalter« der toleranten Maurenreiche des Mittelalters, verbanden sich römische, arabisch-islamische, sephardisch-jüdische und kastilisch-christliche Einflüsse zu einer faszinierenden kulturellen Symbiose. Andalusien reizt zu längeren Reisen, doch selbst wenige Tage können ausreichen, um seiner Magie nachzuspüren. Dann darf weder die imposante Festungs- und Palastanlage der Alhambra fehlen, die majestätisch über Granada thront, noch die atemberaubende Mezquita in Córdoba – einst Moschee, nun katholisches Gotteshaus – mit ihrem Säulenwald, noch die märchenhafte Altstadt der andalusischen Kapitale Sevilla mit ihrer gewaltigen Kathedrale. Dabei will Andalusien nicht nur betrachtet, sondern mit allen Sinnen erlebt werden. Einschließlich der hinreißenden kulinarischen Spezialitäten, die über Tapas weit hinausgehen. Der eine oder andere Sherry gehört natürlich dazu. Sinnlich erfahrbar wird Andalusien nicht zuletzt beim Flamenco: Vielfältige kulturelle Traditionen haben sich zu einer temperament- und charaktervollen Komposition verbunden, die begeistert. Olé!

Einer der schönsten Plätze Sevillas ist die halbkreisförmige Plaza de España mit dem angrenzenden Parque de María Luisa.

## Alhambra, Granada

**1** Ein grandioses Relikt aus islamischer Zeit ist die Alhambra (wohl: Roter Palast). Sie war die Residenz der im Emirat Granada von 1238–1492 herrschenden Maurendynastie der Nasriden. 101 Jahre nach Vollendung der Anlage (1391) kam Granada in der Reconquista als letztes Gebiet Andalusiens unter Spaniens Krone. Seit dem 19. Jh. wird die Alhambra restauriert. Hinter der wuchtigen Zitadelle (Alcazaba) liegen ein Renaissancepalast Karls V. (16. Jh.) und maurische Paläste von hoher Kunstfertigkeit: an Arabesken überreiche Wände, Stalaktitengewölbe (Muqarnas), der große Myrtenhof und ein lauschiger Löwenhof mit Brunnen. Zum Welterbe zählen zudem die wunderbaren Gärten des Palacio de Generalife.

*Calle Real de la Alhambra s/n*
*www.alhambra-patronato.es*

## Altstadt von Sevilla

**2** Aus Sevillas maurischer Zeit (bis 1248) stammt ein hochelegantes Minarett (1196), das in der Renaissance zur Giralda (mit Figur 101 m hoch) wurde,

### ANREISE (ÜBER MÁLAGA)

| | |
|---|---|
| Berlin | 3:20 h |
| Frankfurt | 2:55 h |
| München | 2:55 h |
| Zürich | 2:35 h |
| Wien | 3:15 h |

**Moschee oder Kirche? Beides: Ein maurischer Säulenwald bezaubert in Córdobas Kathedrale.**

dem Glockenturm der gotischen Kathedrale (1401–1519). Spaniens größte Kirche bietet ein gigantisches Altarretabel (Chor), ein präpariertes Krokodil (Echsenpforte), Christoph Kolumbus' Grabmal und den schönen Orangenhof. Nebenan archiviert die Casa Lonja de Mercaderes (18. Jh., einst Börse) Spaniens Kolonialgeschichte und bezaubert der Alcázar-Palast (14. Jh.) mit maurischem Stil und herrlichem Park. Über die feine Avenida de la Constitucíon kommt man zum Rathaus nebst Marktplatz, während das Gewirr enger Gassen zum futuristischen Metropol Parasol (2011), zum Flamenco-Museum, zur Filmkulisse der Casa de Pilatos (16. Jh.) und sehr vielem mehr führt.
*Kathedrale: Av. de la Constitución s/n*
*www.catedraldesevilla.es*

## REISEZEIT

Die besten Besuchsmonate sind April–Juni und September–November. Im Mai und Oktober ist wenig los an den Stränden, man kann aber schon/noch gut baden. Eines der wichtigsten Feste, v.a. in Sevilla, ist die Semana Santa, die Osterwoche, mit ihren feierlichen Prozessionen.

## Mezquita, Córdoba

**3** Römischer Tempel, westgotische Kirche, riesige Moschee (ab 784), gigantische (15 000 m2) Kathedrale: Trotz Córdobas Rekatholisierung (1236) und des Umbaus in der Renaissance blieb der maurische Stil der Mezquita prägend. Die quasi »katholische Moschee« hat 856 Säulen, kunstvollste Bögen und Kuppeln und eine Gebetsnische (Mihrab). Die im 16. Jh. mitten hineingestellte Basilika nahm die vorhandene Architektur geschickt auf. Zum Welterbe zählt auch der Glockenturm (zuvor Minarett) über Europas ältestem Garten, dem Orangenhof.
*Calle del Cardenal Herrero 1, www.catedraldecordoba.es*

## Weiße Dörfer der Sierra de Grazalema

**4** Wer in dem gebirgigen Naturpark (bis 1654 m) wandert, trifft auf anmutige Orte mit weiß leuchtenden Häusern. Sehr reizvoll sind Benaocaz, Villaluenga del Rosario und, samt maurischer Burgruine, Stausee und Weitblick: Zahara de la Sierra. Kurios: Im schönen Grazalema regnet es viermal mehr als in den Nachbarorten.
*www.cadizturismo.com*

## ÜBERNACHTUNGEN

### ALCOBA DEL REY DE SEVILLA

Im Boutiquehotel im Stadtviertel Macarena lebt das maurische Erbe Sevillas wieder auf: Man nächtigt in schönen Räumen mit Marmorböden und Messingspiegeln unter vielfarbigen Zimmerdecken, in Zedernholzbetten mit filigranen Schnitzereien.

*Calle Bécquer 9, Sevilla*
*www.alcobadelrey.com*
*Tel. +34 95 491 58 00*
*DZ ab €-€€*

### HOTEL PALACIO SANTA INÉS, GRANADA

Der kleine Palast von anno 1520 liegt in den engen Gassen am Fuß der Alhambra und birgt nette Details: einen überdachten Patio, Räume mit Terracottaböden und uralten Balkendecken. Nicht nur die preiswerten Suiten lassen fein zum Weltkulturerbe blicken.

*Cuesta de Santa Inés 9, Granada*
*www.palaciosantaines.es*
*Tel. +34 95 82 22 362*
*DZ ab €-€€, Suite ab €€*

### LAS CASAS DE LA JUDERÍA, CÓRDOBA

Das ehemals herrschaftliche Anwesen (17./18. Jh.), dessen Gebäudeensemble behutsam zu einem 4-Sterne-Boutiquehotel umgestaltet wurde, liegt in Córdobas Altstadt inmitten des jüdischen Viertels. Die mit maurisch-antiken Stilelementen eingerichteten luftigen Zimmer erreicht man über labyrinthartige Korridore und lauschige Patios – einer sogar mit Pool.

*Calle alle Tomás Conde 10, Córdoba*
*www.lascasasdelajuderiadecordoba.com*
*Tel. +34 957 20 20 95*
*DZ ab €€*

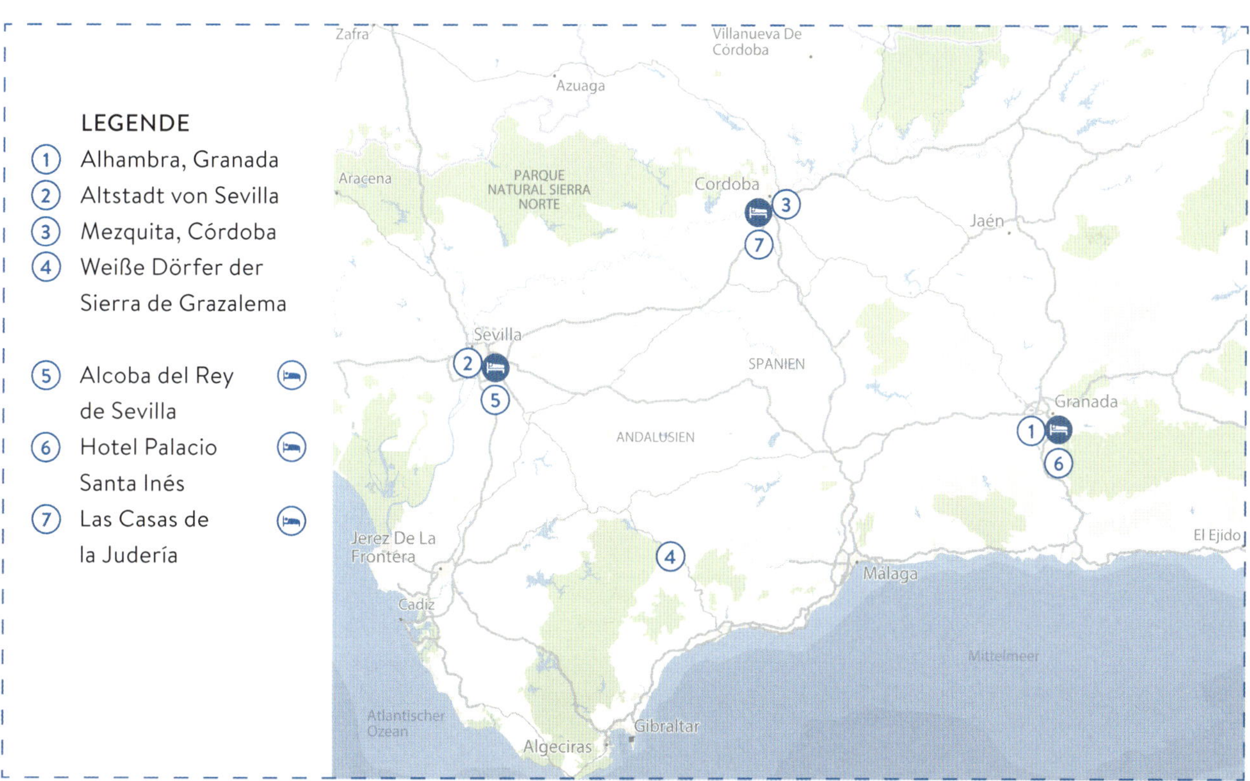

39

# Madrid

ES LOHNT SICH, IN diese Stadt voller Kontraste einzutauchen, die einen zum Staunen bringt. Madrid hat diesbezüglich viel zu bieten: das Getöse der Gran Vía, die Eleganz der Einkaufsmeile Calle Serrano. Oder Vormittage unter Akazienbäumen im Parque del Retiro, Abende mit einem Glas *tinto* auf der Plaza Dos de Mayo in Malasaña, zwischen Hipstern, Familien und Stadtteiloriginalen. Und da sind die Straßen der Stadtviertel: das touristische Habsburgerviertel Austrias, das ehrwürdige Dichterviertel Huertas, das hippe Chueca und

Im Parque del Retiro, zu Füßen der Reiterstatue von Alfonso XII., passt jeder das Tempo seinem Gemüt an.

das gediegene Barrio de Salamanca. Kunstfreunden offeriert die spanische Hauptstadt mit dem Paseo de Prado ein städtebauliches Meisterwerk aus dem 18. Jh., einen Kunstboulevard von Weltrang auf gerade mal 1 km Länge: das Museo del Prado, das Museo Thyssen-Bornemisza und das Reina Sofía. Eine kleine, feine Kunstsammlung bietet das Círculo de Bellas Artes – und vom Dach aus einen fantastischen Blick über die Stadt.

Roy Lichtensteins Pinselstrich (Brushstroke) ziert Jean Nouvels Anbau am Museo Reina Sofía.

## Museo Reina Sofía

1 Das Nationalmuseum mit Fokus auf spanische Kunst des 20. Jh. (Miró, Gris u. v. a.) zieht viel Publikum an. Überragendes Werk ist Picassos Gemälde *Guernica* (349 × 777 cm), das den Angriff der deutschen Legion Condor auf die baskische Stadt Gernika 1937 thematisiert. Auch die Vorskizzen sind zu sehen. In Paris gemalt, erlaubte Picasso erst nach dem Tod des Diktators Franco und der Etablierung der Demokratie, das Bild in Spanien zu zeigen (seit 1981). Schon dieses Werk, das nicht mehr ausgeliehen werden darf, lohnt den Besuch.
*C. Sta. Isabel 52*
*www.museoreinasofia.es*

## Círculo de Bellas Artes

2 Der Zirkel der Schönen Künste war einst ein elitärer Kreis. Seit 1983 ist das prächtige Art-déco-Gebäude (1923) offen für alle. Im Kulturangebot sind Vorträge,

### ANREISE

| | |
|---|---|
| Berlin | 3:05 h |
| Frankfurt | 2:30 h |
| München | 2:40 h |
| Zürich | 2:20 h |
| Wien | 3:05 h |

**Blick über Madrid an der Ecke Gran Vía und Calle de Alcalá. Das Hochhaus im Hintergrund ist das 1929 erbaute Edificio Telefónica.**

Konzerte, Wechselausstellungen mit Klassikern und Newcomern der Kunstszene sowie ein Programmkino. Im Parterre findet man ein feines Café, auf der Dachterrasse einen satten Blick über Madrid.
*C. Alcalá 42, www.circulobellasartes.com*

## Museo Nacional del Prado

**3** Zu den großartigsten Kunstmuseen der Welt gehört der Prado. 1819 eröffnet und seit 2007 modern erweitert, gibt es hier eine enorme Fülle an Malerei vom Mittelalter bis ins 19. Jh. zu sehen. Um nur einige der zahlreichen Meisterwerke zu nennen: Hieronymus Boschs aberwitziger *Garten der Lüste* (ca. 1500), Velázquez' *Las Meninas* (1656), eine vertrackte Bildkomposition mit vielen Deutungsmöglichkeiten, oder (um 1800) Goyas *Bekleidete Maya* und daneben *Die nackte Maya,* die ihn den Job als Hofmaler kostete.
*Paseo del Prado, www.museodelprado.es*

### REISEZEIT

Mitte September bietet die *noche en blanco* (»weiße Nacht«) nicht nur freien Eintritt zu den kulturellen Einrichtungen der Stadt, wie so oft ist das Faszinierendste: Ganz Madrid ist auf der Straße.

## Parque del Retiro

**4** Der Schlossgarten (118 ha) wurde im 19. Jh. zum Park für alle freigegeben. Er ist eine Oase der Ruhe mitten in Madrid: schattige Alleen, Tausende Bäume, eine mexikanische Zypresse von 1633, verspielte Brunnenskulpturen und ein von Alfonso XII. hoch zu Ross überblickter See. Das feine Flair des Palacio de Velázquez und des Palacio de Cristal (19. Jh.) nutzt das Museo Reina Sofía für Ausstellungen.
*Haupteingang an der Pl. de la Independencia*

## Plaza Mayor

**5** Marktplatz, Richtplatz, Stierkampfarena: Seit dem 15. Jh. hatte die Plaza Mayor (129 × 94 m) schon viele Funktionen inne. Nach Bränden stets erneuert, sieht sie seit 1854 so klassizistisch aus wie heute, samt Arkaden und 237 Balkonen. Blickfang mit ihren Fresken ist die einstige Bäckerei Casa de la Panadería (17. Jh.).
*Mitten im Stadtzentrum*

## ÜBERNACHTUNGEN

### DORMIRDCINE

Film ab: Im Dormirdcine geht man mit Greta Garbo oder Charly Chaplin zu Bett, steht mit Hulk oder dem Blade Runner auf und tafelt unter den Augen von King Kong – jeder Hotelraum ist einem anderen cineastischen Motiv gewidmet, und ein Happy End findet der Tag in der Kinobar des Hotels. Gute Lage im eleganten Viertel Salamanca.
*Calle Príncipe de Vergara 87*
*www.dormirdcine.com*
*Tel. +34 91 411 08 09*
*DZ ab €–€€*

### SCRIPT

Zimmer und Studios, pfiffig eingerichtet, in guter, zentraler Lage bietet Numastays in trendigen Städten. So auch in Madrid, nahe Museumsmeile und Retiro-Park. Ohne Rezeption checkt man digital ein, Frühstück gibt es bei einem Partnerbetrieb in der Nachbarschaft.
*Plaza de las Cortes 4*
*www.numastays.com/de/locations/spain/madrid/cortes/script*
*DZ ab €–€€*

### SANTO MAURO

Der 1895 für den Herzog von Santo Mauro erbaute französisch-klassizistische Palast im Stadtteil Salamanca beherbergt heute, umgeben von einem prächtigen Garten, ein Luxushotel. Erhaben tafeln lässt es sich in der ehemaligen Bibliothek und gediegen nächtigen in nobel ausgestatteten Zimmern.
*Calle Zurbano 36*
*www.hotelacsantomauro.com (unter Hotels in Madrid)*
*Tel. +34 91 319 69 00*
*DZ ab €€€*

40

# Barcelona

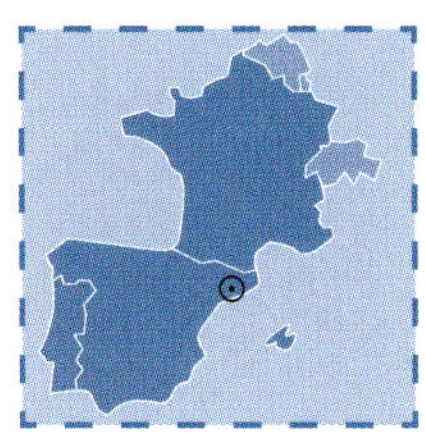

BARCELONA FASZINIERT IN SEINER Widersprüchlichkeit. Der hingebungsvollen Pflege uralter Traditionen steht der Drang gegenüber, immer vorderste Avantgarde zu sein: einerseits etwa die archaischen Menschentürme der Volksfeste, die *castells,* andererseits hypermoderne Architektur, Design, Kunst, ja sogar Kulinarik – man denke an die Molekularküche. Barcelona kann so kosmopolitisch wie provinziell sein, so hektisch wie demonstrativ gelassen. *Seny* und *rauxa* heißt im Katalanischen ein weiteres Gegensatzpaar:

**Verspielte Formen der Natur prägen die Bauten im Park Güell.**

vernunftgesteuerte Geschäftstüchtigkeit und ekstatisch-leidenschaftliche Kreativität. Barcelona beschränkt sich nie auf das eine oder andere Extrem. Stattdessen ist es das befruchtende Wechselspiel einander ergänzender Gegensätze, das diese Stadt so einzigartig macht. Sogar sprachlich trifft man auf ein spannendes »Sowohl-als-auch« von Spanisch und Katalanisch. Welche Sprache auch gesprochen wird, stets ist Barcelona bestimmt von einer besonderen Intensität und ansteckender Vitalität. Gerne und oft geht man zu Fuß; die Wege in den Altstadtvierteln und zum Großteil auch im *Eixample,* der Neustadt, sind überschaubar. In kaum einer anderen europäischen Metropole sind Stadt und Meer so eng verknüpft wie hier. Kultur, Strand und Shopping lassen sich einfach verbinden: Wer will, kann den Vormittag beim Stadtbummel, den Nachmittag am Wasser und den Abend wieder auf hochkarätigen Kulturveranstaltungen verbringen.

## Barri Gòtic

**1** Versteckt im Gassengewirr des gotischen Viertels liegt die Plaça del Rei (14.–15. Jh.). Hier imponiert der Palau Reial Major (Königspalast) mit dem Festsaal von 1370 (Saló del Tinell, 578 m2, 12 m hoch), der heute zum Museum für Stadtgeschichte (MUHBA) gehört. Platz und Viertel entstanden mit dem Aufstieg des Königreichs Aragón, das ab dem 13. Jh. die Balearen, Sizilien, Neapel und Sardinien umfasste. Nach der Hochzeit Ferdinands II. von Aragón mit Isabella von Kastilien (1469) wurde Toledo zum Hof beider Königreiche. Sehenswert im Barri Gòtic sind u. a. die Kathedrale (13.–15. Jh.) und der Palau de la Generalitat (um 1400) – Sitz der ältesten Institution katalanischer Autonomie.
*Zwischen Rambla, Plaça de Catalunya,*
*Via Laietana und Yachthafen*
*MUHBA: www.barcelona.cat/museuhistoria/en*

## La Boqueria

**2** Barcelona hat eine der bestsortierten Markthallen der Welt. Allein für Fisch und Meeresfrüchte gibt es mehr als 30 Stände. Ein Augenschmaus sind die Auslagen von Südfrüchten, Gemüse, Gewürzen, Käse, Wurst und regional-mediterranen Delikatessen. Ein Genuss auch: von einer der neun Bars in der 2600 m2 großen Halle mit ihrem Eisendach (seit 1914) das kulinarische Treiben zu betrachten.
*Rambla 91, www.boqueria.barcelona*

El Pont des Bisbe, die Bischofsbrücke, auf Deutsch auch »Seufzerbrücke« genannt, im Barri Gòtic.

## Museu Picasso

**3** Bevor der aufstrebende Picasso ganz nach Paris zog, verbrachte er die Jahre 1896–1904 in Barcelona. Es versteht sich, dass die Stadt dem Jahrhundertkünstler ein adäquates Museum widmete. Mit dem Grundstock von 574 Werken, gestiftet von Picassos Intimus Jaime Sabartés, eröffnete 1963 das (später erweiterte) Museum

### ANREISE

| | |
|---|---|
| Berlin | 2:30 h |
| Frankfurt | 2:00 h |
| München | 2:00 h |
| Zürich | 1:40 h |
| Wien | 2:00 h |

**Früher Wächter der Kunstschätze, heute schnatternde Touristenattraktion: die Gänse der Kathedrale.**

im gotischen Palau Aguilar (13. Jh.). 1970 steuerte der Künstler selbst 921 Werke aus Familienbesitz bei. Zu sehen sind v. a. Gemälde vor und aus der Blauen Periode. Gezeigt werden auch die 1957 entstandenen 44 Interpretationen von Velázquez' komplexem Meisterwerk *Las Meninas* (1656, Prado). Witzig: Den spanischen Mastiff im Original ersetzte Picasso durch seinen Dackel Lump.
*C. de Montcada 15–23*
*www.museupicasso.bcn.cat*

### REISEZEIT

Sehr angenehm sind das späte Frühjahr und der frühe Herbst. Günstige Unterkünfte findet man vor allem im Winter – auch dann hat die Stadt noch viele sonnige, milde Tage zu bieten.

## Sagrada Familia

**4** Gleich Tentakeln eines immensen Tintenfischs ragen die bisher entstandenen Türme der Heiligen Familie in die Höhe. 18 sollen es einmal werden, der höchste, über der innen 60 m hohen Vierung, wäre dereinst 172 m hoch. Organische Strukturen, an der Natur orientiert, waren das Vokabular der Formensprache Antoni Gaudís, von dem, unverkennbar, der Entwurf der wohl ungewöhnlichsten Kirche dieser Welt stammt. Die Pläne des 1882 begonnenen Bauwerks wurden oft variiert, bis zu Gaudís Tod im Jahr 1926 stand immerhin die Geburtsfassade. Dem Spanischen Bürgerkrieg fielen viele Entwürfe zum Opfer; Schüler und Mitarbeiter des Meisters rekonstruierten sie – oder interpretierten sie neu. Das ursprüngliche Ziel, die Basilika zum 100. Todesjahr Gaudís zu vollenden, wird wohl nicht erreicht werden.
*C. de Mallorca 401*
*(Eingang: Carrer de la Marina)*
*www.sagradafamilia.org*

## Park Güell

**5** Nur wenige Städte sind derart mit einem Architekten verbunden wie Barcelona mit Antoni Gaudí (1852–1926). Dabei ist längst nicht alles umgesetzt, was er plante. Der Park Güell etwa blieb Fragment im Baustand 1914. Anno 1900 begonnen, war er als 17 ha großes Wohnresort für Betuchte gedacht: 60 Villen, feine Hanglage mit Blick über die Stadt, das Mittelmeer am Horizont. Nur fanden sich kaum Käufer, und Gaudís Freund und Sponsor Eusebi Güell (1846–1918), reichster Mann der Stadt, mochte nicht alles allein stemmen. So entstand neben Güells üppiger Villa (derzeit Schule) noch die Casa Gaudí, in der der Künstler von 1906 bis 1925 lebte. Heute ein Museum, lässt sie ins zölibatäre Leben des frommen Eigenbrötlers Gaudí blicken. Der Park mit Treppen, Terrassen, Balustraden, Arkaden, Figuren und großem Platz zeigt allenthalben verspielt-organische Formen und Mosaiken aus Porzellanscherben. Zwar einer der meistbesuchten Orte Barcelonas, wird es immer ruhiger, je höher man geht.
*Carrer d'Olot 7*
*www.parkguell.barcelona*

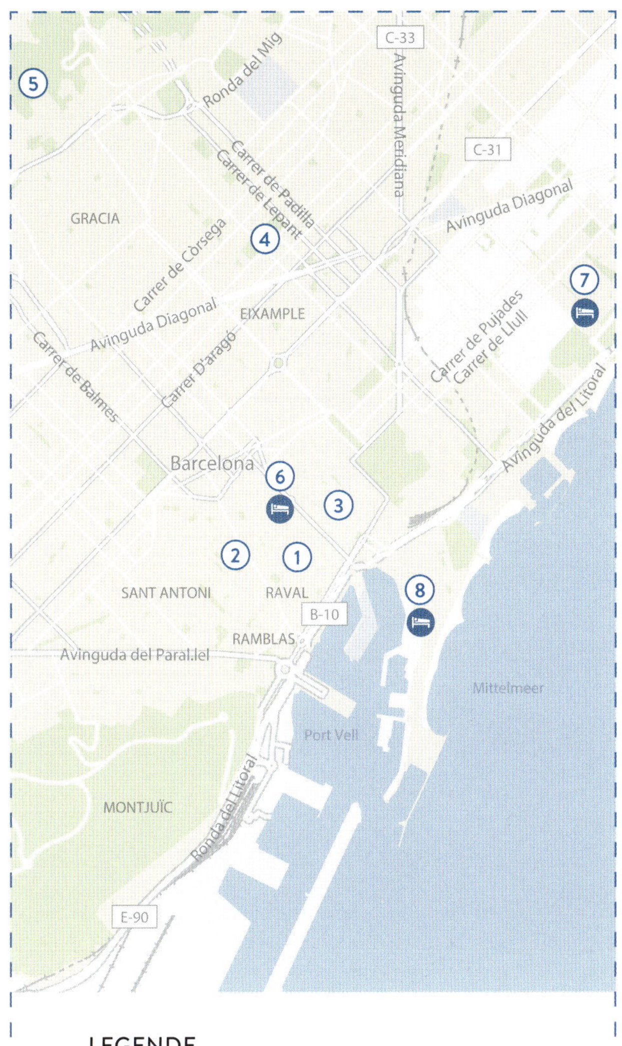


LEGENDE

| | | | |
|---|---|---|---|
| 1 Barri Gòtic | 6 Hotel Colón | |
| 2 La Boquería | 7 Poblenou Bed & Breakfast | |
| 3 Museu Picasso | 8 W |  |
| 4 Sagrada Família | | |
| 5 Park Güell | | |

## ÜBERNACHTUNGEN

### HOTEL COLÓN

Mit Blick auf eines der bedeutendsten mittelalterlichen Bauwerke, die Kathedrale von Barcelona in der gotischen Altstadt, nächtigten bereits Künstler und Literaten wie Joan Miró, Ernest Hemingway und Jean-Paul Sartre. Die Zimmer des 1951 erbauten und regelmäßig modernisierten Hotels sind frisch renoviert, hell und stilvoll. Eine Wucht ist die Aussicht über die Dächer Barcelonas von der Terrasse und vom Spa aus.

*Av. de la Catedral 7*
*www.colonhotelbarcelona.com*
*Tel. +34 93 301 14 04*
*DZ ab €€*

### POBLENOU BED & BREAKFAST

Charmantes, familiäres Hostel im früheren Arbeiterviertel Poblenou, nur 300 m vom Strand entfernt. Im schön restaurierten Stadthaus mit bunten Mosaikböden und hohen Decken wohnt man in luftigen, nach katalanischen Künstlern benannten Zimmern. Auf der pflanzenumrankten Hof-Terrasse wird köstliches Frühstück serviert.

*Carrer Taulat 30*
*www.hostalpoblenou.com*
*Tel. +34 93 221 26 01*
*DZ ab €*

### W

In Luxus eintauchen am Strand von Barceloneta: Das noble Domizil direkt am Wasser mit seiner markanten, futuristischen Fassade, die an ein Segel erinnert (Architekt: Ricardo Bofill), versprüht von innen und außen maritimes Flair. Mit exklusivem Spabereich und einem unvergleichlichen Blick vom Dachterrassenpool.

*Plaça de la Rose dels Vents 1*
*www.w-barcelona.com*
*Tel. +34 93 295 28 00*
*DZ ab €€€*

41

# Mallorca

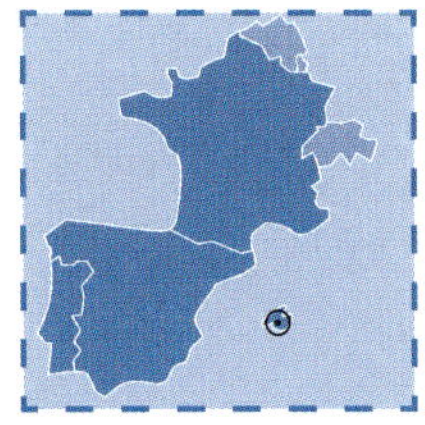

ALS »PARADIES AUF ERDEN« wurde Mallorca lange gepriesen – vom Komponisten Frédéric Chopin oder der Schriftstellerin Gertrude Stein beispielsweise. Heute begegnen manche der Insel mit Naserümpfen und dem Schlagwort »Ballermann«. Ist Mallorca nicht viel zu laut und viel zu voll? Haben Millionen Touristen die einstige Schönheit nicht längst abgetragen? Sind die idyllischen Fleckchen nicht längst verbraucht? Ganz klar: Nein! Niemand muss in Bettenburgen absteigen, sich in lauten deutschen Bierkneipen amüsieren oder

Ein Bootsausflug zum Cabrera-Archipel führt durch zauberhafte, fast unberührte Natur.

an überfüllten Stränden Sangría aus Eimern trinken (es sei denn, man will es). Mallorca ist nach wie vor ein wunderschöner Traum, der Sehnsüchte wahr werden lässt. Schon ein verlängertes Wochenende (mit Mietwagen) kann genügen, um einzelne faszinierende Facetten dieser Insel zu erleben und sich ihrer zu erfreuen: Sei es die geschichtsträchtige Altstadt der Hauptstadt Palma – die man sich keinesfalls entgehen lassen sollte – mit ihren engen Gassen und der einzigartigen Kathedrale. Seien es das Wanderparadies des Tramuntana-Gebirges im Inselwesten, die ursprünglichen Dörfer der Inselmitte, die Buchten des Nordens oder die kilometerlangen Strände im Süden. Im Jahreslauf verzaubert Mallorcas Vegetation: Schon im Januar beginnen die Mandelbäume zu blühen; Orangenbäume, Klatschmohn, Margeriten,

**Glücklich schätzen kann sich, wer in Palma de Mallorca eine Unterkunft mit Dachterrasse hat.**

Lilien und wilde Rosen folgen, und im Mai ist Mallorca ein einziger Garten. Dabei scheint fast immer die Sonne, mindestens 2400 Stunden im Jahr. Paradiesisch!

## Altstadt von Palma

**1** In den engen, mit vielen Treppen verbundenen Gassen findet man die Baustile der Eroberer als imposanten Kulturenmix: Palma ist eine Gründung der Römer (122 v. Chr.), denen auf Mallorca nach 588 Jahren die Vandalen folgten, dann Byzanz. 902 kamen die Mauren, die in Palma die wuchtige Festung Almudaina bauten. Jaume I. von Aragón eroberte 1229 die Balearen, die Almudaina wurde zur gotischen Residenz (heute Museum) umgebaut. Ein besonderes Prachtstück der Gotik ist die

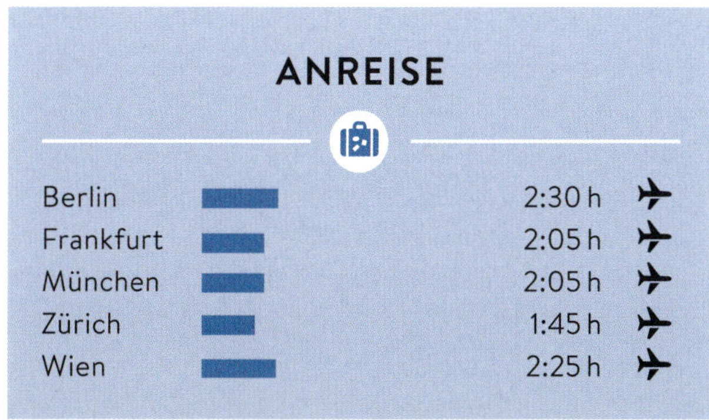

**ANREISE**

| Stadt | Flugzeit |
|---|---|
| Berlin | 2:30 h |
| Frankfurt | 2:05 h |
| München | 2:05 h |
| Zürich | 1:45 h |
| Wien | 2:25 h |

Kathedrale La Seu (13.–16. Jh.) mit farbenreichen Rosetten und kunstvollen Fenstern. Wer sich weiter durch die Gassen treiben lässt, landet vielleicht in einem der vielen verträumten Patios der alten Stadtpaläste oder im Viertel La Lonja auf einen Drink.
*Tourist Info: Plaça de la Reina 2, www.infomallorca.net*

## Cabrera-Archipel

**2** Ein (nahezu) menschenleeres Naturparadies sind die Cabrera-Inseln. Damit das so bleibt, wurden sie 1991 zum Nationalpark erklärt. Nur eine reglementierte Anzahl von Booten und Besuchern darf die Überfahrt zur »Ziegeninsel« buchen. Dort ist eine einzigartige Unterwasserwelt erhalten mit Bärenkrebs & Co., seltenen Korallen und Bademöglichkeit in einer tiefblauen Grotte. An Land gibt es rare Pflanzen, ein Museum, viele Vogelarten und eine endemische Eidechse. Die Ziegen mussten allerdings umziehen, sie hätten Cabrera sonst kahl gefressen.
*Mehrmals tgl. ab Colònia de Sant Jordi*
*www.excursionsacabrera.es*

## Es Trenc

**3** Kilometerlanger Naturstrand, schneeweißer, feiner Sand an kristallklarem türkisblauem Wasser – tatsächlich »stört« nur der angrenzende Pinienwald dieses Karibikflair unter mallorquinischer Sonne. Im Juli 2017 wurde der beliebte, gut 3 km lange Traumstrand zwischen Sa Ràpita und Colònia de Sant Jordi zum Naturpark erklärt. Wer das seither noch verschärfte Parkproblem umgehen will, reist per Rad, Shuttlebus oder zu Fuß an.
*1 km nordwestlich von Colònia de Sant Jordi*

### REISEZEIT

In der zweiten Maiwoche finden die beeindruckenden Schaugefechte Moros y Cristianos in Sóller im Gedenken an den Sieg über die muslimischen Piraten im Jahr 1561 statt.

Rötliche Häuser am Hang, umgeben von Orangengärten und Olivenhainen: Deià, ein typisches Bergdorf der Serra de Tramuntana.

## Serra de Tramuntana

**4** Der 90 km lange Gebirgszug Serra de Tramuntana durchzieht von Andratx im Südwesten bis zum Cap de Formentor im Norden wie ein Rückgrat die Insel – und ist gleichzeitig ihre Seele. Wer ein Mallorca jenseits vom Ballermann sucht, eines mit traditionsreichen Bergdörfern, hohen Gipfeln, abgeschiedenen Klöstern und spektakulären Wander-, Rad- und Kletterrouten, wird dort fündig. Einen Besuch lohnen die nostalgischen Orte Andratx und Calvià mit ihren altertümlichen Gassen, das pittoreske Künstlerdorf Deià oder Sóller mit seinem botanischen Garten; nicht zu vergessen auch Fornalutx, das als Mallorcas schönstes Dorf gilt. Eine spektakuläre Wanderung führt zum Castel d'Alaró, das einst zum Schutz vor Piraten erbaut wurde – und ebenso fantastisch wie aussichtsreich geht die Sonne am Cap Fomentor unter.
*Im Nordwesten Mallorcas*
*www.serradetramuntana.net*

## ÜBERNACHTUNGEN

### BORN

Das Schloss des Marquis von Ferrandell (16. Jh.) beherbergt heute ein Altstadthotel im mallorquinischen Stil. Von der schönen, mit Marmorsäulen geschmückten Lobby führt eine hoheitliche Treppe zu den eleganten Zimmern. Das Frühstück nimmt man im gepflegten Innenhof unter Palmen ein.

*C. Sant Jaume 3, Palma de Mallorca*
*www.hotelborn.com*
*Tel +34 971 71 29 42*
*DZ ab €€*

### CA'S XORC LUXURY RETREAT & RESTAURANT

An der Westküste zwischen dem Tramuntana-Gebirge und dem Meer liegt das geschmackvoll renovierte und mit liebevollen Details bestückte Landhaus, das sich den Charme einer historischen Finca bewahrt hat. Der große, verträumte Garten mit Pool bietet einen fantastischen Blick bis nach Port de Soller.

*Carretera de Deia, km 56,1, Sóller*
*www.casxorc.com*
*Tel. +34 971 63 82 80*
*DZ ab €€€, Nov.–3. Märzwoche geschlossen*

### SON BAULÓ

Die Kultur-Finca in Lloret de Vistalegre bietet Seminare, Musik und Kabarett, ist eine Galerie und auch (oder insbesondere) ein familiäres Landhotel mit großzügig-idyllischen Gartenanlagen. Der herzliche Inhaber verwöhnt seine Gäste mit einem prima Frühstück.

*Cami de Son Bauló 1, Lloret de Vistalegre*
*www.son-baulo.com*
*Tel. +34 971 52 42 06*
*DZ ab €€*

# SÜD- UND SÜDOST EUROPA

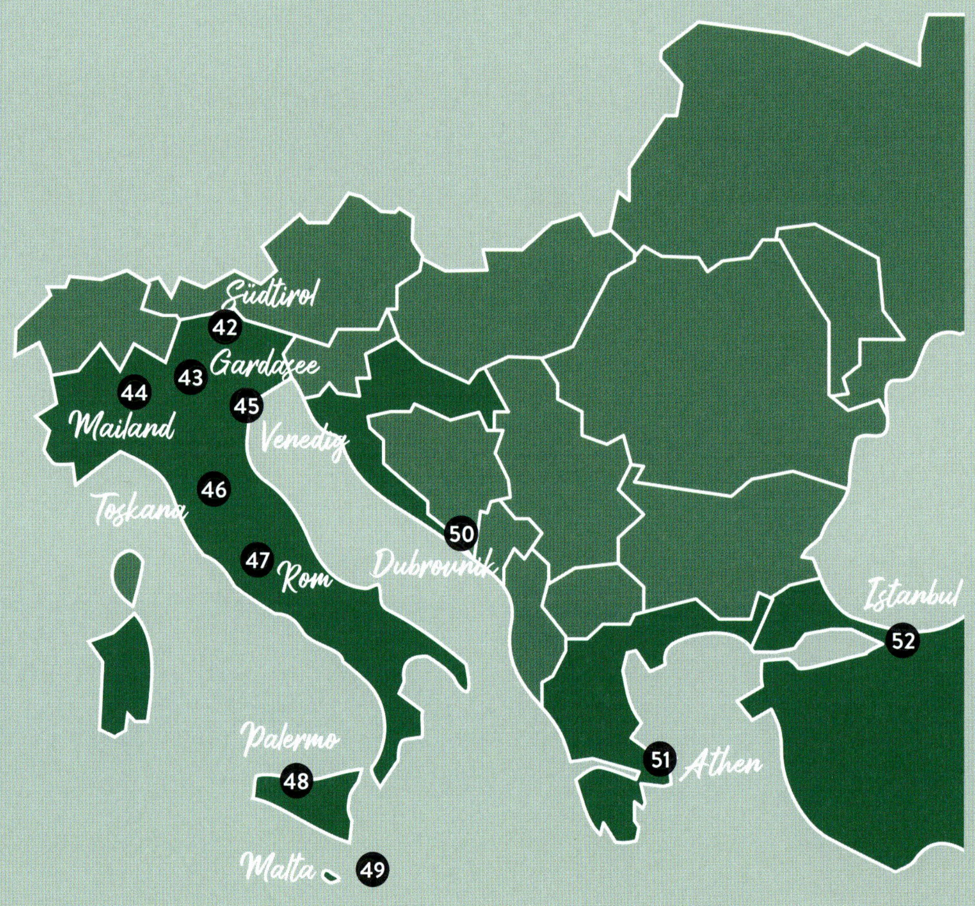


Der Reiz des klassischen Südens: Für Nordeuropäer beginnt er schon in Südtirol. Unweit lockt, mal wild, mal sanft, der Gardasee, Italiens größter. In Mailand, schon seines Doms wegen eine Reise wert, liegt die Scala gleich um die Ecke. Die Toskana wartet mit Florenz als Wiege der Renaissance auf und mit Sienas grandioser Piazza del Campo. Der steht Venedigs Markusplatz nicht nach, wie die Magie der Lagunenstadt überhaupt. Rom, Weltmetropole der Antike, fasziniert bis heute nicht nur alte Lateiner. Archaisch reizvoll-flimmernd geben sich Palermo und, südlich von Sizilien, der EU kleinster Staat, Malta. Dubrovnik betört als kompakte Schönheit an der Adria. Während Athen mit dem Welterbe Akropolis und Istanbul als uralte Weltstadt am Bosporus beeindrucken.

Mächtige Mauern umgeben die Altstadt von Dubrovnik.

# 42

# Südtirol

VIEL SONNE UND WENIG REGEN machen diese Seite der Alpen südlich des Brennerpasses zum Urlaubsland mit Traumklima. Die Vegetation reicht von Palmen im Meraner Becken und Weingärten in den Tallagen über dichte Nadelwälder bis zu kargen Hochgebirgslandschaften. Die Einzigartigkeit der farbenreichen Dolomiten hat die UNESCO gar zum Welterbe erklärt. Seit jeher hat die Tourismuswerbung auf Wetter und Landschaft gesetzt, daneben wurden Klischees von Knödeln, Marende und Weinseligkeit hochglän-

**Traumblick vom Ritten auf die Erdpyramiden und nach Mittelberg mit Schlern, Langkofel und Geislerspitzen.**

zend verpackt. Mit Erfolg. Doch die Zeiten haben sich geändert. Tradition und Zukunftsvision mischen sich zu einem besonderen Cocktail: Gletscherseen und Glamour-Pools, Jugendstil und Jausenstation, Minnesänger-Kult und Mountain-Museum finden sich nah beieinander. Die Landeshauptstadt Bozen gibt den Ton an. Hier mischen sich Studenten mit Alteingesessenen, verschmilzt südliches Flair mit Tiroler Lebensart, treffen drei Sprachen und Kulturen aufeinander. Eine umtriebige Kunst- und Kulturszene prägt das Lebensgefühl, es empfiehlt sich, das Südtiroler Archäologiemuseum zu besuchen, das den wohl berühmtesten Tiroler beherbergt: Ötzi, eine der weltweit ältesten Mumien. In Meran verbinden sich Natur und Kultur in den Botanischen Gärten des Schlosses Trauttmansdorff aufs Feinste: Italiens schönster Garten bietet exotisches Gehölz und senkrechte Beete. Im Schloss befindet sich das Touriseum, das der Geschichte des Tourismus gewidmet ist. Trotz Wandel ist die Liebe zu Heimat und Brauchtum fester Bestandteil der Südtiroler Volksseele geblieben.

## Bozner Lauben

**1** Nur je 3,60 m wiesen die Trienter Bischöfe den Händlern im 12. Jh. an der heutigen Laubengasse zu, Platz war rar. Die Krämer bauten umso höher und länger und schufen so den typischen Baustil: Im Erdgeschoss wurden Waren verkauft, im Mittelhaus gelagert und oben gewohnt. Das ist in der berühmten Gasse mit ihren eleganten Arkaden so geblieben. Kurios: die bis zu vier Etagen tiefe Unterwelt der Gebäude, deren Geschichte das Merkantilmuseum (Silbergasse) zeigt. Einen reizvollen Kontrast bildet der östlich angrenzende Obstmarkt. *Laubengasse, Altstadt von Bozen*

## Südtiroler Archäologiemuseum, Bozen

**2** Ein kleines Fenster gewährt große Blicke auf den mit rund 5300 Jahren ältesten Dauergast des Museums: »Ötzi«. Auf drei Etagen widmet sich die Ausstellung den wissenschaftlichen Untersuchungen zum Leben und Sterben des Mannes, der als Mumie vom Similaungletscher in die Geschichte der Anthropologie einging. Bei der Rast rücklings von einem Pfeil getroffen, handelt es sich bei »Ötzi« auch um einen Krimi aus der Kupfersteinzeit. *Museumstr. 43, Bozen, www.iceman.it*

**Im Sarntal werden alte Traditionen, etwa das Spinnen mit der Hand, bewusst gepflegt.**

## Erdpyramiden auf dem Ritten

**3** Bequem schwebt es sich in der Rittner Seilbahn bis nach Oberbozen. Wer so abgehoben auf die Bergwelt blickt, staunt nicht schlecht: Bizarre Lehmzacken wachsen aus der Erde, mit einem Steinhut als Abschluss. Um solche Erdpyramiden zu zaubern, braucht es einen Gletscher, der beim Schmelzen Moränenlehm hinterließ; den

### ANREISE

| | |
|---|---|
| Berlin | 7:55 h |
| Frankfurt | 6:40 h |
| München | 3:20 h |
| Zürich | 4:30 h |
| Wien | 6:20 h |

Die Gärten von Schloss Trauttmansdorff bilden eine einzigartige Anlage am Rand von Meran.

modelliert auf felsigem Untergrund Regen und Trockenheit in einem Erosionsprozess zu wunderlichen, bis zu 30 m hohen Kegeln. Von Oberbozen und Klobenstein führen Wanderwege zu den beiden Standorten – und auch zum Rittner Horn (2260 m) mit grandiosem Blick.
*www.ritten.com*

## Sarntal

**4** Die Fahrt in das nur ca. 20 km von Bozen entfernte Sarntal führt in eine andere Welt. Jenseits von touristisch überlaufenen Routen und Vorzeigefolklore hat sich eine bäuerlich geprägte, authentische Tradition erhalten. Man wandert unter Zirbel- und Latschenkiefern, bezwingt zur Alpenrosenblüte per Rennrad die Passstraße zum Penser Joch (2211 m) und besucht die Werkstätten der Federkielsticker oder Weber. Eine schöne Wanderung führt zu Steinmännchen, den »Stoanernen Mandln«.
*Rund um Sarnthein, www.sarntal.com*

### REISEZEIT

Im Herbst frönt man beim Wandern durch Weingärten und Kastanienhaine dem alten Brauch des Törggelens: einkehren in urigen Bauernhöfen, Buschenschänken am Wegesrand, unter Pergeldächern sitzen und den jungen Wein verkosten.

## Schloss Trauttmansdorff

**5** Seinen Ruf als Kurstadt verdankt Meran Kaiserin Elisabeth von Österreich. Denn Sisi machte durch einen Kuraufenthalt mit ihren Töchtern auf Schloss Trauttmansdorff anno 1870 Meran erst hoffähig. Heute beherbergt das Schloss (14. Jh.) das Touriseum, bildet die 200-jährige Südtiroler Tourismusgeschichte ab und zeigt Sisis Gemächer, in denen man auf ihren Spuren wandeln kann. Von Ende März bis Mitte November geöffnet, sind die paradiesischen, 12 ha großen Terrassenanlagen rund ums Schloss mit 80 Gärten aus aller Herren Länder eine duftig-dufte Kulisse zum Blumenschnuppern und für Spaziergänge unter Palmen und Zypressen.
*St.-Valentin-Str. 51a, www.trauttmansdorff.it*

**LEGENDE**

1. Bozner Lauben
2. Südtiroler Archäologiemuseum, Bozen
3. Erdpyramiden auf dem Ritten
4. Sarntal
5. Schloss Trauttmansdorff

6. Ansitz Kematen
7. Hanny
8. Hotel Imperialart

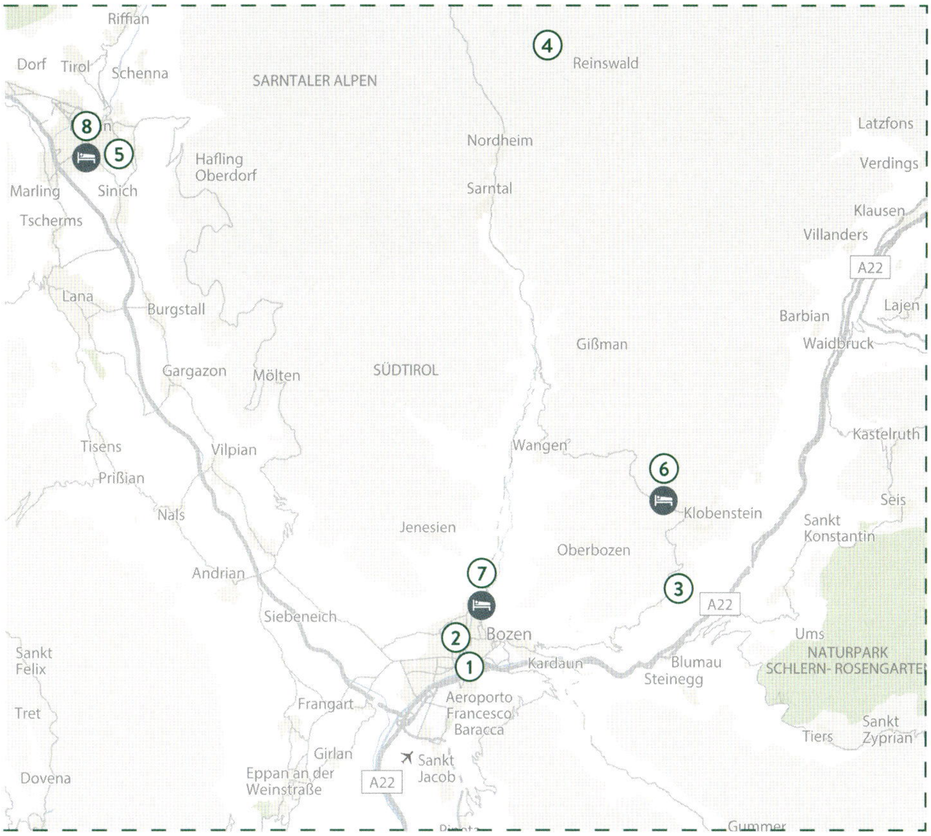

## ÜBERNACHTUNGEN

### ANSITZ KEMATEN

Die Dolomiten als beeindruckende Kulisse hat vor Augen, wer in diesem Hotel auf dem Rittner Hochplateau absteigt. Der 750 Jahre alte Patriziersitz ist stilvoll renoviert und bietet rustikal-schicke Zimmer.

*Kematerstr. 29, Klobenstein/Ritten*
*www.kematen.it*
*Tel. +39 0471 35 63 56*
*DZ ab €-€€*

### HANNY

Service mit Herz, komfortable Zimmer und feine Küche extra für Hausgäste bieten Margot und Karl Rieger im idyllisch gelegenen, kleinen Hotel direkt in den Weinbergen. Praktisch: Nur 1,5 km spaziert man in die Bozener Altstadt.

*St. Peter 4, Bozen*
*www.hotelhanny.it, Tel. +39 0471 97 34 98*
*DZ ab €€*

### HOTEL IMPERIALART

Großartiges Designhotel mit 12 individuell von Südtiroler Künstlern geschaffenen Kunstzimmern: Im »Galaxy« eröffnen sich Blicke in einen kristallglänzenden Sternenhimmel, das »Bristol« ist eine Hommage an ein ehemaliges Meraner Luxushotel, und wer tiefer in die Tasche greifen mag, nächtigt in der luxuriösen »Paradise Loft« mit himmlischem Blick vom Dachterrassen-Whirlpool über Meran.

*Freiheitsstr. 110, Meran*
*www.imperialart.it, Tel. +39 0473 23 71 72*
*DZ ab €€-€€€*

43

# Gardasee

NATURERLEBNIS, GENUSS UND *DOLCE-FARNIENTE,* das süße Nichtstun, kommen am Gardasee zusammen. Da sind die Gerüche von gebratenen Maroni im Herbst, die Düfte der ersten Blumen, wenn der Schnee vom Monte Baldo weicht, dann ein Rausch von Gelb, wenn der Goldregen blüht, das Zirpen der Grillen im Sommer. Und stets wellt sich das tiefblaue Wasser sanft an die Hafenmauer. Es gibt viele Lieblingsplätze, jeder hat Charme. Der Norden ist so imposant wie wild. Zerklüftete Felswände und das mächtige

Gegenüber von Malcesine mit seiner Scaligerburg fallen die Felswände der Berge senkrecht zum Seeufer ab.

Massiv des Monte Baldo locken Naturfreunde, Wanderer und Radler. Wer auf den Spuren der Dichter wandeln will, den zieht es in den Osten. In der Scaligerburg in Malcesine erinnert eine Ausstellung an Goethes Besuch während seiner Italienreise. Und in Torri del Benaco kann, wer mag, sich bei Bodo Kirchhoff in literarischem Schreiben üben. Der Westen des Sees lockt mit alter Pracht, feinem Essen, Spa- und Wellnesstagen in bester Lage. Atemberaubend ist auch der Blick von der Wallfahrtskirche Madonna di Monte Castello, die auf einem Felsvorsprung thront. Ebenso schön wie überlaufen ist der Süden. Dort kutschieren Eltern ihre Kinder ins Gardaland, Italiens größten Freizeitpark. Wem es zu viel wird, der radelt durch die Weinberge, um sich bei einem Lugana zu erholen.

**Geschickte Hände bei der alljährlichen Zitronenernte in Limone sul Garda.**

## André Hellers Garten

**1** Arthur Hruskas (1880–1971), Prominenten-Zahnarzt und Botaniker, legte 1910 im Städtchen Gardone Riviera am Westufer des Sees einen zauberhaften Garten an, der nach seinem Tod verwilderte. 1988 erwarb ihn André Heller: Seither inspiriert der Park mit einer einzigartigen Synthese von Kunst und (alpiner) Botanik aus aller Welt. Lotusblüten, Libellen, Edelweiß, Kaktus, Koi-Karpfen und Werke von Keith Hearing, Roy Lichtenstein und André Heller selbst ergänzen sich ganz wunderbar. Im Jahr 2014 verkaufte der Künstler den (von März bis Oktober für Besucher geöffneten) Garten, seine Mitarbeit blieb jedoch erhalten.
*Via Roma 2, Gardone Riviera*
*www.hellergarden.com*

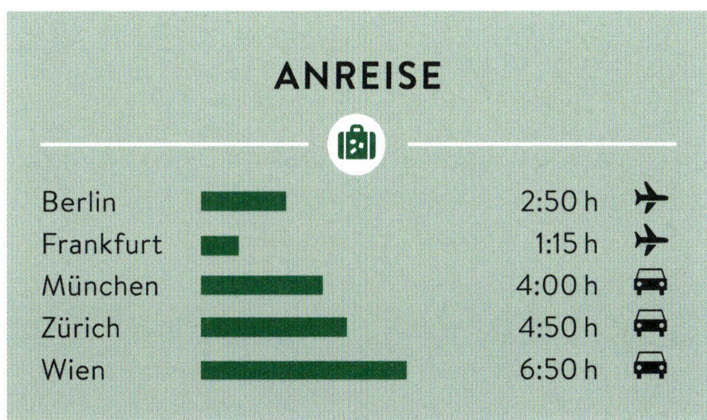

## Limone sul Garda

**2** Bis 1931 war Limone quasi nur per Boot erreichbar: Hunderte Meter steigt hinter dem alten Ortskern das Gelände vertikal an. Wer die engen Gassen hinaufgeht, findet am Felsenfuß die Limonaia del Castèl, ein restauriertes Zitronengewächshaus aus dem 18. Jh. mit bestem Seeblick, üppigen Zitruspflanzen, lauschigen Terrassen und Museum. Limone (von Limes: Grenze) war bis ins 19. Jh. für seine Limonen berühmt.
*www.visitlimonesulgarda.com*

## Malcesine

**3** Einer der schönsten Orte am Gardasee ist ohne Zweifel Malcesine, dessen Weichbild die uralte, weithin sichtbare Scaligerburg auf einem 30 m hohen Felsen prägt. Auf den Ruinen einer Langobardenburg wurde sie ab dem 8. Jh. mehrfach ausgebaut. Ihren heutigen Stil erhielt sie ab 1277 unter den Scaligern, einer Veroneser Regionalmacht, die hier bis 1387 das Sagen hatte. Danach nahmen Mailands Visconti die Burg ein, bevor sie 1405 dauerhaft an die (bis 1797 existierende) Republik Venedig kam, wie ebenso im 15. Jh. der ganze Gardasee. Nur das Nordufer (Riva, Torbole) gehörte ab 1509 zum Habsburgerreich. Und so betrat Goethe, der die Burg beschrieb und zeichnete, 1786 in Malcesine erstmals »italienischen« Boden, als er aus dem Boot stieg. Die Skizze brachte ihn übrigens in Verdacht, ein österreichischer Spion zu sein (Burgmuseum von Ostern bis Ende Oktober geöffnet). Kleine Plätze, Kopfsteinpflastergassen, zwei alte Häfen: Wer nicht gerade zur Hochsaison kommt, findet etwa im Oktober eine eher gelassene Atmosphäre vor. Sehr sehenswert ist übrigens auch der Palazzo dei Capitani (13./15. Jh.), in dem die Statthalter der Scaliger und Venedigs residierten, mit hübschem Garten am See.
*www.visitmalcesine.com*

### REISEZEIT

Im Sommer wird der See mitunter als »Badewanne Münchens« bezeichnet, dann gehört Bairisch quasi zu den Verkehrssprachen. Perfekt sind Frühjahr und Herbst, fast noch ein Geheimtipp die stimmungsvollen Weihnachtsmärkte rund um den See.

**Für Gleitschirmflieger ist der Monte Baldo ein beliebter Startpunkt.**

## Monte Baldo

**4** Der 30 km lange, vom Ostufer aufsteigende Bergrücken Monte Baldo gipfelt in der Cima Valdritta (2218 m). Nördlich davon führt von Malcesine eine Seilbahn zur Bergstation Tratto Spino (1760 m). Überwältigend ist die Aussicht auf den Gardasee und ins alpine Umland, hier zu wandern jedoch nicht ohne.
*Seilbahn in Malcesine, Via Navene 12*
*www.funiviedelbaldo.it*

## Madonna di Montecastello

**5** Aberwitzig steht diese aus einer Burgruine errichtete Wallfahrtskirche (17. Jh., Fresken: 14. Jh., geöffnet Mitte April bis Anfang Nov.): dicht am Rand eines Bergrückens, der hier jäh ins Senkrechte übergeht – 600 m über dem See. Nördlich, gleich oberhalb, verläuft ein Wanderweg teils hart an der Klippe, vorbei an abenteuerlichen Kavernen aus dem Ersten Weltkrieg.
*Nahe Tignale, www.tignale.org*

## ÜBERNACHTUNGEN

### HOTEL VEGA

Am Südrand von Malcesines autofreier Altstadt mit ihren verwinkelten, steilen Gassen liegt dieses angenehme 3-Sterne-Haus direkt am Wasser. Den Gästen stehen ein schattiger Garten, ein Whirlpool im Freien und eine Seeterrasse zur Verfügung. Alle Zimmer haben Balkon, im Preis inklusive sind das üppige Frühstücksbüfett, ein (meist fischiges) Menü am Abend geht extra.

*Viale Roma 10, Malcesine*
*www.hotelvegamalcesine.it*
*Tel. +39 04 57 40 01 51*
*DZ mit Seeblick ab €€*

### HOTEL GALLO

Vom Nordwestufer aus führen kurvenreiche 6 km nach Gardola-Tignale zum familiären 3-Sterne-Haus in luftiger Höhe (550 m). Klein, aber fein präsentiert sich der Spa-Bereich, freundlich die Zimmer. Grandios: der Blick weit über den See bis nach Sirmione, sogar vom Swimmingpool aus.

*Via Roma 30, Tignale*
*www.hotelgallo.com, Tel. +39 365 730 10*
*DZ ab €€*

### 4 STAGIONI

Das, was man im Deutschen eher mit einem Pizzabelag in Verbindung bringt, entpuppt sich als ein traditionsreiches, komfortables Altstadthotel in Bardolino. Mit üppigem Wellnessbereich und ebensolchem palmenbewachsenen Garten, weitläufig und blickgeschützt.

*Borgho Garibaldi 23/25, Bardolino*
*www.hotel4stagioni.com*
*Tel. +39 04 57 21 00 36*
*DZ ab €€*

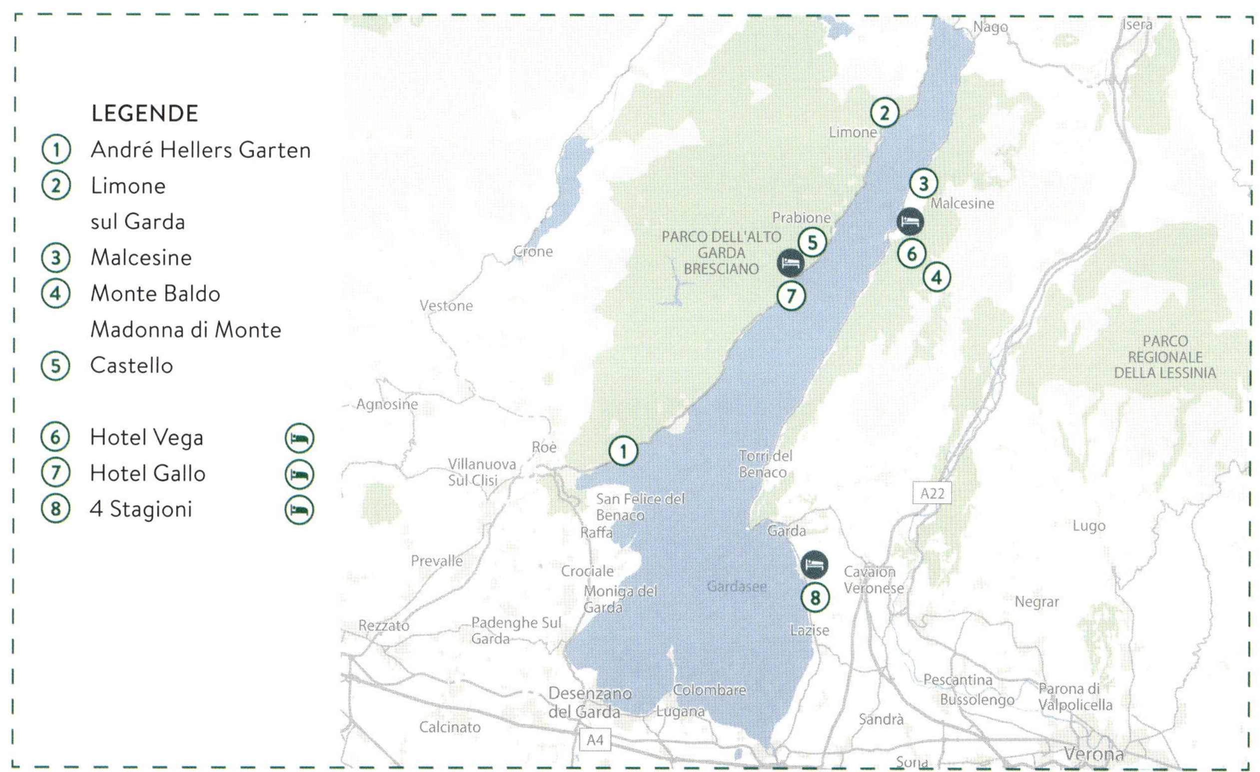

44

# Mailand

ES SOLL BESUCHER GEBEN, die sich auf den ersten Blick in Mailand verliebt haben – doch das ist eher selten. Mailand ist vielmehr eine Stadt, die man sich genauer ansehen muss, die im Verborgenen blüht – und es ist eine Stadt der Gegensätze. Die Millionenmetropole der Gegenwart mit ihren modernen Vierteln und Top-Designerläden lebt friedlich neben dem traditionellen Mailand mit seinen kleinen, verwinkelten Gassen, winzigen Handwerksbetrieben und Tante-Emma-Läden. Mailand ist gewiss die weltof-

**Urbane Grandezza: Mailands Domplatz beeindruckt mit architektonischer Eleganz.**

fenste und geschäftstüchtigste Stadt Italiens, Tempo und Big Business kennzeichnen ihren Rhythmus. Doch über all der Arbeit wird die Lebensfreude nicht vergessen: Mailand ist ein Sündenbabel für Einkäufer, ein Paradies für Feinschmecker und Nachtschwärmer. Kulturgenuss der besonderen Art bieten das legendäre Opernhaus Teatro alla Scala, der Dreh- und Angelpunkt italienischer Musikgeschichte, und die Pinacoteca di Brera, eines der bedeutendsten Kunstmuseen Italiens. In der Kirche Santa Maria delle Grazie kann Leonardo da Vincis unvergleichliches *Letztes Abendmahl* bei rechtzeitiger Reservierung (cenacolovinciano.org/en) bewundert werden. Und wer einen Gottesdienst im Dämmerlicht des märchenhaft schönen Mailänder Doms erlebt, danach in der prächtigen, mit Glaskuppeln überdachten Galleria Vittorio Emanuelle II bummelt und anschließend in einer gemütlichen Osteria einen goldgelben *risotto alla milanese* schlemmt, wird spätestens dann dem Zauber der hektischen Wirtschaftsmetropole erlegen sein.

## Mailänder Dom

**1** Die Empfehlung, einer Kirche aufs Dach zu steigen, hat beim Mailänder Dom gute Gründe. Elegant, wie es sich für eine Modemetropole gehört, wandelt man hier auf einer Hochterrasse unter zahllosen feinsten Marmorstatuen mit Weitblick über Mailand. Sofern kein Dunst die Sicht vernebelt, reicht die Sicht sogar bis zu den Alpen. Die Terrasse diente schon als Kulisse bedeutender Filme (etwa Viscontis *Rocco und seine Brüder,* 1965). Bemerkenswert auch: die Sicht von oben in die Streben der Seitenschiffe, pure Gotik, in Italien eher selten. Ob der Dom (1386–1572) nun die dritt- oder viertgrößte Kirche der Welt ist, spielt keine Rolle; er ist schlichtweg ein grandioses Bauwerk aus Marmor mit geschätzt 3500 Skulpturen. Der Marmor, einst verschifft über den Lago Maggiore, Ticino und Kanäle, kommt bis heute aus Candoglia (Val d'Ossola). Kurios: Die pompöse Westfassade wurde erst 1805 bis 1813 auf Geheiß Napoleons beendet. Da der Dom keinen Campanile hat, wollte Mussolini ihm den welthöchsten Kirchturm zur Seite stellen. Zum Glück kam es nicht dazu. Der Dom ist so, wie er ist, von perfekter Schönheit.
*Piazza del Duomo, www.duomomilano.it*

Blick in die Glaskuppel der Galleria Vittorio Emanuele II.

## Galleria Vittorio Emanuele II

**2** Eigentlich hätte Vittorio Emanuele, als er 1861 König des im Risorgimento eben geeinten Italiens wurde, sich *primo* nennen sollen. Aber er behielt den *secondo* (II) bei, den er als König im (nun aufgelösten) Königreich Piemont-Sardinien trug. Die Italiener nahmen es hin, und die Mailänder tauften Europas mondänste Ladenpassage auf ihn, der sie 1867 eröffnete. Bis heute imponiert der vierflügelige, glasüberdachte, in der Kuppel 47 m hohe Bau von Giuseppe Mengoni, staunt man über Prachtfassaden, Edelboutiquen und die Preise der Cafés. Denn der hohe Schauwert der zwischen Dom und Scala gelegenen Passage hat natürlich seinen Preis.
*Piazza del Duomo/Piazza della Scala*

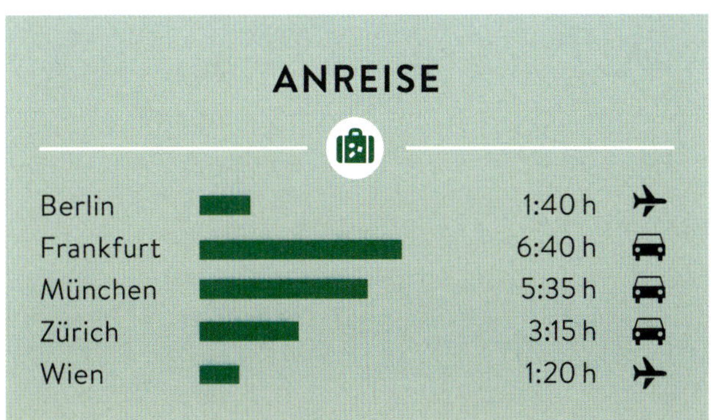

Wenn die Sonne die schmucken Häuser des ehemaligen Fischerorts Bellagio in ein warmes Licht hüllt, ist die Aussicht über den Comer See besonders schön.

## Teatro alla Scala

**3** Seit 1778 ist die Scala das Opernhaus (2030 Plätze). Größte Stimmen sangen (und singen) hier, wo die Callas als beste *Tosca* aller Zeiten brillierte. Komponisten wie Rossini, Bellini, Donizetti brachten ihre Opern an der Scala zur Premiere. Besonders Giuseppe Verdi (1813–1901) triumphierte hier 1842 mit *Nabucco*; der Gefangenenchor aus dieser Oper wurde später als Hymne des Risorgimento gedeutet.
*Piazza della Scala 1, www.teatroallascala.org*

## Museo delle Culture (MUDEC)

**4** Das Museum der Kulturen ist ein Traum, den sich Mailand Anfang 2016 nach 20 Jahren auf dem Gelände des ehemaligen Fahrzeugherstellers Ansaldo erfüllt hat. Entworfen wurde es vom britischen Stararchitekten David Chipperfield und gehört zu einem der meist beachteten Museumsneubauten der Gegenwart. Das Museum beherbergt auf großzügigen 17 000 m² die völkerkundlichen und anthropologischen Sammlungen der Stadt: Rund 7000 Objekte, darunter Gemälde, Textilien und Musikinstrumente aus aller Herren Länder sind hier ausgestellt. Dazu finden Wechselausstellungen internationaler Künstler wie Paul Klee, Amedeo Modigliano, Roy Lichtenstein oder Banksy sowie diverse andere Events statt. Eine Bibliothek und ein Designshop komplettieren das Angebot, ein Bistro und ein Restaurant sorgen fürs leibliche Wohl.
*Via Tortona 56*
*Metro: Porta Genova*
*www.mudec.it*

### REISEZEIT

Die Haute Couture herrscht im Frühjahr und Herbst in der Modestadt, da werden die Straßen zu einem farbenfrohen Laufsteg. Im Winter wird dem »O Bej! O Bej!« entgegengefiebert, dem bunten Stadtfest (5.–8. Dezember) auf der Piazza Sant'Ambrogio.

## Comer See

**5** Schlank und rank mit zwei langen Armen im Süden verteilen sich die 146 km² des drittgrößten Sees in Oberitalien. Subtropisches Klima, rundum respektable Alpen, der Monte Legnone als höchste Erhebung (2609 m), schmucke Orte wie Menaggio, grandiose Anwesen mit herrlichen Gärten wie die Villa Carlotta, die dem kunstsinnigen Herzog von Sachsen-Meinigen gehörte, oder die Villa del Balbianello, mehrmals Filmkulisse und (März–Okt.) Museum des Bergsteigers Guido Monzino: Der Lago di Como war seit der Antike nicht zufällig das partielle Refugium prominenter Leute wie Plinius d. J., Konrad Adenauer, George Clooney oder Madonna. In Bellagio, auf der Spitze der Landzunge zwischen den Lago-Armen, hat der See seinen wohl reizvollsten Ort mit den verwinkelten Gassen und weiter oben der Villa Serbelloni, in der die Rockefeller Foundation Stipendiaten nobel beherbergt. Und es gibt eine veritable Stadt: Wohl nirgends sonst als in Como »kleben« irdische und überirdische Macht so aneinander wie das alte Rathaus, Broletto genannt (13. Jh.), und der Duomo (15./16. Jh., Kuppel 18. Jh.). Gerade wie Don Camillo und Peppone.
*Como, 55 km nördlich von Mailand, über die A9*
*www.lakecomo.it*

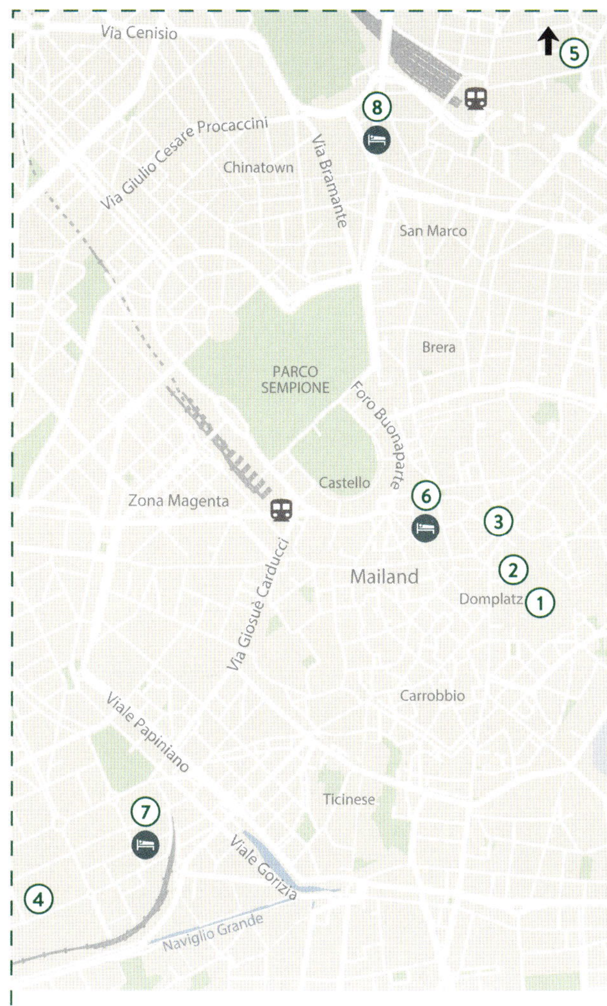


LEGENDE

1. Mailänder Dom
2. Galleria Vittorio Emanuele II
3. Teatro alla Scala
4. Museo delle Culture (MUDEC)
5. Comer See
6. Antica Locanda dei Mercanti
7. Bed & Breakfast Cocoon
8. Lafavia Four Rooms 

## ÜBERNACHTUNGEN

### ANTICA LOCANDA DEI MERCANTI

Unweit von Scala und Dom, aber versteckt in einer ruhigen Seitenstraße liegt das klassische Stadthaus aus dem 18. Jh. Die geräumigen Zimmer sind ebenso schlicht wie elegant eingerichtet, helle Töne dominieren. Besonders begehrt sind die Räume im 3. Stock mit kleinen privaten Gartenterrassen.

*Via San Tomaso 6*
*www.locanda.it*
*Tel. +39 02 805 40 80*
*DZ ab €€€*

### BED & BREAKFAST COCOON

Mit viel Liebe zum Detail eingerichtetes, charmantes 3-Zimmer-Haus. Ein (großzügiges) Übernachtungsnest bauen kann sich der Gast wahlweise im weißen, roten oder grauen Raum, und auch das stylish-hübsche Frühstückszimmer lädt zum Verweilen ein. Gute Lage im quirligen Tortona-Viertel.

*Via Voghera 7*
*www.cocoonbb.com*
*Tel. +39 02 832 27 69*
*DZ ab €€*

### LAFAVIA FOUR ROOMS

Wenn die Weltenbummler Fabio und Mario von ihren Reisen heimkommen, haben sie jede Menge Ideen im Gepäck – und in den vier Räumen einer ehemaligen Weinfabrik aus dem 19. Jh. die passende Spielwiese, um mit ihren mitgebrachten Objekten und Bildern ein kreativ-raffiniertes Übernachtungserlebnis zu schaffen. Top Dachgarten. Für Stadtausflüge können zwei Fahrräder ausgeliehen werden.

*Via Carlo Farini 4*
*www.lafavia4rooms.com*
*Tel. +39 347 784 22 12*
*DZ ab €€*

45

# Venedig

VENEDIG EINE FRAGILE, MORBIDE Stadt? Die einen denken an Thomas Manns »*Tod in Venedig*« und an die (angeblich?) versinkende Serenissima, die anderen an goldglänzende Paläste und prächtige Kirchen, die – auf Wasser erbaut – der Wassergefahr bis heute standgehalten haben. Die einen stürzen sich ins Maskengetümmel des Carnevale di Venezia oder lassen sich bei einer Gondelfahrt einschaukeln, andere machen sich auf die Suche nach Architektur. Die einen sehen in der Lagunenstadt nur zerbrech-

**Früh aufstehen lohnt sich, um den Blick vom Markusplatz nach San Giorgio Maggiore in Ruhe zu würdigen.**

liches Glas und vermodernde Holzpfähle, die anderen bewundern, wie die Stadt den Massenzustrom an Touristen verkraftet. So erschafft sich jeder sein eigenes Venezia. Venedig ist so facettenreich, hat so viel zu bieten, dass es niemanden enttäuscht. Die Stadt ist und bleibt ein Mythos. Einzigartig und unvergleichlich. Vom Mittelalter an sind Abermillionen Baumstämme in den schlammigen Grund der Lagune gerammt worden, als Halt und Stütze für Paläste, Kirchen, Brücken. Und für Wohnhäuser, denn natürlich leben auch hier Einheimische ihren ganz normalen Alltag. Venedig hat umgeblättert, und aus der Klischeetraumstadt ist eine moderne Kunst- und Kulturmetropole von internationalem Rang geworden. Einer solchen Stadt sollte man mit offenen Augen begegnen, dabei aber die Sommermonate meiden, an denen Venedig einen Numerus clausus zur Kontrolle der Tagestouristen brauchen könnte. Aber was, wenn man wirklich nur wenige Tage für Venedig hat? Piazza San Marco, Markusdom und Dogenpalast sind quasi Pflicht, aber einzuplanen wäre auch ein zielloser Gang durch die Stadt, in der es überall Sehenswertes gibt und gerade das Sichverlaufen Spaß macht. Nicht verzichten sollte man auf eine Pause an einem volkstümlichen Platz – wie dem Campo Santa Margherita im Sestiere Dorsoduro –, auf den Besuch einer der »großen« Kirchen wie der Frari, auf einen Bummel von der Einkaufsmeile Calle larga XXII Marzo bis zur Accademia-Brücke oder durch die orientalisch anmutenden Gassen der Frezzerie bis zur Rialtobrücke.

## Piazza San Marco

**1** Anafesto hieß Venedigs erster Doge (697). Die Eroberung Konstantinopels unter dem 41. Dogen Enrico Dandolo (1107–1205) machte die Republik zum Imperium im östlichen Mittelmeer. 1797 betrat Napoleons Truppe als erste fremde Macht den Markusplatz. Der 120. Doge dankte ab, die Republik Venedig endete nach 1100 Jahren. Was blieb, sind der byzantinische Dom (11. Jh. bis 1617), der elegante Campanile (991, Einsturz 1902, sofort wiedererrichtet), der Markusplatz (1,45 ha, 12.–16. Jh.) mit seinen Arkaden sowie der Dogenpalast (14.–17. Jh.), dessen rückseitige Seufzerbrücke in die Bleikammern führt, aus denen Casanova im Jahr 1756 entkam.

*Öffnungszeiten Basilika San Marco und Campanile:*
*www.basilicasanmarco.it (auch englische Version)*
*www.palazzoducale.visitmuve.it/de*

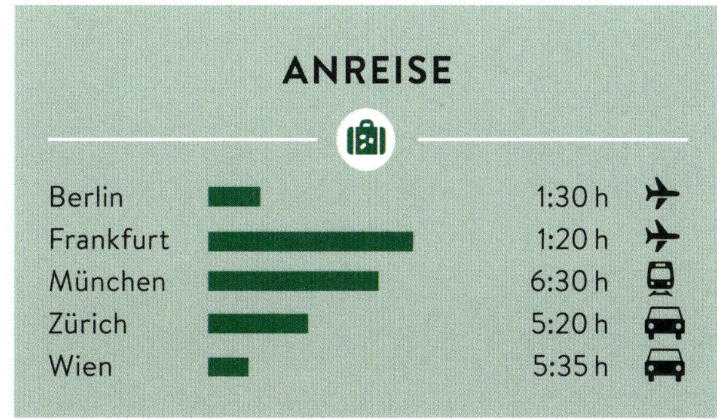

Die meistbegangene, meistfotografierte und meistbewunderte Brücke Venedigs: Ponte di Rialto.

## Campo Santa Margherita

**2** Dorsoduro, der »harte Rücken«, ist Venedigs südlichster Sestiere (Stadtteil): mit Promenade am breiten Giudecca-Kanal, Accademia-Museum an gleichnamiger Brücke über den Canal Grande und exponierter Salute-Kirche mit Tizian darin. Auch der Campo Santa Margherita als weitläufige Piazza mit bunten Fassaden, Brunnen und Lokalen lohnt sehr. Fernab der Touristen findet man hier entspannte Venezianer.
*Campo Santa Margherita*

## Gallerie dell'Accademia

**3** 1750 von den Malern Piazzetta und Tiepolo gegründet, 1807 von Napoleon zur Kunsthochschule erhoben, beherbergt der einstige Studienort seit 1882 die größte Sammlung venezianischer Malerei (u. a. Tizian, Veronese, Tintoretto). Großartig ist auch der Blick von der Accademia-Brücke.
*Campo della Carità, www.gallerieaccademia.it*

### REISEZEIT

Der Karneval und die Gondelregatten, die Filmfestspiele, alle zwei Jahre die Kunstbiennale und dazu Volksfeste und Jazzfestivals – Venedig ist ganzjährig eine riesige Bühne. Von November bis März erlebt man eine stille, melancholische Stadt mit weniger Touristen.

## Ghetto, Jüdischer Friedhof

**4** Juden war der Handel in Venedig schon lange erlaubt, als der Senat sie anno 1516 im Quartier der Gießerei *(gheto)* ansiedelte, woraus der Begriff Ghetto wurde. Auf der Lido-Insel liegt der *Antico cimitero ebraico* mit Gräbern von 1389 bis 1797. Ein Ort voller Anmut und Ruhe.
*Riviera di San Nicolò (Lido)*
*www.museoebraico.it/en (im Sestiere Cannaregio)*

## Ponte di Rialto

**5** Drei Jahre dauerte es, bis 1591 eine der berühmtesten Brücken der Welt vollendet war. Und sie blieb bis weit ins 19. Jh. hinein die einzige über den Canal Grande. Ihre hölzernen Vorgänger erwiesen sich als wenig dauerhaft, der Steinbau des Baumeisters Antonio da Ponte steht noch heute. Das ist durchaus erstaunlich angesichts der tagtäglichen Belastung. 48 m lang, 22 m breit, magisch anziehend und entsprechend bevölkert – nur spät nachts hat man die Brücke (fast) für sich allein.
*San Polo, Vaporetto-Anlegestelle Rialto*

LEGENDE

(1) Piazza San Marco
(2) Campo Santa Margherita
(3) Gallerie dell'Accademia
(4) Ghetto, Jüdischer Friedhof
(5) Ponte di Rialto

(6) Accademia
(7) Foresteria Levi
(8) Oltre Il Giardino

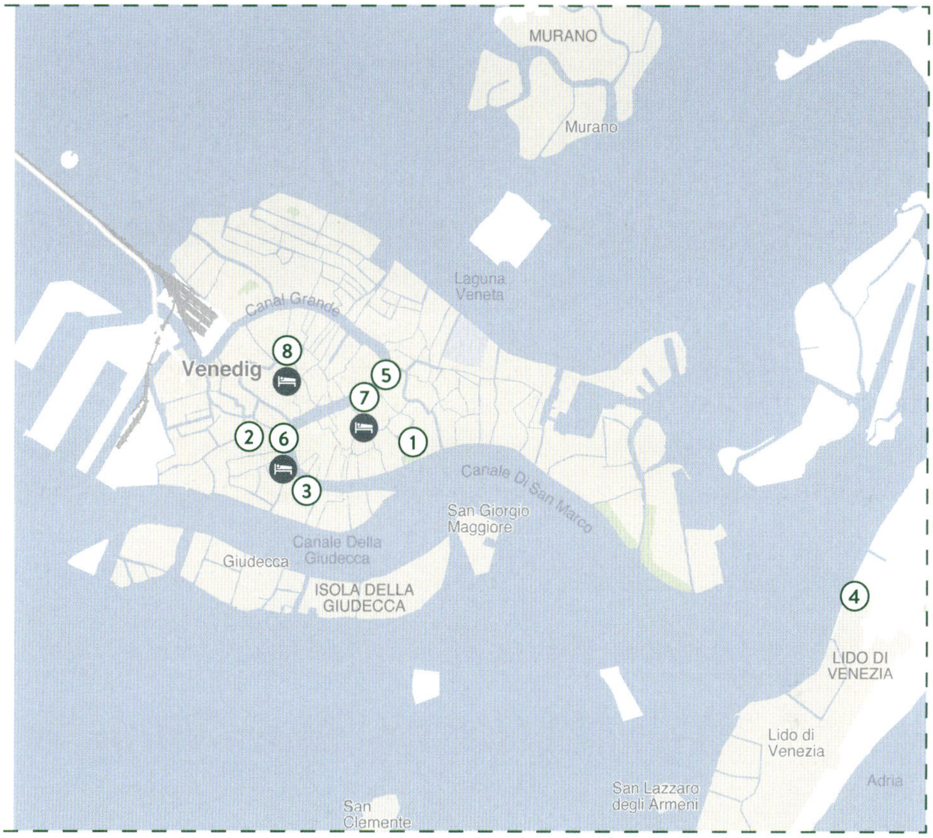

## ÜBERNACHTUNGEN

### ACCADEMIA

Ein Patrizierhaus mit Garten mitten in Venedig? Die charmante Pension Accademia nahe der gleichnamigen Brücke kann damit aufwarten: In gleich zwei Gärten können Gäste entspannen und frühstücken. Gediegen eingerichtete Zimmer, teils mit Terrazzoböden.

*1058, Fondamenta Bollani*
*www.pensioneaccademia.it, Tel. +39 04 15 21 01 88*
*DZ ab €€*

### FORESTERIA LEVI

In sehr guter Lage direkt am Canal Grande, vis-à-vis der Accademia, befindet sich dieses Gästehaus mit 20 Zimmern in einem Palast, der im Kern aus dem 14. Jh. stammt und im 17. Jh. umgebaut wurde. Etliche Zimmer sind geprägt von alten Balkendecken und Terrazzoböden, alle bieten eine moderne Einrichtung von heute.

*San Marco 2894, www.foresterialevi.it*
*Tel. +39 041 277 05 42, DZ ab €€*

### OLTRE IL GIARDINO

Einst machte Alma Mahler-Werfel, umstrittene Künstlermuse und Femme fatale, das kleine Anwesen unweit der Frari-Kirche zu ihrem Heim. Heutzutage lassen sich zwei Zimmer und vier Suiten mieten, allesamt fein eingerichtet und mit Blick in den hübschen Garten.

*2542, Fondamenta Contarini San Polo*
*www.oltreilgiardino-venezia.com*
*Tel. +39 04 12 75 00 15, DZ ab €€-€€€*

46

# Toskana

Einen Innendurchmesser von 45,5 m hat die Kuppel der Kathedrale von Florenz, seit 1436 die größte gemauerte Kuppel der Welt.

DIE TOSKANA IST CHRONISCH *in* – und *out* war sie nie. Jedenfalls nicht, seit vor allem Deutsche und Engländer, darunter viele VIPs, den Mythos vom toskanischen Landleben erschufen. Sie erwarben alte Gemäuer und Weingüter, was auch die Immobilienpreise hochtrieb. Hier ist alles etwas teurer als anderswo, besonders in Florenz. Mit etwa 3,7 Mio. Einwohnern zählt die Region zu den größten, aber auch am dünnsten besiedelten des Landes. Bei einer Gegend mit solch landschaftlichen Gegensätzen wäre es schlicht falsch zu behaupten, die Toskana sei so oder so und nicht anders. Da ist der bergige Apennin mit seinen Beckenlandschaften. Da sind die Tuffgebiete im Süden und der Monte Amiata, der sich als isoliert stehender Vulkan in die Höhe reckt. Es gibt herrliche Sandstrände und die Maremma, die einzige Gegend der Toskana übrigens, wo man auch ein Häuschen erstehen kann, ohne Millionär zu sein. Und da sind Publikumsmagneten wie Siena oder Pisa. Berühmt wurde die Toskana in der Renaissance, deren Wiege Florenz ist. Die Medici-Fürsten machten die Stadt zur Kunstmetropole schlechthin. Die Stadt ist klein, doch ob an der Kathedrale Santa Maria del Fiore mit ihrer enormen Kuppel oder dem Ponte Vecchio – stets hat man den Eindruck, nur einen Bruchteil der immensen Kulturschätze zu erfassen.

## Dom von Florenz

**1** 1296 begonnen, vergrößerten Andrea Pisano und Francesco Talenti im 14. Jh. den Dom enorm. Giottos Campanile (1359) und Filipo Brunelleschis gewaltige, innen 90 m hohe Kuppel (1436) machten ihn zum architektonischen Meilenstein der Renaissance.

*Piazza del Duomo, www.museumflorence.com*

## Ponte Vecchio, Florenz

**2** Anno 1345 aus Stein gebaut, sind heute auf der Brücke Steine, in Ring gefasst, zu kaufen: Weil die Metzger und Gerber ihre Abfälle im Fluss entsorgten, wurden ihre Läden per Dekret durch Goldschmieden ersetzt. So finden sich noch heute hauptsächlich traditionsreiche, hochpreisige Juweliere dort. Da tagsüber sehr belebt, ist der Gang über die Brücke und den Arno abends am eindrucksvollsten.

Schwarz-weiß gestreift und 77 m hoch: Das kann nur der Glockenturm des Doms von Siena sein.

## San Gusmè

**3** Zugegeben: Herausragende Sehenswürdigkeiten sucht man in diesem 240-Seelen-Dorf vergebens – abgesehen vielleicht von der sehr ungewöhnlichen klei-

### ANREISE (NACH FLORENZ)

| | | |
|---|---|---|
| Berlin | 1:50 h | Flugzeug |
| Frankfurt | 1:30 h | Flugzeug |
| München | 6:15 h | Auto |
| Zürich | 5:20 h | Auto |
| Wien | 7:50 h | Auto |

Schön schräg: Einst ein Lapsus, heute eine Attraktion – die Schieflage des Turms von Pisa.

nen Terrakotta-Statue in der Mauer: Sie zeigt einen Mann, der gerade einem … menschlichen Bedürfnis nachgeht. Der Charme des mittelalterlichen Borgo liegt im Kleinen, hinter teils noch erhaltenen Festungsmauern. Um den Platz im Ortskern, die Piazza Castello, gruppieren sich die schmucke Kirche (14. Jh.), alte Steinhäuser und Lokale in bester Chianti-Region-Lage – typisch toskanisch eben.
*25 km nordöstlich von Siena, über die SS 73 und die SP 484 (Castelnuovo Berardenga)*

## REISEZEIT

Die Toskana ist am schönsten und am wenigsten überfüllt zwischen März und Ende Juni und von Mitte September bis Ende Oktober. Im Frühjahr und Herbst kann es auch schlechtes Wetter geben. Kenner kommen im Januar und Februar, wenn ein besonders klares Licht herrscht.

## Siena

**4** Am besten entdeckt man Siena von oben: Vom 102 m hohen Rathausturm blickt man weit über das mittelalterliche ziegelrote Dächermeer und zum Dom, dem gotischen Meisterwerk in Schwarz-Weiß (13./14. Jh.). Zu Füßen liegt die fächerförmige Piazza del Campo, wo sich, eingerahmt von Palazzi, tutta Siena trifft. Auf Italiens wohl schönstem Platz.
*www.visittuscany.com/de/orte/siena*

## Torre pendente, Pisa

**5** Er steht und steht: Schon bei seiner Vollendung 1372 hatte der auf weichem Grund gebaute Campanile latente Fallsucht, neigte sich in Bestzeiten um 5,5° zur Seite. Doch nun soll nach diffizilen Rettungsmaßnahmen der Schiefe Turm seine Bewunderer weitere 300 Jahre in stabiler Unvollkommenheit verzücken.
*Piazza del Duomo, www.opapisa.it*

## ÜBERNACHTUNGEN

### HOTEL PALAZZETTO ROSSO

In Sienas mittelalterlichem Stadtkern mit seinen engen Gassen bietet das uralte Backsteingemäuer drinnen schickes Design von heute. Tiptop renovierte, sehr hohe Räume, die Decken aus originalem Holzgebälk. In den oberen Suiten blickt man über die Dächer zum Torre del Mangia an der Piazza del Campo.

*Via dei Rossi 37, Siena*
*Tel. +39 05 77 23 61 97*
*www.palazzettorosso.com*
*DZ ab €€*

### HOTEL CASCI

Original mit Fresken bemalte Decken, labyrinthartige, lange Flure: Der Palazzo stammt noch aus der Zeit der frühen Medici (15. Jh.). Nicht allzu große, aber freundlich eingerichtete Zimmer mit sehr nettem Empfang und zuvorkommendem Service in diesem zentral gelegenen, familiengeführten Hotel unweit des Doms.

*Via Camillo Cavour 13, Florenz*
*www.hotelcasci.com*
*Tel. +39 055 21 16 86*
*DZ ab €-€€*

### LA CISTERNA

Das prächtige Haus, gebaut anno 1100, gewährte einst Pilgern eine Herberge. Der Reisende von heute trifft auf luftige, geschmackvoll-elegant eingerichtete Zimmer nach Florentiner Art, teilweise mit tollen Aussichten über toskanische Landschaften, teils auch mit auch Blick auf die Piazza.

*Piazza Cisterna 23, San Gimignano*
*www.hotelcisterna.it*
*Tel. +39 05 77 94 03 28*
*DZ ab €-€€*

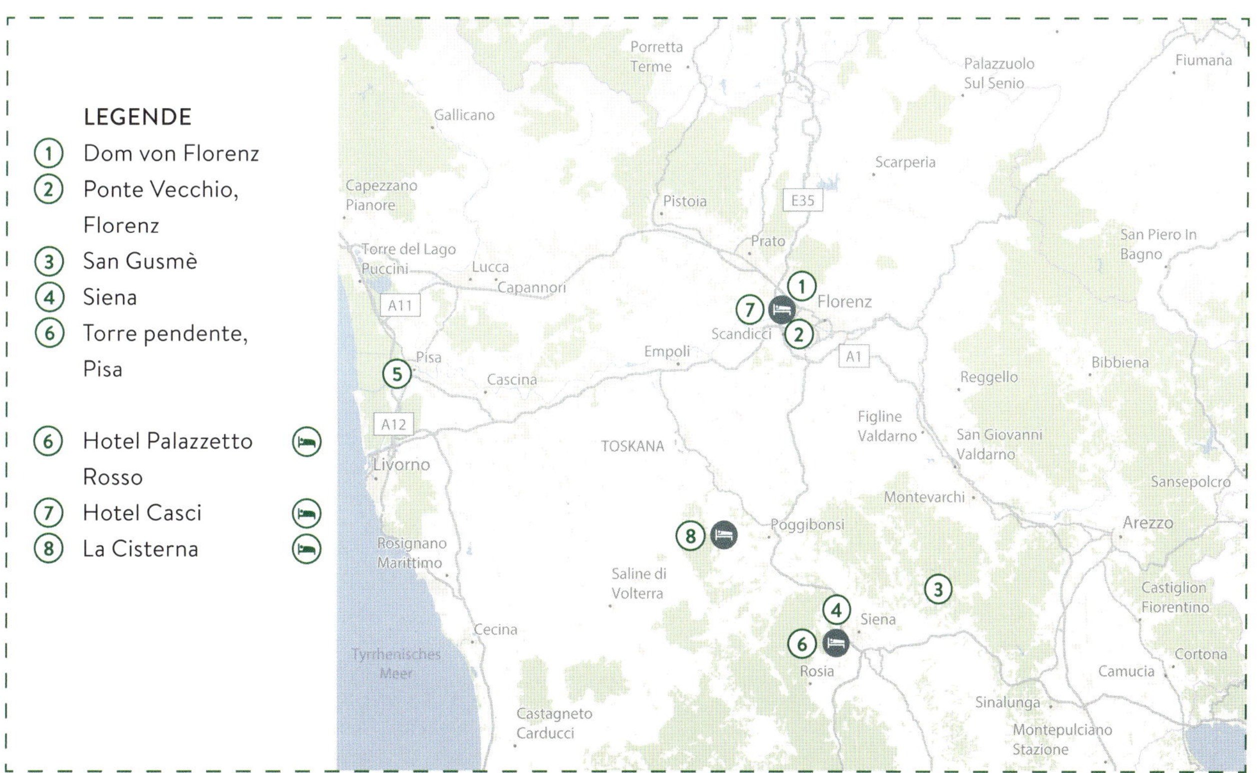

# 47 Rom

ROM IST EWIG. UND ewig schön. Die Stadt prahlt, prunkt und protzt mit der Grandezza von Jahrtausenden. Man stolpert über Tempel, Triumphbögen, Säulen, Statuen – und die Archäologen graben noch weiter. Rom ist ein einziges Open-Air-Museum. Durch die Stadt zu wandern ist ein Stelldichein mit den antiken Göttern, wie Jupiter, Minerva, Apollo, die im Pantheon zu Hause waren. Alte Bekannte aus dem Lateinbuch wie Caesar, Cicero und Kollegen begegnen einem in steinerner Form an fast jeder Ecke und stehen für die Anfänge des

Die Ruinen der Herren aus dem Lateinbuch im Forum Romanum.

Abendlands. Das Kolosseum oder die Katakomben verweisen auf das Leben und die Leiden der frühen Christen. Die weitere Entwicklung des Christentums kommt spätestens mit Blick auf die Kuppel des Petersdoms in den Sinn. In zahllosen Kirchen sind die Werke der größten Künstler gratis zu besichtigen. So ist Rom eine Schule für die Archäologie des Wissens, eine Art ständiges Déjà-vu. Doch die Stadt ist mehr als nur Reminiszenz: Die faszinierenden Kulissen – ob antik, barock oder modern – sind bis zum Rand mit Leben erfüllt. Daher darf eine Prise Dolce Vita in Rom nicht fehlen, ob beim Kaffee auf der barocken Bühne der Piazza Navona, dem Aperitif in den verwinkelten Gassen von Trastevere oder der hausgemachten Pasta eines kleinen Ristorante in einer Nebenstraße – es muss ja nicht unbedingt ein Bad im Trevi-Brunnen sein. Es war noch nie schwer, als Reisender dem Charme dieser Stadt in kurzer Zeit zu erliegen: Der Italienreisende Johann Wolfgang Goethe fühlte sich 1787 regelrecht neugeboren »von dem Tage an, da ich Rom betrat«.

## Forum Romanum

**1** In den Ruinen des Forum Romanum steht man im Zentrum der antiken Weltmacht. Seit Rom eine Republik war, befand sich hier der Senat. Die mit Augustus 27 v. Chr. einsetzende Kaiserzeit brachte riesige Tempel und Triumphbögen an der Hauptachse Via Sacra hervor. Erst 1788 »wiederentdeckt«, ist das Forum Romanum heute ein wunderbarer Archäologiepark.
*Eingänge: Largo della Salara Vecchia 5/6 und Via di San Gregorio, www.parcocolosseo.it/en*

## Kolosseum

**2** *Panem et circenses,* Brot und Spiele, brauche das Volk, damit es ruhig bleibe, so lautet ein geflügeltes Wort des Satirikers Juvenal (ca. 60–130 n. Chr.). Vor allem Letztere bekamen die Römer im Kolosseum geboten, Eintritt frei. Den grausamen Darbietungen folgten im größten Amphitheater der Antike (errichtet 72–80 n. Chr.) bis zu 50 000 Zuschauer.
*Piazza del Colosseo, www.parcocolosseo.it/en*

## Palazzo Valentini

**3** Tief im Keller der heutigen Präfektur Roms kann man viel staunen. Archäologen legten hier zwei antike Luxushäuser aus dem 4. Jh. frei, die seit dem Jahr

### ANREISE

| | |
|---|---|
| Berlin | 2:00 h ✈ |
| Frankfurt | 1:50 h ✈ |
| München | 1:25 h ✈ |
| Zürich | 1:25 h ✈ |
| Wien | 1:25 h ✈ |

»Special effect« der Antike: Die 9 m breite Öffnung in der Kuppelmitte des Pantheons.

## ÜBERNACHTUNGEN

### ISA DESIGN HOTEL

In der Nähe des Vatikans liegt das elegante Hotel, dessen schicke Zimmer teils mit Jacuzzis ausgestattet sind. Die Krönung indes ist der Dachgarten, wo morgens opulentes Frühstück und abends Drinks serviert werden – mit göttlicher Aussicht auf die Petersdomkuppel und über Roms Dächer.
*Via Cicerone 39*
*www.hotelisa.net, Tel. +39 063 21 26 10*
*DZ ab €€*

### SAN PIETRINO

Den Dom (als Diminutiv) im Hausnamen und in nur 1 km Entfernung hat das einfache, aber hübsche Stadthotel. Hinter sonnengelber Fassade erwarten den Gast klassische, freundlich und in warmen Farben eingerichtete Zimmer für zwei bis maximal fünf Personen. Zuvorkommender Service.
*Via Giovanni Bettolo 43*
*www.hotelsanpietrino.it*
*Tel. +39 063 70 01 32*
*DZ ab €*

### TOWN HOUSE SPAGNA

Pfiffig und edel gestaltetes Hotel in frisch renovierten Räumlichkeiten aus dem 17. Jh. Hier gehen historisches Flair und moderner Komfort Hand in Hand, von den Dielenböden und Holzdecken über moderne Bäder bis zu den hübschen Accessoires in den modern möblierten Räumen. Prima ist auch die Lage: nur 350 m von der Spanischen Treppe entfernt.
*Via del Corso 107*
*www.townhousespagna.com*
*Tel. +39 320 9475956*
*DZ ab €€*

2010 als ein multimediales Museum auf eindruckvolle Weise präsentiert werden.
*Via Foro Traiano 85, www.palazzovalentini.it*

## Pantheon

**4** Seit anno 128 n. Chr. besteht das höchst imposante Pantheon. Einst Tempel römischer Götter, seit 609 christlich, fasziniert bis heute die enorme Kuppel, die 43,3 m Durchmesser und Höhe hat – was erst 1436 in Florenz übertroffen wurde.
*Piazza della Rotonda, www.pantheonroma.com*

## Petersdom

**5** So winzig der von Rom umschlossene Vatikanstaat ist – der Petersdom lässt sich nicht übersehen. Die monumentale Basilika entstand 1504–1670 unter der Mitwirkung großer Künstler wie Michelangelo und Bernini. Auf dem riesigem Petersplatz hält der Papst mittwochs seine Generalaudienz (10.30 Uhr) ab. Sofern Petrus mitspielt.
*Piazza San Pietro*
*www.st-peters-basilica-tickets.com/de*

### REISEZEIT

Von Juni bis August pilgert Jung und Alt zu den Kulturabenden der Estate Romana mit Musik, Film und Theater unter Sternenhimmel. Kühler und angenehmer ist es freilich im Frühjahr und Herbst, und im Winter sind die Hotels am günstigsten – allerdings weht dann oft ein eisiger Wind.

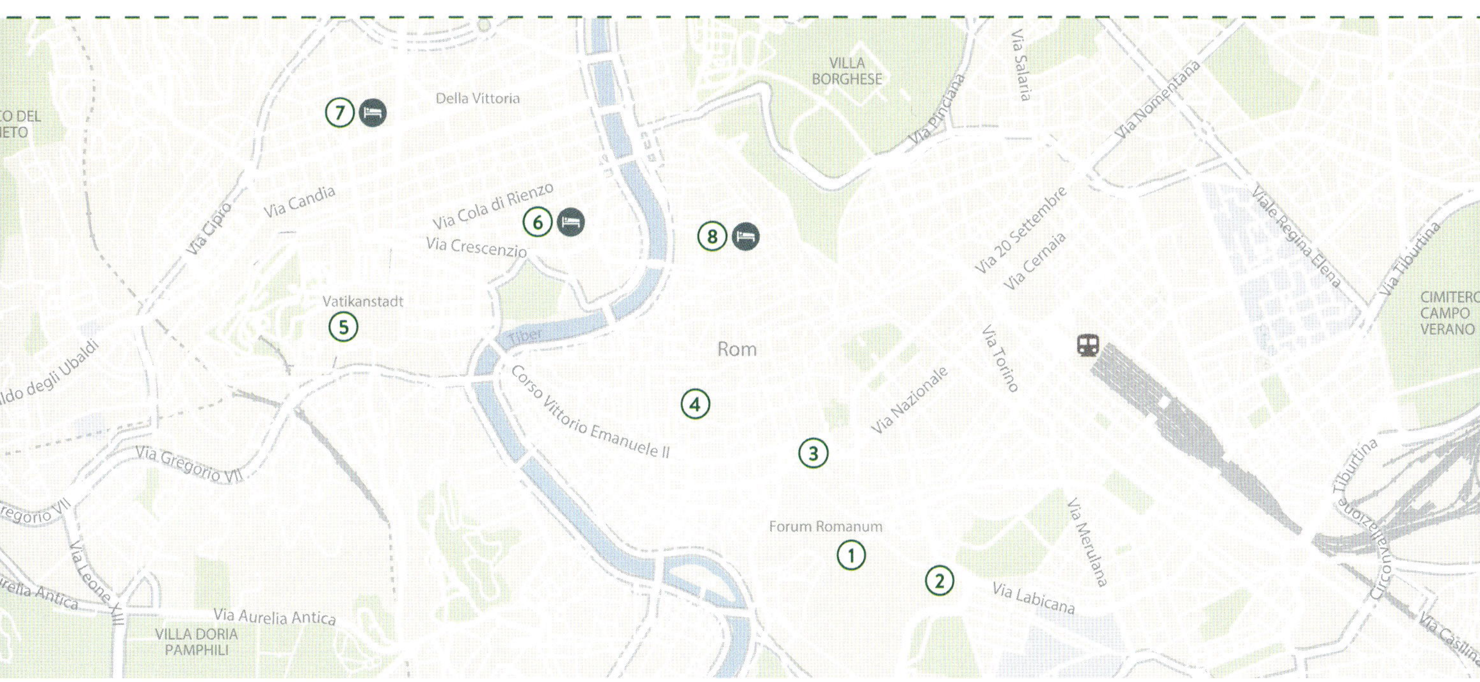


**LEGENDE**

1. Forum Romanum
2. Kolosseum
3. Palazzo Valentini
4. Pantheon
5. Petersdom
6. Isa Design Hotel
7. San Pietrino
8. Town House Spagna

# 48

# Palermo

**Mit ihren Kuppeln sieht San Giovanni degli Eremiti untypisch für eine Kirche aus. Des Rätsels Lösung: Sie war unter arabischer Herrschaft eine Moschee.**

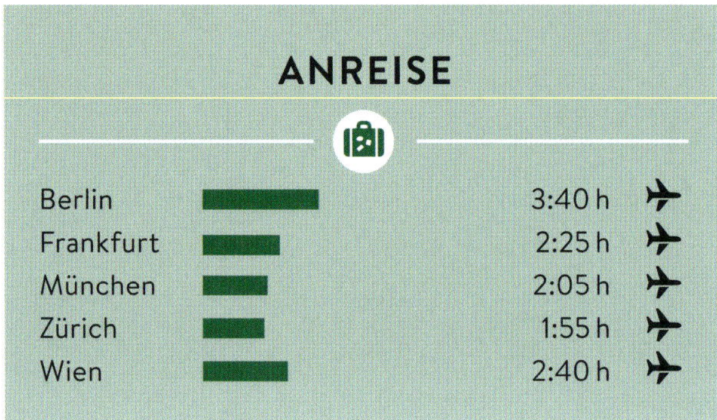

**ANREISE**

| | | |
|---|---|---|
| Berlin | 3:40 h | ✈ |
| Frankfurt | 2:25 h | ✈ |
| München | 2:05 h | ✈ |
| Zürich | 1:55 h | ✈ |
| Wien | 2:40 h | ✈ |

SIZILIEN IST NICHT ITALIEN. Zwar ist die Straße von Messina nur 3 km breit, doch zwischen der Insel und dem italienischen Festland liegen Welten. Sizilien ist schillernder, bunter und archaischer. Selten ist man den europäischen Ursprüngen so nah wie hier, wo das Abendland auf den Orient und Afrika traf. Griechen und Römer rangen einst mit Karthago um die Insel; die Araber machten daraus eine blühende Kulturlandschaft, die von den Normannen dann wieder für den christlichen Glauben zurückerobert wurde. Jene Eroberungswellen haben imposante materielle Spuren hinterlassen, aber auch jeweils ihren Teil zu einer ganz eigenständigen kulturellen Identität Siziliens beigetragen. Geliebt und gehasst – vor allem aber Sizilien pur – ist die pulsierende Hauptstadt der Insel. Einerseits geht die Stadt im Verkehrslärm unter und erstickt in den Abgasen. Andererseits besitzt Palermo unendlich viele sehenswerte Kirchen und Palazzi. Und immer aufs Neue hat die Stadt pittoreske Straßenszenen zu bieten. Den orientalisch anmutenden Basaren folgen an der nächsten Straßenecke wieder schicke Boutiquen. Palermo ist eine Stadt zum Eintauchen. Man muss sich nur treiben lassen, um sie zu entdecken.

## Cattedrale

**1** Auch Normannendom genannt, entstand Palermos imposante Kathedrale in der Spätphase normannischer Herrschaft ab 1185. Sie folgte einem 1169 durch ein Erdbeben zerstörten Vorgängerbau (zeitweise Moschee). Interessant ist die Mixtur der Stile: byzantinisch, arabisch, normannisch; im 14. Jh. kamen katalanische Gotik, im

18. Jh. Barock hinzu. Fein ausgearbeitet sind die Arabesken der Fassade aus Lavagestein. Bedeutend ist die Kathedrale auch als Grabstelle mit den Sarkophagen Friedrichs II. (1194–1250), kaiserliche Lichtgestalt der Staufer, seines Vaters, Heinrich VI., seiner Mutter Konstanze von Sizilien und deren Vater, Normannenkönig Roger II.
*C. Vittorio Emanuele, www.cattedrale.palermo.it*

## Mercato di Ballarò

**2** Quirlig und bunt, fast wie ein afrikanischer Straßenmarkt, liegt der Mercato di Ballarò mitten in der historischen Altstadt. Gewürze und Düfte des Südens in Überfülle, dazu an verschiedenen Ständen typisch palermische Speisen wie panella (Frittiertes aus Kichererbsenmehl), sfincione (eine Art Pizza mit Pecorino, Tomaten, Sardellen) oder stigghiola (gegrillte, um Zwiebeln, Petersilie u. a. Kräuter gewickelte Innereien vom Lamm).
*Rund um die Piazza del Carmine*

## Museo d'Arte Contemporanea della Sicilia

**3** Von Palermos beiden Kunstmuseen ist die Galleria d'Arte Moderna (Werke des 19. bis Mitte des 20. Jh.) das ältere. Hingegen führt der prächtige neoklassizistische Palazzo Riso (1784) seit 2008 Kunst jüngeren Datums und der Gegenwart vor Augen. Zu sehen sind v. a. Werke von Künstlern, die aus Sizilien stammen oder Aspekte der Insel thematisieren. Dazu gehören u. a. Pietro Consagra, Carla Accardi, Emilio Isgrò, Croce Taravella, Paola Pivi und Alessandro Bazan.
*C. Vittorio Emanuele 365*
*www.museoartecontemporanea.it*

## San Giovanni degli Eremiti

**4** Unweit des großen Palazzo Reale (9.–12. Jh., einst Sitz des Emirs, dann der Normannenkönige) liegt das Kleinod dieser Kirche (12. Jh.) im arabisch-normannischen Stil. Zuvor eine Moschee, lösen fünf rote Kuppeln ihre kantige Form spielerisch auf. Im schlichten Inneren findet man uralte Freskenreste; an den Kreuzgang grenzt ein lauschiger Garten.
*Via dei Benedettini*

**Das Wort »Traumstrand« wird oft strapaziert, doch hier, in der Riserva Naturale orientata dello Zingaro, findet man einige, auf die es zutrifft.**

## Naturreservat Zingaro

**5** Türkises Wasser, Sandbuchten, karstige Wildnis: In Siziliens Nordwesten lässt sich wandern, ohne dass eine Straße stört. Deren Bau verhinderte in den 1970ern ein Bürgerprotest, woraufhin der Küstenstreifen Zingaro Naturschutzgebiet wurde.
*Ca. 80 km westlich von Palermo*

### REISEZEIT

Die besten Reisezeiten sind April, Mai, Juni sowie September und Oktober. Das Winterhalbjahr eignet sich zwar nicht zum Baden, doch umso mehr erfreuen die beschauliche Stimmung im Tal der Tempel und die ausgiebige Besichtigung von Sehenswürdigkeiten.

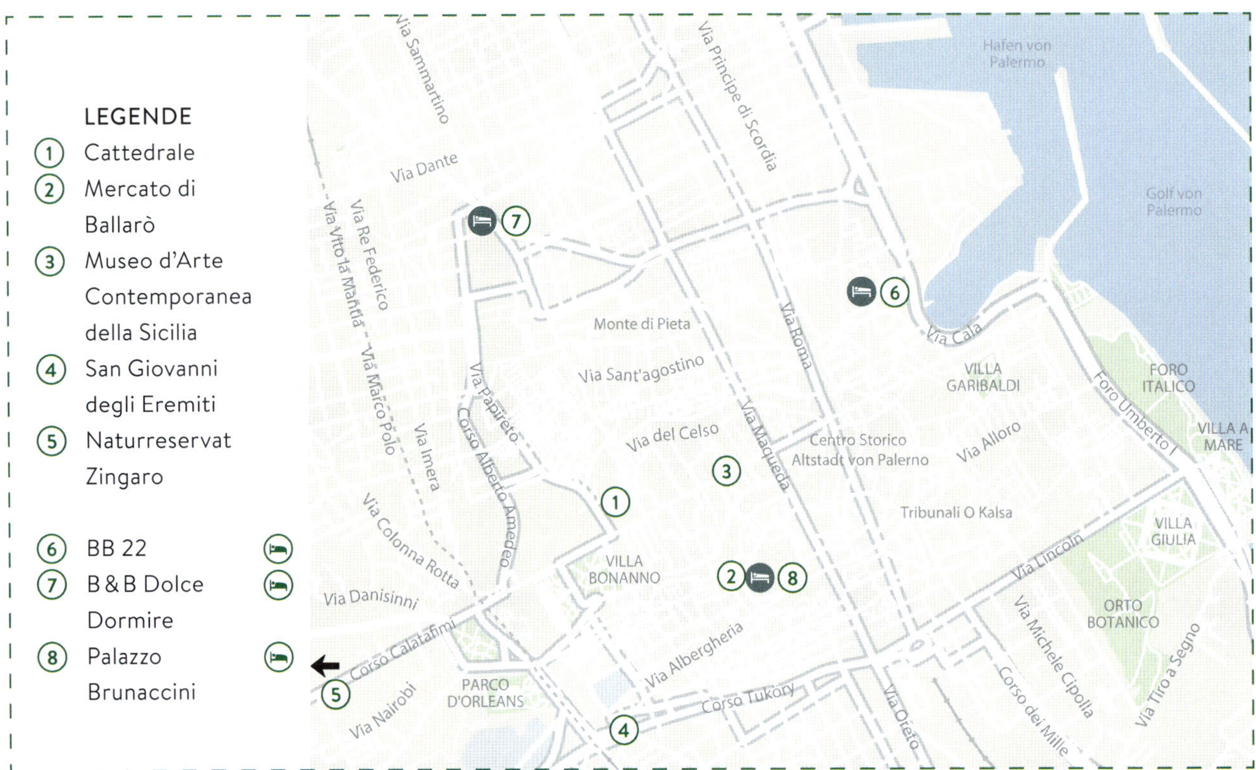


## ÜBERNACHTUNGEN

### BB 22

Ein Ruhepol im Herzen von Palermo ist das kleine, aber feine Bed & Breakfast mit sieben nach Zitrusfrüchten benannten Zimmern, teilweise mit eigener Terrasse. Im tipptopp renovierten Palazzo aus dem 17. Jh. sorgt antikes Mobiliar, aufgehübscht und veredelt, für eine stilvolle Wohlfühlatmosphäre.

*Largo Cavalieri di Malta 22*
*www.bb22.it*
*Tel. +39 091 32 62 14*
*DZ ab €€*

### B & B DOLCE DORMIRE

Familiengeführtes Haus mit einfachen, aber gepflegten und ebenso großen wie hellen Zimmern, teils mit Balkon. In der Innenstadt gelegen, sind viele Sehenswürdigkeiten wie das Teatro Massimo nur einen Katzensprung entfernt.

*Piazza Giovanni Amendola 43*
*www.dolcedormirepalermo.com*
*Tel. +39 320 383 63 93*
*DZ ab €*

### PALAZZO BRUNACCINI

Im 18. Jh. gründete Prinzessin Lucrezia Brunaccini ein Musikkonservatorium für Mädchen in ihrem Palazzo, der heute ein Boutiquehotel mit 18 eleganten Zimmern nahe dem Ballarò-Markt beherbergt. Ein stilvoller Mix aus modernen und antiken Möbeln, speziell angefertigten Gemälden und Stoffen schmückt Zimmer und Säle. Ausgezeichnete sizilianische Küche im angeschlossenen Restaurant.

*Piazzetta Lucrezia Brunaccini 9*
*www.palazzobrunaccini.it*
*Tel. +39 091 58 69 04*
*DZ ab €€*

49

# Malta

Vallettas imposante Wehrhaftigkeit lädt heute zu sonnig-aussichtsreichen Spaziergängen ein.

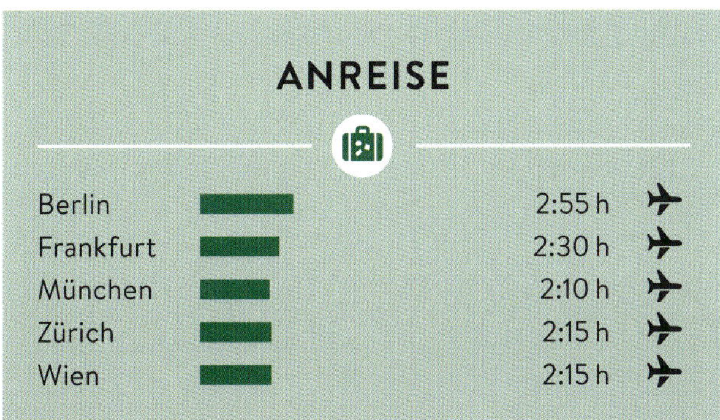

**ANREISE**

| | |
|---|---|
| Berlin | 2:55 h |
| Frankfurt | 2:30 h |
| München | 2:10 h |
| Zürich | 2:15 h |
| Wien | 2:15 h |

DER SAGENHELD ODYSSEUS, DER Apostel Paulus und Napoleon haben die Inseln besucht, und zahllose Eroberer nahmen sie in Besitz: Phönizier, Römer, Byzantiner, Vandalen, Araber, Normannen, Staufer, Spanier, Kreuzritter, Franzosen, Engländer – um die wichtigsten zu nennen. Seit 1964 ist Malta als Republik von Großbritannien unabhängig und seit 2004 (neben Zypern) südlichstes sowie mit Abstand kleinstes Mitgliedsland der Europäischen Union. Gerade einmal 246 km$^2$ umfasst die Hauptinsel (etwa ein Viertel so groß ist die nahe gelegene, zum maltesischen Archipel gehörende Schwesterinsel Gozo). Auf kurzen Wegen lassen sich nicht nur die maltesischen Städte und Strände erkunden, sondern auch fünf Jahrtausende der Inselgeschichte: von steinzeitlichen Tempelanlagen und unterirdischen Kultstätten über mittelalterliche Altstädte, eine Kreuzritterkathedrale und frühneuzeitliche Festungsbauten bis zu einem der bedeutendsten Nightlife-Zentren im gesamten Mittelmeerraum. Malta bietet Außergewöhnliches. Doch natürlich kann man sich auch ganz gewöhnlichen Strandvergnügungen wie dem Schwimmen, Schnorcheln, Tauchen oder Angeln widmen, selbst Wandern oder Mountainbiken hat in der mediterrankargen Natur dieser sagenhaften Insel seinen Reiz. Langeweile wird jedenfalls nicht aufkommen.

## Hafenrundfahrt

**1** Gleich mit zwei großen Naturhäfen in der Hauptstadt Valletta trumpft Malta auf, dem Marsamxett Habour und dem Grand Habour. Der Orden der Johanniter war es, der Malta zum Bollwerk gegen osmanische Angriffe

Mit gutem Gleichgewichtssinn sogar mit dem Fahrrad befahrbar: die Salinen bei Marsalforn.

im 16. Jh. ausbaute. Den besten Blick auf diese ebenso schöne wie wehrhafte Seite Valettas hat man bei einer Rundfahrt vom Wasser aus, bei der die eindrucksvollen Ausmaße der alten Festungsanlagen sichtbar werden.
*Ferry Pier, Sliema, mehrmals tgl.*
*www.captainmorgan.com.mt*

## Hagar Qim

**2** Vor mediterraner Kulisse, auf einem sanft zum Meer abfallenden Hügel, steht die Kultstätte Hagar Qim (ab 3600 v. Chr.). Der gut erhaltene Südtempel ist gleichsam wabenförmig strukturiert und sechsfach untergliedert. Besonders sind auch der hochdekorierte Säulenaltar (Fundort der sogenannten Venus von Malta) und die Bauweise des Tempels; der längste Megalith misst 6 m.
*13 km westlich von Marsaxlokk, www.heritagemalta.org*

### REISEZEIT

Etwa 80 Kirchweihfeste feiern die Malteser von Mai bis Oktober. Die Kirche wird reich mit Blumen und Lichterketten geschmückt, und neben Prozessionen gibt es Paraden, Jahrmärkte, Böllerschüsse und Feuerwerke.

## St. John's Co-Cathedral

**3** Hinter der eher schlichten Fassade der Konventkirche des Johanniterordens, von Gerolamo Cassare ab 1573 erbaut, verbirgt sich im Innenraum eine schier überbordende barocke Pracht, die Mattia Preti schuf, als er hier zwischen 1661 und 1666 den Pinsel führte. Den Fußboden bedecken 400 fein ausgearbeitete Marmorgrabplatten, unter denen berühmte Ordensritter ruhen, und das Oratorium wird von Caravaggios »Enthauptung Johannes des Täufers« (1608) gekrönt.
*Republic Street/St. John Street, Valletta*
*www.stjohnscocathedral.com*

## Salinen von Marsalforn

**4** Ein bizarres Mosaik aus flachen, in weißen Sand eingefassten Bassins findet sich an der Nordküste von Gozo, westlich des Badeortes Marsalforn. In den Becken wird teilweise auch heute noch die alte Tradition der Salzgewinnung durch Verdunstung von Meerwasser gepflegt. Wer nicht mit Balancieren beschäftigt ist, bestaunt das mondlandschaftliche Flair.
*Zwischen Marsalforn und Xwieni Bay, Gozo*

## Tarxien

**5** Kunstvoll verzierte Altäre, rätselhafte Steinkugeln und die Beinpartie der einst 3 m hohen sogenannten Magna-Mater-Statue: Inmitten eines Wohngebiets liegt die Anlage Tarxien, die vier Tempel beherbergt, wahrscheinlich errichtet in der Zeit zwischen 3250 und 2500 v. Chr. Die Steinkugeln im Vorhof dienten wohl zum Rollen der massigen Steinblöcke, und der markante Trilith-Eingang zeigt eindrucksvoll die uralte Baukunst. Im Inneren wurden Orakel befragt, Tiere geopfert und Fruchtbarkeitsriten durchgeführt. Ein Weg leitet durch den Komplex, dessen originale Steine, Gefäße und Statuen teils zum Schutz vor Verwitterung durch Repliken ersetzt wurden und die im Archäologie-Museum in Valetta ausgestellt sind.
*Neolithic Temples Street, Tarxien*
*www.heritagemalta.mt/explore/tarxien-temples*

## ÜBERNACHTUNGEN

### HARBOUR LODGE

Maritimes Flair verströmt die zweckmäßig und modern eingerichtete Herberge im Fischerdorf Marsaxlokk. Zwar eher kleine Bäder, aber die Zimmer sind meist mit Balkon ausgestattet. Von den oberen Etagen und von der Terrasse aus blickt man wunderbar zum Hafen. Mit Flughafen-Shuttle-Service.
*38 Triq San Piju V, Marsaxlokk*
*www.harbourlodgemalta.com*
*Tel. +356 99 82 14 91*
*DZ ab €*

### MARIA GIOVANNA GUEST HOUSE

Das typisch maltesische Stadthaus beherbergt eine bezaubernde, von den Schwestern Sonia und Anna mit viel Herzblut geführte Pension in Marsalforn Bay auf der Insel Gozo mit 15 elegant möblierten Räumen.
*41 Triq ir-Rabat, Marsalforn*
*www.tamariagozo.com*
*Tel. +356 21 55 36 30*
*DZ ab €*

### SALLY PORT SENGLEA

Das überschaubare, edle Boutiquehotel im renovierten historischen Stadthaus mit drei komfortablen Zimmern liegt in einem typischen kleinen Wohnviertel in Senglea auf der Ostseite des Grand Harbour. Atemberaubend ist der Blick von der Dachterrasse über den Grand Habor, zum Fort St. Angelo und auf die Hauptstadt Valetta, die man leicht per Bus oder Wassertaxi erreicht.
*Triq iż-Żewġ Mini Senglea/Isla 175*
*www.sallyport.com.mt*
*Tel. +356 99 47 87 78*
*DZ ab €*

50

# Dubrovnik

Seit Jahrhunderten trotzt die imposante Stadtmauer Dubrovniks dem Meer.

»WENN DU DEN HIMMEL auf Erden sehen willst, dann besuche Dubrovnik«, soll George Bernard Shaw 1929 über die »Perle an der Adria« geschwärmt haben. Ob die zahlreichen Besucher dieses Zitat kennen oder nicht: Es scheint, als wollten die vielen Passanten auf der Hauptstraße Stradun dessen glatt poliertes, glänzendes Marmorpflaster noch ein wenig glänzender machen, damit sich der Himmel darin spiegeln kann. Dubrovnik und das Umland sind ein Urlaubsparadies: Verwöhnt von 250 Sonnentagen, milden Temperaturen das ganze Jahr über, einer reizvollen Umgebung und der blau glitzernden Adria. Die Stadt selber trumpft auf mit viel mediterranem Lebensgefühl, Cafés, kleinen Restaurants und Lädchen in den autofreien Gassen und mit einem abwechslungsreichen Nachtleben. Noch dazu ist Dubrovnik kulturhistorisch gesehen ein Kleinod: Auf der Fläche der von der UNESCO zum Welterbe erklärten Altstadt findet sich eine Vielzahl einzigartiger Sehenswürdigkeiten und Gebäude, manche davon Jahrhunderte alt, so z. B. eine der ältesten Apotheken Europas im Franziskanerkloster aus dem 14. Jh. Zwar ist Dubrovnik schon länger ein Sehnsuchtsziel – zu Beginn des 20. Jh. zunächst nur für die Adligen und Reichen, dann aber, nach dem Kroatienkrieg, auch eines für Touristen aus aller Welt. Doch zeugt die wuchtige, 2 km lange Stadtmauer mit fünf Festungen auch von anderen, weniger friedlichen Zeiten: Lange mussten die Bewohner Dubrovniks ihre Freiheit vor Angriffen durch die Sarazenen, die Mongolen und durch venezianische Schiffe verteidigen. Von all diesen geschichtlichen Stürmen wie auch den Gezeiten des Meeres nahezu unberührt steht die wehrhafte Stadtmauer bis heute da. Vielleicht ist es auch das, was die besondere Atmosphäre Dubrovniks

So karg der Berg, so klasse die Aussicht vom Srđ auf Dubrovnik und die Adria.

ausmacht: Es liegt da wie eine erdachte Spielzeugstadt, gebettet am Fuße des Berges Srđ und perfekt in ihrer historischen Ausprägung. Wer vom Srđ hinunter auf die Stadt blickt, versteht, woher ihr zweiter Name kommt: »Perle der Adria«.

## Franziskanerkloster

**1** Auf eine wahrlich bewegte Geschichte blickt dieses Kloster zurück: Wegen Kriegsgefahr musste es im 14. Jh. vom Standort im Vorort Pile weichen und wurde hinter geschützten Stadtmauern wieder aufgebaut. Die herrliche Kirche stürzte dennoch ein; nach dem Erdbeben von 1667 blieben mit dem südlichen Tor und der Pieta-Skulptur der Gebrüder Petrović zumindest zwei bedeutende Werke der Spätgotik erhalten. Ganz zauberhaft ist der spätromanische Kreuzgang, der einen üppigen Palmengarten umschließt und in dem Fabelwesen von Kapitellen starren. Zudem beherbergt das Kloster eine der ältesten noch bestehenden Apotheken Europas (ursprünglich: 1317, die heutige entstand nach dem katastrophalen Erdbeben von 1667) sowie ein Museum mit historischen Stadtansichten und kostbaren sakralen Objekten (geöffnet tgl. 9–18 Uhr).
*Poljana Paska Miličevića*
*www.tzdubrovnik.hr*

## Placa Luža

**2** Auf der Placa Luža trifft man nicht nur viele Leute an, sondern auch auf städtische Prachtbauten wie den Glockenturm (1444, restauriert 1929), das Rathaus und den Rektorenpalast. Die Rolandsäule, Symbol der bürgerlichen Freiheit, bewacht den Platz. Blasius, ein weiterer Stadtheiliger, krönt die Fassade der gleichnamigen Kirche und hält ein Modell der Stadt in Händen, das ihr Aussehen vor dem Beben von 1667 zeigt. Der Spoza-Palast, einst Zollhaus, Münze, Kerker und heutzutage Domizil des Stadtarchivs, überstand die Katastrophe.
*Placa Luža*

## Seilbahn auf den Srđ

**3** Sie bringt alle auf den Hausberg und überwindet dabei 400 Höhenmeter in 4 Minuten. Oben findet man im Fort Imperial ein Museum, das aus kroatischer Sicht an den Krieg 1991 bis 1995 erinnert. Überaus friedlich ist der wunderbare Panoramablick auf die Stadt und das Meer.
*Žičara Dubrovnik, www.dubrovnikcablecar.com*

**ANREISE**

| Ort | Flugzeit |
|---|---|
| Berlin | 2:00 h |
| Frankfurt | 1:50 h |
| München | 1:25 h |
| Zürich | 1:55 h |
| Wien | 1:20 h |

Stradun: Spaziermeile, wichtigste Achse und Verbindungsglied zwischen dem Ost- und Westtor.

## Stadtmauerrundgang

**4** Wer im 14. Jh. Zutritt in die Republik Ragusa begehrte, musste einen speziellen Tribut zollen: einen Stein. Davon brauchte der Stadtstaat Dubrovnik jede Menge, um einen Wall aus 16 Türmen und Bastionen sowie fünf Festungen um die Altstadt zu legen und damit Feinde wie die Osmanen und den Dauerrivalen Venedig abzuhalten. Heute zählt die Stadtmauer Dubrovniks zu den am besten erhaltenen Befestigungsanlagen in Europa. Dieses eindrucksvolle Stück Wehrhaftigkeit – 1940 m lang, bis zu 25 m hoch und 6 m dick – kann man bei einem Rundgang unter die Füße nehmen. In etwa einer Stunde gelangt man so in luftiger Höhe einmal um die Stadt – beste Aussichten auf Meer, Sehenswürdigkeiten und lebhafte Gassen inklusive. Gut, dass es den Tribut nicht mehr gibt, Dubrovnik wäre sonst längst in Steinen versunken.

*Placa ulica 32, www.citywallsdubrovnik.hr*

### REISEZEIT

Hochsaison ist der Sommer, dann füllt sich die Stadt mit Besuchern. Weniger voll sind der Früh- und Spätsommer, der November ist der regenreichste Monat. Im Juli und August findet das Summer Festival mit Tanz, Musik und Theater statt.

## Stradun

**5** Die Placa, wie die Hauptstraße auch heißt, verbindet nicht nur das westliche Pile-Tor mit dem Luža-Platz, sondern auch ein tolles Altstadtflair mit mediterranem Lebensgefühl. Von Anfang an aber verband sie die Menschen, nämlich die Slaven vom Festland mit der romanischen Inselbevölkerung, die im 11. Jh. den trennenden Meeresarm zuschaufelten – und so den beliebten und viel besuchten Stradun schufen, der seit seinem Wiederaufbau nach dem verheerenden Erdbeben im 17. Jh. von barocker Gestalt ist.

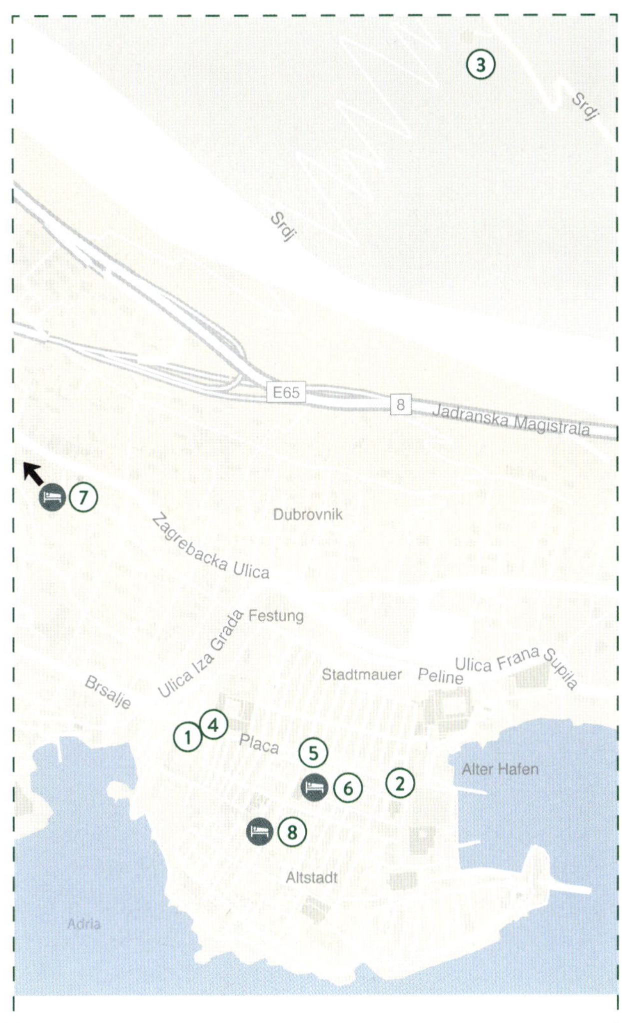


LEGENDE

1. Franziskanerkloster
2. Placa Luža
3. Seilbahn auf den Srd
4. Stadtmauer-rundgang
5. Stradun
6. Bota Palace
7. Royal Princess Hotel
8. Villa Flores

## ÜBERNACHTUNGEN

### BOTA PALACE

In einem Renaissancegebäude, mitten in der Altstadt und der Stradun gleich um die Ecke, bietet das kleine, feine Hotel vier sehr schmucke Zimmer und ein Apartment unterm Dach. Alle tiptop modern eingerichtet und versehen mit dezenter, abstrakter Kunst. Die Preise variieren erheblich zwischen Winter-, Neben- und Hauptsaison.
*Široka ulica 2*
*www.botapalace.com/en*
*Tel. +385 91 175 40 00*
*DZ ab €€–€€€*

### ROYAL PRINCESS HOTEL

Etwa 5 km vom Stadtzentrum, aber nur wenige Schritte von der Adria entfernt, hat 2012 ein 5-Sterne-Hotel seine Pforten geöffnet. Den Gästen wird ein großzügiger Spa-Bereich mit Outdoor- und Indoor-Pool sowie ein Golfsimulator geboten. Wer tiefer in die Tasche greift, leistet sich eine der luxuriösen Suiten – mit unbezahlbar schönem Meeresblick.
*Kardinala Stepinca 31*
*www.hotelroyalprincess.com*
*Tel. +385 20 44 01 00*
*DZ ab €€–€€€*

### VILLA FLORES

In einem alten Steinhaus sind acht nach Blumen benannte, einladende, großzügige und gut ausgestattete Appartements untergebracht, dazu kommen vier Doppelzimmer. Die Lage ist zentral und dennoch ruhig in einer Seitengasse, die Gastgeberin freundlich. Es werden auch Ausflüge mit der hauseigenen Motorjacht in die Inselwelt der Adria angeboten.
*Sv. Josipa 5*
*www.dubrovnikflores.com*
*Tel. +385 98 48 73 01*
*DZ ab €–€€*

51

# Athen

Weithin sichtbar: Seit über 2500 Jahren blicken die Athener auf zur Akropolis …

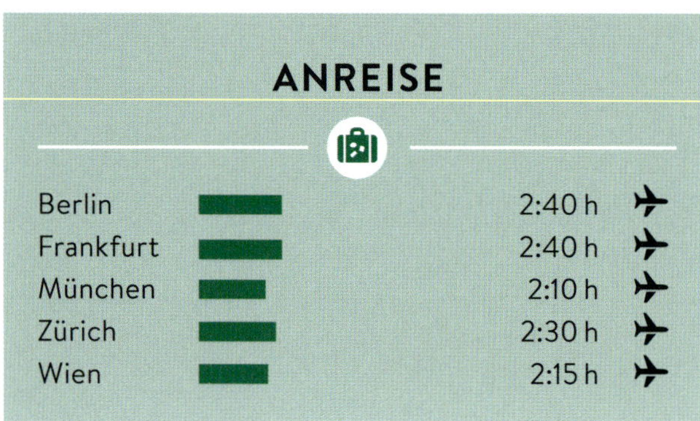

**ANREISE**

| | | |
|---|---|---|
| Berlin | 2:40 h | ✈ |
| Frankfurt | 2:40 h | ✈ |
| München | 2:10 h | ✈ |
| Zürich | 2:30 h | ✈ |
| Wien | 2:15 h | ✈ |

ÜBER DER ATTISCHEN TIEFEBENE, inmitten einer bis zum Horizont reichenden, surrealistisch anmutenden Stadtwüste, erhebt sich die Akropolis, das Herz und Wahrzeichen der Stadt. Athen, einst das politische und kulturelle Zentrum des antiken Hellas, war die Wiege der europäischen Demokratie und Philosophie und spielte eine herausragende Rolle für die Entwicklung Europas. Nachspüren lässt sich dieser langen Vergangenheit an allen Ecken und Enden, an und in unzähligen Denkmälern und archäologischen Stätten überall in der Stadt. Für viele entfaltet sich der Charme Athens erst langsam, es wirkt zunächst spröde, vielleicht sogar ein wenig hässlich mit seinen weißlich-gräulichen Betonfassaden. Wenn sich jedoch des Nachts ein sanfter Schimmer über die Häuser legt, ist man schnell mit der Hitze des Tages, der Hektik und dem Straßenlärm ausgesöhnt; die Stadt hüllt sich in eine magische Atmosphäre, und in den Cafés und Bars tummeln sich die Gäste. Wer die zwei Gesichter der Kapitale kennenlernt – einerseits die jahrtausendealte Kulturstadt, andererseits die pulsierende Metropole der Moderne –, erliegt ihrer Faszination. Athen, das ist die Keimzelle des antiken Europas und vielleicht auch im Hier und Jetzt die Stadt, in der sich die Zukunft Europas mitentscheiden wird.

## Akropolis

**1** Gegen die Bedrohung der Perser gründeten die Griechen 477 v. Chr. den Attischen Seebund, in dem Athen die Führung übernahm. Ausdruck dieser Macht ist die 467–416 v. Chr. errichtete Akropolis (Oberstadt) auf 156 m hohem Hügel. Der Parthenon, mit 2145 $m^2$

größter Akropolis-Tempel, war die Huldigung Athens an Athene, die Göttin der Weisheit. Aus dem weltberühmten Säulenbau raubte Lord Elgin, britischer Diplomat zu Zeiten osmanischer Herrschaft über Athen, ab 1801 etliche Skulpturen, die er dem British Museum in London teuer verkaufte. Erst seit dem 20. Jh. wird die Akropolis restauriert, so etwa die Propyläen (Vorhöfe), das Erechtheion mit seinen sechs Säulen in Damengestalt und das Dionysostheater, das 17 000 Zuschauern exzellente Akustik bietet.
*Dionysiou Areopagitou 15, www.theacropolismuseum.gr*

**Fast das gesamte Viertel Plaka ist Fußgängerzone und lässt sich bei einem Stadtbummel erkunden.**

## Plaka

**2** Kleine Häuser plus schmale Gassen gleich Plaka-Flair: So lautet die Formel des seit mehr als 3000 Jahren durchgehend bewohnten alten Stadtviertels. Es gibt Kitsch neben Kunst, Cafés und Tavernen, Souvenirläden sowie Boutiquen – und den beliebten Monastiraki-Flohmarkt.
*Direkt unterhalb der Akropolis*

## Kolonáki-Viertel

**3** Nobelboutiquen und Nabelschau: Im Kolonáki-Viertel treffen sich Stars mit Sternchen, die Athener High Society und all jene, die es werden oder daran teilhaben wollen. Zentrum ist der Kolonáki-Platz, um den sich noble Cafés und Restaurants gruppieren. Edle Modeboutiquen, hippe Galerien und Juweliergeschäfte bilden eine Einkaufsmeile par excellence. Nichts aber ist so wertvoll wie der Kulturreichtum Griechenlands, der den Besuch des Benaki-Museums unbedingt lohnt.
*Zwischen dem Vassilissis-Sofias-Boulevard und dem Lycabettus-Hügel*

## Lycabettus (Likavittós)

**4** Zu Fuß oder per Standseilbahn durch einen Tunnel lässt sich der 277 m hohe Athener Hausberg erklimmen. Oben, an der schmucken weißen Kapelle des heiligen Georg, öffnet sich der schöne Blick über das Häusermeer – an klaren Tagen über Piräus bis zum Peloponnes.
*Standseilbahn: Aristippou 1*

## Syntagma-Platz

**5** Das politische Zentrum Athens ist der »Verfassungsplatz«, denn vor dem Parlamentsgebäude an der Ostseite des Syntagma enden die Demonstrationen. Proteste haben dort Tradition; schon 1844 rang das Volk König Otto I. eine erste Verfassung ab. Sein Schloss, heute Sitz des griechischen Parlaments, entwarf Friedrich Gärtner 1836. Prächtig auch: der üppig grüne Nationalgarten mit der Ausstellungshalle Zappeion sowie nahebei das Olympiastadion von 1896. Selbst die U-Bahn-Station des Platzes birgt Erstaunliches: Sie zeigt antike, beim Bau gefundene Objekte.
*Syntagma*

### REISEZEIT

Die Sommer in Athen können sehr heiß und trocken werden, die Winter sind zwar mild, aber häufig regnerisch. Von daher empfiehlt sich ein Besuch im Herbst oder Frühjahr, z. B. Anfang Juni zum Technopolis Jazz Festival.

## ÜBERNACHTUNGEN

### ACROPOLIS HILL

Von der Dachterrasse und teils vom Balkon aus kann man die nahe Akropolis schon vor dem Besuch bewundern; schön ist auch der Blick über ganz Athen. Geschmackvoll eingerichtete, moderne Zimmer und ein hübscher Innenhof-Pool mit Holzterrasse runden dieses Hotel ab.

*Mouson 7*
*www.acropolishill.gr*
*Tel. +30 210 923 51 51*
*DZ ab €–€€*

### NJV ATHENS PLAZA HOTEL

Am Syntagma, einem der zentralsten Plätze Athens, liegt das luxuriöse 5-Sterne-Haus, das 180 in einem Mix aus klassischer Eleganz und zeitgenössischer Moderne gehaltene Zimmer und Suiten offeriert. Gäste im 8. OG haben exklusiven Zugang zu einer Veranda mit atemberaubendem Blick auf Syntagma-Platz, die Akropolis und den Lykavittós.

*Leoforos Vasileos Georgiou 2*
*www.njvathensplaza.gr*
*Tel. +30 210 335 24 00*
*DZ ab €–€€*

### ADRIAN HOTEL

Kleines, gepflegtes Hotel unweit des Monastiraki-Platzes im Herzen der Plaka mit gemütlichen Zimmern und modernen Bädern. Den Parthenon im Blick hat man obendrein, wenn das Frühstück in den wärmeren Monaten auf der Dachterrasse serviert wird. Sehr freundliches und hilfsbereites Personal.

*Adrianou 74*
*adrian-hotel-athens.hotel-ds.com/de*
*Tel. +30 210 520 24 91*
*DZ ab €*

52

# Istanbul

Alte und neue Skyline: Blick vom Turm der Gerechtigkeit (Adalet Kulesi) im Topkapı-Palast.

**ANREISE**

| | | |
|---|---|---|
| Berlin | 2:40 h | ✈ |
| Frankfurt | 2:50 h | ✈ |
| München | 2:30 h | ✈ |
| Zürich | 2:40 h | ✈ |
| Wien | 2:05 h | ✈ |

AM RANDE EUROPAS LIEGT eine seiner (eigentlich) coolsten Metropolen, erstreckt sich über zwei Kontinente zwischen Orient und Okzident. Noch vor wenigen Jahren galt das ehemalige Konstantinopel, die einstige Hauptstadt der griechischen Byzantiner wie der Osmanen, als so etwas wie eine orientalische Drittweltmetropole. Eine kulturelle Hochphase folgte, Künstler aus aller Welt kamen. Viele blieben – trotz der politischen Lage. Die Reste und Schätze der Vergangenheit ziehen nach wie vor an: der Topkapı-Palast mit seinen Kleinodien, die Hagia Sophia, die Stadtmauern, die großen Moscheen Sinans. Diese klassischen Publikumsmagneten sollte man genauso wenig versäumen wie einen Bummel durch die Basare und Gassen innerhalb der historischen Stadtmauern. Doch zum alten Istanbul sind aufstrebende Trend- und Ausgehviertel wie Ortakoy an der Bosporusbrücke gekommen, mit Nachtbars und Musikclubs; hier ist die Kreativität und Avantgarde zu Hause. Istanbul lebt seine Widersprüche und bleibt ebenso faszinierend wie schön.

## Basare

**1** Istanbuls alte Basare sind weltberühmt. Erst recht seit Daniel Craigs Motorradjagd in »Skyfall« über die Dächer des Großen Basars (Kapalı Carşı). Einkaufsbummler schlendern freilich mit Muße durch die 3000 Läden mit Teppichen, Stoffen, Antiquitäten u.v.m. Der Ägyptische Basar (Misir Çarşısı) ist ein sinnliches Spektakel aus Gewürzbergen, Trockenfrüchten, Ölen und Orientlampen. *istanbul-tourist-information.com/sehenswuerdigkeiten/basar*

Im Festsaal des Harems (Topkapı-Palast) war der Sultan allein unter 2000 Frauen.

## Fahrt auf dem Bosporus

**2** Auf 31 km Länge trennt der Bosporus Europa von Asien, verbindet er das Marmarameer mit dem Schwarzen Meer – und natürlich ist er die Lebensader Istanbuls. Im 7. Jh. v. Chr. waren es die Griechen, die als Erste ihre Boote hier an Land zogen, heute überqueren Tag für Tag Millionen den Bosporus auf Fähren, auf dem sich zudem noch Fischerboote, Frachter, Tanker tummeln. Unbedingt zu empfehlen ist eine Bootstour, bei der sich die Höhepunkte der Stadt wie ein bewegtes Bilderbuch aufblättern: Villen, Paläste, Parks – und natürlich der Bosporus selbst, bald kilometerbreit.
*Ablegestelle der meisten Schiffe: Eminönü*

### REISEZEIT

Die international etablierte Biennale mit avantgardistischer politischer Kunst findet im September und Oktober ungerader Jahre statt. Ansonsten ist die beste Reisezeit im Frühling und im Herbst: nicht zu schwül-heiß, nicht zu nasskalt.

## Galataturm

**3** Als Wachturm erbauten die Genuesen ab 1348 das Wahrzeichen der Stadt, das ab dem 16. Jh. bis in die 1960er-Jahre als Brandwache fungierte. Überragend auch der Blick aus 67 m Höhe, der über das Goldene Horn, das Altstadtviertel, den Bosporus und die asiatische Seite reicht (geöffnet tgl. 8.30–22/23 Uhr). Wer langes Anstehen vermeiden möchte, kommt am besten vormittags – oder bucht abends einen Tisch im Restaurant.
*Galata Kulesi, muze.gen.tr/muze-detay/galatakulesi*

## Hagia Sophia

**4** EEn Querschnitt durch die Geschichte der Stadt findet sich in der gewaltigen Kuppelbasilika. Im Auftrag von Kaiser Justinian im 6. Jh. als griechisch-orthodoxe »Heilige Weisheit« errichtet, wurde sie in Folge der Eroberung Konstantinopels durch ein Kreuzfahrerheer im 13. Jh. römisch-katholisch – und nach der osmanischen Eroberung 1453 schließlich zur Moschee mit vier Minaretten umgebaut. Kemal Atatürks laizistische Reform der Türkei verwandelte die Hagia Sophia 1934 in ein Museum, das zahllose Besucher verzauberte: großartig, wenn das Licht durch die 56 m hohe Kuppel fällt und all die Mosaiken und Fresken zum Leuchten bringt. Unter vielfachem Protest wurde das UNESCO-Welterbe auf Bestreben Präsident Erdoğans 2020 wieder zur Moschee erklärt und wird seither zeitweise so genutzt.
*Ayasofya Meydanı, www.hagiasophia.com*

## Topkapı-Palast

**5** Eine Stadt in der Stadt war der fast 70 ha große Palast, den Mehmed II. nach der Eroberung Konstantinopels bauen ließ. Bis zu 5000 Menschen lebten hier, vier Innenhöfe grenzen einzelne Teile ab – darunter auch der Harem, wo die Sultansmutter Regie über 2000 Frauen führte. Größter und prunkvollster Raum ist der Saal des Sultans, weiterer Höhepunkt des Museums sind die Schätze, angehäuft in fast 500-jähriger Herrschaft.
*Topkapı Sarayı, www.muze.gen.tr*

## ÜBERNACHTUNGEN

### BÜYÜK LONDRA – GRAND HOTEL DE LONDRES

Einst nahmen Reisende des Orient-Express im quirligen Beyoğlu in dieser Hotellegende Quartier: Wer den wunderbar altmodischen Charme der kronleuchterbeschwerten, rotsamtenen Säle betrachtet, meint beinahe, das sei erst gestern gewesen. Seither ging viel Prominenz ein und aus, darunter Ernest Hemingway oder in jüngerer Zeit Fatih Akin, der hier einen Film drehte. Noch heute klasse: ein Drink auf der Terrasse mit Blick übers Goldene Horn.

*Meşrutiyet Caddesi 53*
*www.londrahotel.net, Tel. +90 212 245 06 70*
*DZ ab €*

### DERSAADET HOTEL

Osmanisches Herrenhaus aus dem 19. Jh. mit Zimmern im traditionellen Stil, die aber modernen Komfort bieten. Gefrühstückt wird auf der Dachterrasse, der herrliche Blick über den Bosporus ist inklusive.

*Küçükayasofya Cad. Kapıağası Sk. 5*
*www.hoteldersaadet.com*
*Tel. +90 212 458 07 60*
*DZ ab €€*

### TASHKONAK

Das familiengeführte Hotel nahe der Blauen Moschee verspricht mit seinen stilvollen Zimmern und dem hübschen Garten einen rundum erfreulichen Aufenthalt. Von der Panoramaterrasse aus kann man der Sonne beim Untergehen zusehen.

*Kucuk Ayasofya Cad. Tomurcuk Sk 5*
*www.hoteltashkonak.com*
*Tel. +90 212 518 28 82*
*DZ ab €*

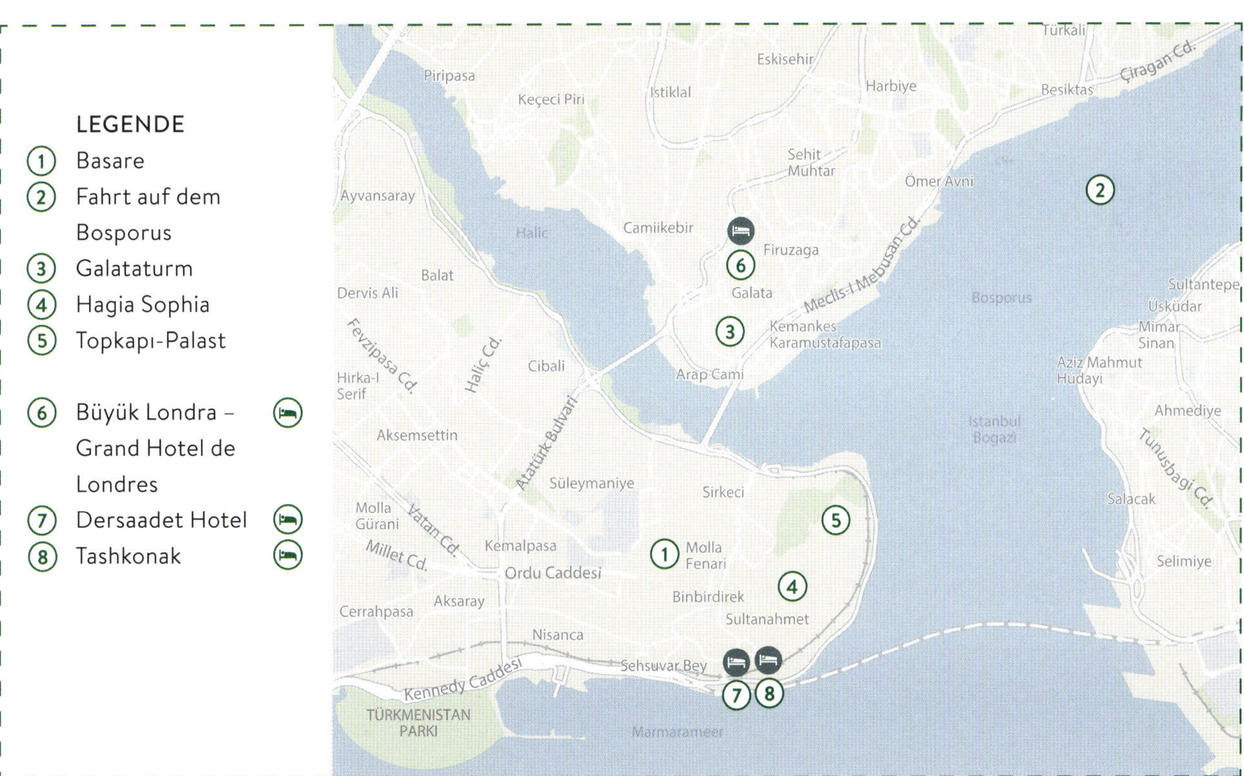

# IMPRESSUM



POLYGLOTT

POLYGLOTT ist eine eingetragene Marke der
GRÄFE UND UNZER VERLAG GmbH

ISBN 978-3-8464-0982-4
3. Auflage 2024



Redaktion: Wilhelm Klemm
Autoren: Peer Pierrot, Felix Woerther
Lektorat: Thomas Rath für booklab, München
Satz: Thomas Rath für booklab, München
Bildredaktion: Nora Goth, Dr. Nafsika Mylona
Schlussredaktion: Ulla Thomsen
Produktion: Gloria Schlayer
Umschlaggestaltung & Layout: Independent Medien Design, München, Birgit Kohlhaas
Kartografie: Mapcreator.io/©HERE
Repro: Repro Ludwig, Zell am See
Druck: Firmengruppe APPL, aprinta druck, Wemding
Bindung: Conzella, Pfarrkirchen

B2B-Editionen schneidern wir maß nach Ihren Wünschen.
Bei Interesse: b2b-kontakt@graefe-und-unzer.de

Bei Interesse an Anzeigenschaltung:
KV Kommunalverlag GmbH & Co. KG
Tel. 089/928 09 60 oder info@kommunal-verlag.de

Leserservice
GRÄFE UND UNZER Verlag
Grillparzerstraße 12
81675 München
www.graefe-und-unzer.de

*Ein Unternehmen der*
GANSKE VERLAGSGRUPPE

# BILDNACHWEIS

Titelbild: Getty Images: Digital Vision/Gary Yeowell

AWL Images: Kozlowski, Karol 012, K. Kreder 146_147, F. Iacobelli 192, 118, M. Bottigelli 033, M. Abreu 046_047, N. Farrin 077 |Bildagentur Huber: G.Paolo 200, J. Huber 176, M. Rellini 10, 116, 124, R. Schmid 098, 151, R. Taylor 104_104, 158, S. Pensotti 194, S. Springhetti 188_189, K. Susanne 163, 175 | ClickAlps/ AWL Images Ltd/Roberto Moiola 102 | Corbis: 070, 122, 150, 056 | DEEPOL by plainpicture/Michael Jonsson 136, Werner Nystrand 036 | dpa Picture-Alliance: 026, K. Thomas 128_129, J. Woitas 084 | Fotolia: Anastasios71 211, Santosha57 206 | Getty Images: 014_015, 016, 018, 021, 022, 038_039, 065, 130, 134, 140, 170_171, 172, 181, 186, G. Azumendi 159, P. Suchachaisri 063, A. Grigorjeva 050, H. Leue 008 | Hertha Hurnaus: 112_113 | JALAG: A. F. Selbach 054-055, 096_097, D. Borges 126, P. Hirth 086, D. Schwelle 043, D. Schmid 094, G. Lengler 90, G. Theis 024_025, H & D Zielske 072, 076, P. Koschel 081, Pieter-Pan Rupprecht 064, W. Schmitz 088_089, 92, 93, 213, 214 | Laif: Ad Nuis/Hollandse Hoogte 030, A. Hub 028, 068_069, 204, A. Teichmann 042, Le Figaro Magazine 166, K. Nedden 079, K. Ford/Gallery Stock 143, B. Steinhilber 035, B. Gardel/hemis.fr 148, I. Sciacca 201, M. Sasse 044, M. Gonzalez 138_139, P. Hirth 051, P. Adenis 080_081, P.Cipelli/The New York Times 198, R. Mattes/hemis.fr 143, T. Gerber 180_181 | Look / Meinhardt, Olaf 069, look-foto 110, 168, 117, 190 | Martina Krammer: 120 | mauritius images: age 208, Alamy 034, 039, 029, 085, P. Widmann 178, Alamy 006, 011, 203, I. Boelter 196_197 | plainpicture: E. Kyriakopoulou 133, O. Brenneisen 171, P. Hamel 066, H. Sadura 058 | shutterstock.com. Dziewul 060, M Ershov 162_163, S Figurnyi 106, vivooo 059, AAAcikbas 144, abxyz 117, Belova, C 167, ESB Professional 081, E Ivoilov 055, foto-select 073, Garmyder, Pani 182, Goran Jakus 207, Hansche, Sven 164, Jasmine_K 193, Karan Khurana 154_155, Kiev.Victor 135, LePage, James 05, maudanros 114, Moravcik, Jaroslav 040, Olgysha 184, Panaccione Robertino 185, Paolo Certo 151, posztos 109, r.classen 074, RossHelen 139, S. Borisov 210, SAKhanPhotography 07, Sean Pavone 160, Shchipkova Elena 156, Skompski, Joseph 052, yegorovnick 048 | Tourismus Salzburg GmbH 108 | Zuerich Tourismus/Keystone/Gaetan Bally 101 | Zürich Tourism/Martin Rütschi 100

# UMWELTHINWEIS

Nachhaltigkeit ist uns sehr wichtig. Der Rohstoff Papier ist in der Buchproduktion hierfür von entscheidender Bedeutung. Daher ist dieses Buch auf PEFC-zertifiziertem Papier gedruckt. PEFC garantiert, dass ökologische, soziale und ökonomische Aspekte in der Verarbeitungskette unabhängig überwacht werden und lückenlos nachvollziehbar sind.